Dagmar Rohnstock

# Zeit- und Selbstmanagement für Lehrende



Cornelsen
SCRIPTOR

Die in diesem Werk angegebenen Internetadressen haben wir überprüft (Redaktionsschluss Mai 2007). Dennoch können wir nicht ausschließen, dass unter einer solchen Adresse inzwischen ein ganz anderer Inhalt angeboten wird. Deshalb empfehlen wir Ihnen dringend, die Adressen vor der Nutzung im Unterricht selbst noch einmal zu überprüfen.

www.cornelsen.de

Bibliografische Information: Die Deutsche Bibliothek verzeichnet diese Publikation in der Deutschen Nationalbibliografie; detaillierte bibliografische Daten sind im Internet über http://dnb.ddb.de abrufbar.

Dieser Band folgt den Regeln der deutschen Rechtschreibung,
die seit August 2006 gelten.

5. 4. 3. 2. 1. Die letzten Ziffern bezeichnen
11 10 09 08 07 Zahl und Jahr der Auflage.


Redaktion: Annegret Hauser, Berlin
Herstellung: Brigitte Bredow, Berlin
Umschlagkonzept: Bauer + Möhring, Berlin
Umschlaggestaltung: Torsten Lemme, Berlin, unter Verwendung einer Zeichnung von Klaus Puth, Mühlheim
Zeichnungen: Dorina Tessmann, Berlin
Innenkonzept: Julia Walch, Bad Soden
Satz und Layout: Carola Fuchs, Berlin
Druck und Bindearbeiten: Druck Partner Rübelmann GmbH, Hemsbach
Printed in Germany
ISBN 978-3-589-22454-8

Gedruckt auf säurefreiem Papier,
umweltschonend hergestellt aus chlorfrei gebleichten Faserstoffen.

# Inhalt

# Einleitung

Lehrerinnen und Lehrer sind heute mit ständig steigenden Anforderungen der Schulpolitik, der Gesellschaft überhaupt, der Schüler und auch der Eltern konfrontiert. Der Tenor dabei: Lehrende sollten sich noch stärker engagieren, Standards erfüllen, erzieherische Grundlagen schaffen, moderne Unterrichtsmethoden integrieren, fächerübergreifend agieren, Lehrerteams bilden mit erhöhter Präsenz in der Schule für Absprachen und Gremienarbeit und, und, und ... Gleichzeitig werden Kürzungen der Mittel im Schulbereich immer offenkundiger: an steigenden Klassenfrequenzen, erhöhten Stundendeputaten und schrumpfender Materialausstattung. Diese Entwicklungen fordern vom einzelnen Kollegen – will er nur einen Teil der erhöhten Anforderungen bewältigen – ein zunehmendes zeitliches Engagement mit entsprechendem Kräfteeinsatz. Auch wenn es populärer Allgemeinplatz ist, dass diese Mehrarbeit bei dem vermeintlich großzügigen Ferienangebot und der freieren Zeiteinteilung zu leisten sein müsste, beweisen wissenschaftlich überzeugende Untersuchungen eindeutig, dass bereits jetzt ein Drittel der Lehrerschaft in Deutschland über die Grenzen ihrer Kräfte hinausgegangen ist und ein weiteres Drittel unter dem hohen Risiko arbeitet, sich ebenfalls zu verausgaben.

Deshalb ist die geforderte Mehrarbeit für viele Kollegen keine Frage der Leistungsbereitschaft, die bei vielen ausgesprochen hoch ist, sondern in erster Linie eine Frage der Zeit und der Kräfte, die eben beim überwiegenden Teil der heutigen Lehrerschaft schon gefährlich überstrapaziert sind. Mobilisierbare Reserven sind schlicht nicht vorhanden. So ist von den besonders seit PISA neuen, weiter reichenden Forderungen an Schule zu erwarten, dass sie die gesundheitlich jetzt schon bedrohliche Situation von Lehrern weiter verschärfen werden.

Wie ist nun dieses Missverhältnis zwischen berechtigten Ansprüchen der Gesellschaft an die Institution Schule und eingeschränkten Möglichkeiten der Umsetzung durch die Lehrer aufzulösen? Die beste und schnellste Lösung, welche auch die Fürsorgepflicht des Staates gegenüber seinen Beamten und Angestellten nahelegt, wäre sicher eine entsprechende qualitative Unterstützung des Systems durch neue Stellen, bessere Bedingungen und eine ausgeprägte Imagepflege. Denn Qualität ist nur dort zu erbringen, wo ausreichend investiert wird. Dies gilt für die Schule wie für jeden Wirtschaftszweig.

Da der Einzelne nicht auf durchgreifende Änderungen warten kann, bleibt zunächst nur, vorrangig nach individuellen und kollegialen Chancen im System zu suchen und dabei die eigene Gesundheit eben nicht aufs Spiel zu setzen, auch zum Wohle der Schule. Genau hier setzt dieses Buch an.

Aus eigener, fast 30-jähriger Schulpraxis und auf der Grundlage vieler Fortbildungen, die ich in diesem Bereich in den letzten zehn Jahren bundesweit für viele Schulen, aber auch für andere Berufsgruppen abgehalten habe, möchte ich hier vielfältige, erprobte Hilfen zum individuellen Zeit- und Selbstmanagement speziell für die Situation des Pädagogen vorstellen. Dabei geht es mir darum, die individuellen Prioritäten des einzelnen Lehrers in Schule und Privatsphäre mit den steigenden Ansprüchen von außen befriedigend in Balance zu bringen. Sie finden hier also nicht in erster Linie raffinierte Zeitmanagement-Tricks, die Sie weiter beschleunigen, sodass Sie immer mehr Anforderungen pro Zeiteinheit erfüllen. – Nein, mir geht es darum, dass Sie Ihren ganz spezifisch ausgewogenen Weg finden, der Sie wirklich auch unter den oft schwierigen Bedingungen zufrieden stellt und vor Überforderung schützt. Weiterhin ist es mir wichtig, Sie zu einer dauerhaften Pflege und Aufmerksamkeit gegenüber diesem erarbeiteten Gleichgewicht anzuhalten, es je nach Ihren sich ändernden Lebensbedingungen immer wieder neu auszupendeln, damit Sie Ihre Zufriedenheit und Gesundheit trotz äußerer „Bedrohungen“ langfristig sicherstellen können.

## Hinweise zur Benutzung dieses Buches

Entscheiden Sie am besten im Voraus, wie Sie das Buch für sich selbst nutzen möchten. Sehen Sie es in erster Linie als Informationsquelle an, dann können Sie sich auf spezifische Unterkapitel beschränken. Möchten Sie es jedoch auch als Anleitung zur Änderung bestimmter Teilaspekte Ihres persönlichen Zeit- und Selbstmanagements nutzen, empfehle ich Ihnen, die Sie interessierenden Übungsaufgaben gesammelt z.B. in einem gesonderten Ringbuch nachzuvollziehen. Ferner ist ein Zeitplaner – egal ob als Buch oder im PC – empfehlenswert, der Tages- und Wocheneinträge und weitere Notizen ermöglicht.

Wertvoll wäre die begleitende Reflexion gemeinsam mit anderen Kollegen und Personen aus Ihrem Lebensumfeld, idealerweise mit einem persönlichen Coach, vielleicht einem vertrauten Kollegen, der Ihren Veränderungsprozess mit Ihnen plant und Möglichkeiten zur Aussprache bietet. Entscheiden Sie selbst über die Handhabung! Ich wünsche Ihnen viele Fortschritte beim Erarbeiten Ihrer persönlichen Kräftebalance.

Noch eine formale Anmerkung: Aus Gründen der einfacheren Lesbarkeit wird in den folgenden Kapiteln vorwiegend die maskuline Form verwendet.

*Berlin, im Juni 2007* *Dagmar Rohnstock*

# 0 Ihr Lebensbaum als symbolische Grundlage Ihres Zeit- und Selbstmanagements

An einem vollständigen, gesunden Baum lassen sich gut die einzelnen, notwendigen Elemente eines ausbalancierten Zeit- und Selbstmanagements beschreiben und einordnen.

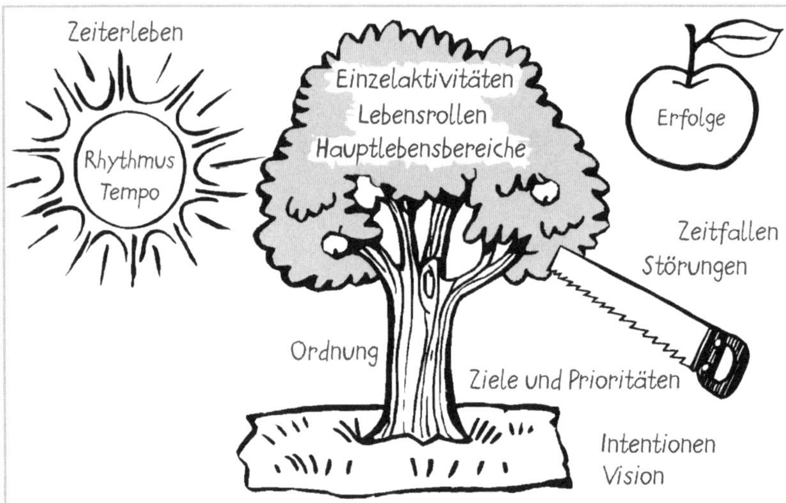


*Abb. 1: Lebensbaum mit Zeitmanagement-Elementen*

Deshalb werde ich den einzelnen Unterkapiteln jeweils ein Lebensbaumbild mit den spezifischen Umgebungsbedingungen voranstellen, damit die Leser, die dieses Bild anspricht, ihre Vorstellung von einem vollständigen Zeitmanagement unterstützen können. Dabei steht der fruchttragende, gut gepflegte und genährte Baum für ein ausbalanciertes und stimmiges Lebensmanagement. Sie finden eine entsprechende Beschreibung zu diesem Bild immer unter der Kapitelüberschrift mit der Bezeichnung 0, also den Hauptkapiteln jeweils

vorangestellt. Wenn Sie das Bild eher stört oder wenn Sie es persönlich nicht nachvollziehen können, dann überspringen Sie am besten jeweils den mit 0 bezeichneten Kapitelteil und stützen sich auf die sachlichen Ausführungen.
Wie aus Abb. 1 deutlich wird, befindet sich neben dem Lebensbaum eine große Sonne, die eine Grundlage für das Überleben Ihres Baumes darstellt.
**Die Sonne drückt Ihr Zeiterleben, das Tempo der Erledigung Ihrer Aufgaben sowie den Rhythmus aus!** Sie steht für Ihren Tag-Nacht-Rhythmus, aber auch insgesamt für Ihre Tagesrhythmik mit den typischen Hochs und Tiefs. Die Sonne symbolisiert weiterhin Fragen Ihres Zeiterlebens hinsichtlich des Tempos und der Qualität.

Zu diesen grundlegenden Fragen Ihres Zeitmanagements finden Sie in den ersten Kapiteln dieses Buches entsprechende Erläuterungen für eine ausbalancierte Tagesrhyhtmik. Das erste Kapitel beschäftigt sich gleich mit einer zentralen Zeitmanagementfrage für Lehrer: Wie schaffe ich eine für mich entlastende Trennung von Arbeit und Erholung? Das zweite Kapitel setzt sich mit den grundlegenden Fragen zu Ihrem Lebenstempo auseinander. Es enthält Anregungen für mögliche Be- und Entschleunigungen Ihrer Arbeit in der Schule wie zu Hause unter Beachtung und Nutzung von Unterrichts- und Tagesrhythmen. Im dritten Kapitel erhalten Sie Hinweise zur Gestaltung längerfristiger Rhythmen über das ganze Schuljahr hinweg unter Berücksichtigung ausreichender Regenerationszeiten.
**Der Stamm Ihres Lebensbaumes steht für Ihre Prioritäten im Qualitätsbereich.** Hier befinden sich Ihre grundlegenden Ziele mit den entsprechenden Prioritäten für Ihre pädagogische Arbeit, auf denen sich Ihre Einzeltätigkeiten aufbauen, die wiederum durch die vielen Zweige dargestellt sind. Sie ergeben sich auf der Grundlage Ihrer Visionen, die sich in den Wurzeln des Baumes befinden.
**Die Verästelungen stehen für die vielfältigen Einzelaufgaben.** Dabei drücken die dickeren Äste die wichtigeren Tätigkeiten aus, die dünneren die unwichtigeren Routineaufgaben.

Das vierte Kapitel beschäftigt sich mit der Planung und Strukturierung Ihrer Tages- und Wochenaktivitäten im privaten wie schulischen Bereich, wobei das Wesentliche vor dem Dringlichen berücksichtigt wird.

Ihr Lebensbaum steht natürlich nicht für sich allein, sondern ist verwurzelt in Ihrem Garten – eingegrenzt durch einen Schutzzaun. Ihn umgeben die zahlreichen Anforderungen von außen durch Schule und Privates. (vgl. Abb. 2)
**Der Garten steht für Ihren persönlichen Bereich mit Abgrenzung (Zaun).** Ihr Garten, in dem Ihr Lebensbaum steht, ist Ihre geschützte persönliche Zone für Ihre Bedürfnisse und Wünsche. Hier ist auch der Bereich zum Reflektieren des Geschehenen.

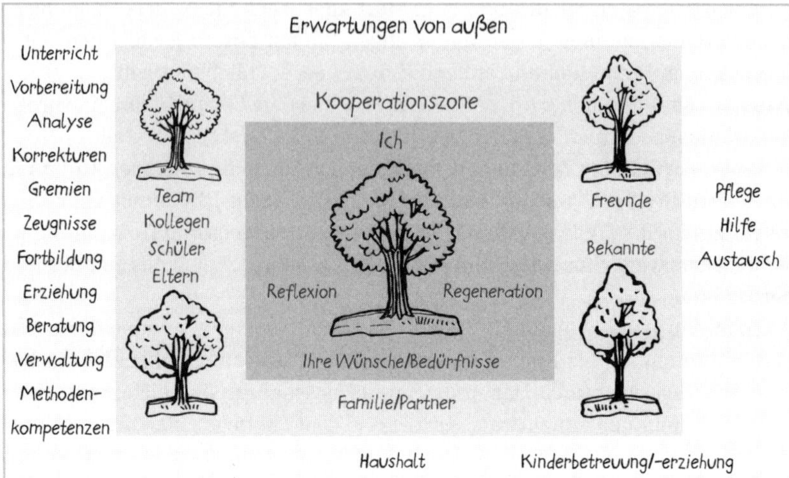


*Abb. 2: Ihr Garten mit Lebensbaum, umgeben von den Erwartungen Ihres Umfeldes*

**Die Säge symbolisiert Störungen und Zeitfallen bei organisatorischen Abläufen.** Damit sind Unterbrechungen und Aufschiebereien bei der täglichen Schularbeit gemeint, aber auch z.B. eine ineffektive Schreibtischorganisation.

Im fünften Kapitel geht es um die eingehende Reflexion darüber, wie und womit Sie Ihre Zeit verbringen sowie um notwendige Korrekturen, aber auch um das Aufspüren von persönlichen Zeitfallen, wie Aufschiebereien und Verzögerungen aller Art.

**Die Größe des gewünschten Baumes und seiner Früchte (Erfolge) haben etwas mit Ihren Ansprüchen zu tun!** Falls Sie einen besonders großen und kräftigen Baum mit großem Ertrag wünschen, dann setzt das gute Bedingungen und Pflege voraus.

**Die dicken Hauptäste betreffen Ihre Hauptlebensrollen. Die von Ihnen bestimmten Prioritäten zeigen sich in Ihren Lebensrollen.**

Im sechsten Kapitel geht es um die Relativierung Ihrer Ansprüche als Lehrer vor dem Hintergrund Ihrer Möglichkeiten und Ressourcen. Damit verbunden sind notwendige Flexibilisierungen und Abgrenzungen, auch die Überprüfung Ihrer Lehrerrollen.

**Die Wurzeln drücken Ihre Grundintentionen und Ihren Lebensentwurf bzw. Ihre Lehrervision aus.** Ihre Auffassung vom Sinn Ihres Lebens stecken in den Wurzeln Ihres Lebensbaumes, aus denen Sie Ihre Lebenskraft ziehen. Hier liegt Ihr so genanntes inneres Feuer, Ihre besonderen Werte und Interessen, die Ihr Handeln bestimmen und Ihr Leben ausmachen.

Im siebenten Kapitel können Sie Ihren Planungshintergrund überprüfen, indem Sie sich mit Ihren Grundintentionen und Ihrer persönlichen Lehrervision auseinandersetzen, die die Grundlage Ihres gesamten Zeitmanagements darstellt.

**Um Ihren Garten gibt es eine Kooperationszone.** Hier finden die gemeinsamen Aktivitäten mit anderen Kollegen, die Aktionen im Team und in den Gremien statt, aber auch Ihre privaten Kontakte.

Im achten Kapitel werden Ihnen vielfältige Möglichkeiten der Kooperation mit Ihren Kollegen ggf. im Team, aber auch mit Ihren Schülern und den Eltern vorgestellt, die Ihr Zeitbudget entlasten könnten.

**Der Außenbereich steht für alle Ansprüche und Erwartungen von außen.** Hier finden sich alle Ansprüche, die an Sie als Lehrer von außen gestellt werden, also die Unterrichtsverpflichtungen, Rahmenrichtlinien, Vergleichsarbeiten, erzieherischen Grundforderungen usw. Daneben steht dieser Außenbereich aber auch für die zahlreichen privaten Erfordernisse von Haushalt und Familie.

Das neunte und letzte Kapitel ermöglicht Ihnen eine Gesamtschau auf die Ihre gewählte Zeitbalance, also Ihr spezifisches Gleichgewicht zwischen den an Sie als Lehrer und Privatperson herangetragenen Ansprüchen einerseits und Ihren persönlichen Bedürfnissen andererseits.

Vielleicht hat Sie persönlich dieses Bild des Lebensbaums angesprochen und Sie sind neugierig auf Ihren derzeitigen Lebensbaum geworden. Dann kann ich Sie hoffentlich gleich für die erste Übung gewinnen, falls Sie vorhaben, die Lektüre mit eigenen schriftlichen Reflexionen zu verbinden.

Zeichnen Sie auf ein leeres Blatt einen Baum, der Ihrer derzeitigen Situation gerecht wird. Wenn Sie zurzeit viel Kraft spüren und viele Erfolge zu verzeichnen haben, dann könnte es ein großer Baum mit einem kräftigen Stamm und schönen großen Früchten werden. Sind Sie zurzeit eher in einer kritischen Lebensphase, dann könnte Ihr Baum vielleicht anders aussehen, eventuell wie im Winter.

Bedenken sie auch mögliche Umgebungsbedingungen, die zu Ihrem Baum passen: Sonne, Regen, Wolken, Schnee usw. Zeichnen Sie ohne Scheu mit größtmöglicher Ehrlichkeit und ohne Hemmungen bezüglich des künstlerischen Anspruchs. Darauf kommt es für Sie selbst bestimmt nicht an. Betrachten Sie anschließend Ihr Werk und schreiben Sie Ihre Gedanken einfach dazu. Wo zeigt Ihr Baum Stärken, wo sieht er wenig lebendig aus, woran fehlt es ihm? Was müsste unbedingt verändert werden? Machen Sie sich dazu einige Stichpunkte und nehmen Sie sie als mögliche Ausgangspunkte für Ihre Veränderungen.

# 1 Trennlinien und Distanz zur Schularbeit finden

## 1.0 Die Sonne für Ihren Lebensbaum

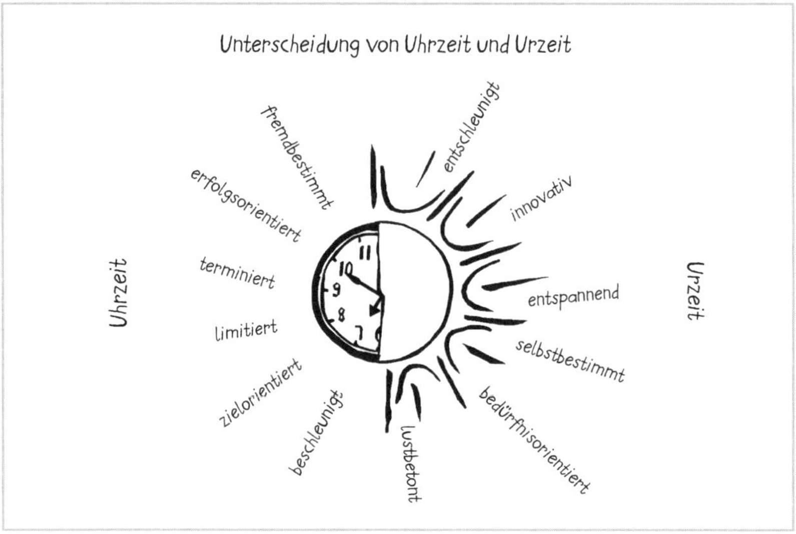


*Abb. 3: Unterscheidung von Uhr- und Urzeit*

In diesem ersten Kapitel geht es um die Sonne für Ihren Lebensbaum, das heißt um Ihr Zeiterleben (vgl. Abb. 3). Es ist grundlegend, wie Sie Zeit empfinden, ob getaktet, begrenzt, determiniert, fremdbestimmt, also als reine Uhrzeit. Das ist Zeit, in der wir funktionieren, Aufgaben abarbeiten usw. – die linke Seite der Abbildung, die Uhrzeit mit den Uhrzeigern. Für sie ist ein schneller, vorbestimmter und beschleunigter Rhythmus typisch. Es gibt aber noch ein anderes Zeitempfinden, das der Urzeit, dargestellt auf der rechten Seite – ohne Zeiger. Das sind Zeiten, in denen Sie ganz einsteigen in Ihre Tätigkeit. Hier ist uns die Uhrzeit meist nicht bewusst. Zeit verläuft in ihrem eigenen Rhythmus, also entschleunigt, selbstbestimmt, ganz von innen her motiviert.

## 1.1 Verbreitetes Lehrerzeitproblem: Innere Dauerbeschäftigung mit Schule

Zeit ist ja an sich kein Problem. Sie kann objektiv gemessen werden und jeder bekommt gleichviel, 24 Stunden pro Tag, unabhängig vom Alter, vom Besitzstand und vom Beruf. Trotzdem ist sie eine merkwürdige Ware: Sie hat keinen Preis, man kann sie nicht kaufen, sie ist unabhängig von der Nachfrage. Leider ist sie eine leicht verderbliche Ware, sie ist nicht aufzusparen und durch nichts zu ersetzen. Hier unterscheidet sich Zeit von Geld, weil fehlinvestierte Finanzen sich neu erarbeiten und dann anderweitig verwenden lassen, auch wenn dies zusätzliche Energie kostet. Vertane Zeit jedoch bekommen Sie niemals zurück, sie ist unweigerlich vergangen, man kann sie nirgends einklagen. So ist Zeit also nicht gleich Geld, wie sprichwörtlich behauptet, sondern Zeit ist gleich Leben (Lebenszeit). Sie hat zusätzlich etwas Unberechenbares, weil wir den Endzeitpunkt nicht kennen, nicht einmal so ungefähr.

Sobald wir kostbare Zeit anders verbringen, als es unserem Sinn- und Selbstverständnis entspricht, führt das schnell zu Unzufriedenheit. Objektiv vergangene Zeit ist nicht gleich der subjektiv empfundenen Zeit. (vgl. Schlote 2002, S.15) Es zählen nicht die Minuten, sondern die Intensität und die innere Übereinstimmung mit der verbrachten Zeit. Zeit ist also immer erlebt und interpretiert, also empfundene Zeit.

Bei den von Lehrern empfundenen Belastungen ist neben den fast überall an erster Stelle stehenden Disziplin- und Verhaltensproblemen der Schüler das Gefühl des „Nie-Fertig-Seins" typisch, das „Bewusstsein des Berges an Aufgaben, die eigentlich noch erledigt werden müssten" (Schönwälder 2005, S.19). Viele Lehrer fühlen sich, von den reinen Ferienzeiten einmal abgesehen, auch außerhalb des Schulgebäudes fast ständig im Dienst und sind beschäftigt mit Schulgedanken. Eine Trennung von Schule und Privatem fällt schwer, schon wegen der vermischten Arbeitsplatzsituation. Die Arbeit „guckt" einen immer an, man könnte immer etwas tun. Das erzeugt leicht ein schlechtes Gewissen, nicht genug getan zu haben, zumal die Lehrerarbeit qualitativ und quantitativ unbegrenzt scheint.

„Mit dem Gefühl des ‚Nicht-Fertig-Seins' werden viele Lehrerinnen und Lehrer nicht fertig." (Heyse 2005, S.43)

*Frau Emsig ist Klassenlehrerin einer 2. Grundschulklasse. Sie liebt den Umgang gerade mit den jüngeren Kindern, bringt ihnen gern die Grundlagen des Lesens und Schreibens bei und organisiert viele gemeinsame Aktionen mit den Kindern und Eltern. Obwohl sie sich gern für ihre Klasse engagiert, bedrückt sie, eigentlich nie reinen Gewissens sagen zu können, dass nun alles erledigt sei. So verbringt sie die Abende oft noch mit vorbereitenden Bastelarbeiten, Hausarbeitskontrollen oder Elternkontakten am Telefon. Ihr Mann hat sich schon an diese für ihn oft einsamen Fernsehabende gewöhnt und interveniert nicht mehr so oft, ob das denn auch wirklich alles sein müsse. Trotzdem hat Frau Emsig gegenüber ihrem Mann und den Kindern permanent ein schlechtes Gewissen, sie wegen der Schulpflichten zu vernachlässigen. Aber an den inneren Kampf dieser beiden Verpflichtungen hat sie sich bereits gewöhnt. Selbst bei ganz anderen Tätigkeiten im Haushalt, wie Wäsche aufhängen, beim Walken im Park und sogar manchmal beim Essen im Familienkreis drängen sich ihr Schulgedanken auf, sodass sie teilweise Wesentliches des laufenden Gesprächs verpasst. Frau Emsig sucht dann vielleicht gerade nach einem geeigneten Einstieg in ein Stundenthema oder überlegt, wie sie einen schwierigen Schüler endlich zu aktiverer Mitarbeit motivieren könnte. Sie ärgert sich oft darüber, dass sie so häufig auch in ihrem persönlichen Umfeld von Schulgedanken bedrängt wird, aber es gelingt ihr einfach oft nicht, Schule ganz loszulassen. In Stoßzeiten vor den Zeugnissen, wenn so ziemlich alles zusammenkommt, überfallen diese Schulgedanken Frau Emsig auch noch nachts. Sie grübelt, denkt über so manche Beurteilung nach, liegt lange wach und entwickelt dabei oft das Gefühl, dass sie einfach nicht mehr alles rechtzeitig schaffen kann. Sie fühlt sich in diesen Zeiten durch diese Gedankenflut mit den entsprechenden Schlafverlusten so sehr ausgelaugt, dass sie meist gleich zu Beginn der Ferien krank wird und manchmal die halben Ferien mit dem Auskurieren beschäftigt ist.*

**Verbreitetes Gefühl „nie fertig“ und unentfliehbare Schulgedanken:** 70% der in einer Untersuchung befragten Bremer Lehrer der Sekundarstufe I geben an, dass ihnen schwierige berufliche Situationen bzw. Auseinandersetzungen noch lange im Kopf herumgehen (Wertungen jeweils für *sehr oft* und *oft*). 60%: *Meine Gedanken kreisen auch in der Freizeit um meine Arbeit.* 58%: *Ich nehme mir berufliche Probleme sehr zu Herzen.* (Schönwälder u.a. 2003, S.54; Kretschmann 2000, S.30). Auch Schuldgefühle sind nicht selten (vgl. Klippert 2006, S.48). Schwierige berufliche Situationen beschäftigen sie schon lange bevor sie aktuell werden (53%), und 19% (bei Kretschmann 32%) denken schon am Sonntagnachmittag mit Beklemmung an die nächste Schulwoche (Schönwälder u.a. 2003, S.54; Kretschmann 2000, S.30).
„Das Gefühl einer Dominanz des Berufs über ein selbstbestimmtes Leben ist latent gegeben.“ (Schönwälder 2005b, S.19)

Auch der objektive Arbeitsumfang ist bei vielen Lehrern sehr hoch, sowohl innerhalb der Woche als auch an Wochenenden.

**Wochenendarbeit üblich:** Die Wochenendarbeit ist für die meisten Lehrer eine ganz normale Angelegenheit (78% laut Schönwälder u.a. 2003, S.54). „60% der Befragten berichten, ihre Freizeit sei oft angefüllt mit beruflichen Dingen“ (Kretschmann 2000, S.38).

**Hohe Gesamtarbeitszeiten gegenüber vergleichbaren Berufsgruppen:** Dabei liegt die Arbeitszeit Lehrender schon verbreitet weit über den Werten vergleichbarer Verwaltungsbeamter und Angestellter, selbst unter Berücksichtigung der längeren Ferienzeiten, was viele Untersuchungen über die letzten Jahrzehnte bestätigt haben (Kretschmann 2000, S.12, Meyer/Dick 2002, S.264).

„Ihr Anteil an reiner Freizeit ist im Durchschnitt also ohnehin schon geringer als der vieler anderer Arbeitnehmer, sodass es für sie noch wichtiger ist, ihre kostbare Freizeit genussvoll ohne störende Grübeleien über Schulprobleme zu erleben und wirklich dabei aufzutanken.“ (Rohnstock 2003b, S. 21) Sind diese Gedankenketten über Schule tendenziell negativ, dann „… neigt das Gehirn … dazu, die negative Stimmung aufrechtzuerhalten. Es wählt diejenigen Reize aus, die zur Gefühlslage passen“ (Klein 2004, S. 112). Belastende Schulgedanken kosten also Energie, sind eigentlich als zusätzliche Arbeitszeiten zu werten und können, wenn sie kaum noch abzuschalten sind, zu inneren Dauerstresszuständen führen.

Wertvolle Erholungseffekte ergeben sich also erst bei einem wirklich vollständigen Loslassen bzw. Abschalten. Deshalb sind sogenannte Mischzeiten, z. B. das Korrigieren auf einem Familienausflug oder das Weitergrübeln bei eigentlich entspannenden Tätigkeiten, vielfach beeinträchtigend, lassen sie doch weder effektives Arbeiten noch gründliches Erholen zu.

Als besonders energieraubend erweisen sich Entscheidungsunsicherheiten zwischen schulischen Pflichten und privatem Gefordertsein durch Haushalt und Familie, wobei das Zuhause keine räumliche Distanz vom Beruflichen gewährt. Jede Entscheidung für etwas Privates oder Erholsames geht auf Kosten der stets zu knappen Arbeitszeit – und umgekehrt. Viele Lehrer und besonders Lehrerinnen mit Kindern und Haushalt im Nacken fühlen sich häufig zerrieben zwischen diesen Anspruchswelten und tragen ein dauerndes schlechtes Gewissen beiden Verantwortungsbereichen gegenüber mit sich herum.

„Menschen, deren Pflichten nicht durchgängig außengesteuert sind, laufen Gefahr, in ein chronisches Pflicht-Neigungs-Dilemma zu geraten. Sie arbeiten Pflichten ab und denken dabei ständig an andere Pflichten oder tragen ein unstillbares Bedürfnis nach Freizeit und Muße mit sich herum“ (Kretschmann 2000, S. 38–39).

Dies umreißt ein schwer zu lösendes Grundproblem des Lehrerberufs, aber auch vieler freiberuflich tätiger Menschen, deren Arbeitsbereich inzwischen immer enger mit dem häuslichen Bereich in Verbindung und damit in Konkurrenz steht. Daraus ergeben sich aber nur dann wertvolle Freiräume, wenn man Entscheidungssicherheit vor dem Hintergrund genauer Zielvorstellungen und Planungskriterien gewinnt, wie noch zu zeigen ist.

Neben der Präzisierung von Zielen und Plänen ist die praktische und gedankliche Trennung zwischen Beruflichem und Privatem essenziell. Für mich persönlich und für hochbelastete Kollegen in meinen Seminaren war das Markieren dieser Trennlinie der erste Schritt gegen das „ewige schlechte Gewissen“ und hin zu wirklicher Entspannung mit schulfremden Inhalten.

## 1.2 Differenziertes Zeiterleben über Uhr- und Urzeiten

Um Ihnen eine mögliche Ordnung und Wahrnehmungsverbesserung für Ihr Zeiterleben anzubieten, schlage ich Ihnen als Grundlage zur Bewältigung der inneren Dauerbeschäftigung mit Schule eine scharfe Trennung zwischen Uhr- und Urzeit sowie bestimmte Pufferzeiten vor. Leben Sie nicht immer in der gleichen Zeit, sondern unterscheiden Sie innerlich zwischen unterschiedlichen Zeitsystemen mit jeweils anderem Lebensrhythmus.

**Ihre Uhrzeit:** Sie beinhaltet Tätigkeiten in Ihrem Leben, die fest getaktet nach der vorgegebenen Uhrzeit ablaufen, wie z.B. Ihr Unterricht, der Arbeitsweg, die Unterrichtsplanung für den nächsten Tag, die notwendigen Korrekturen, die Versorgung des Haushaltes, anstehende Anrufe und Absprachen. Es sind all die Notwendigkeiten des Alltags, die fast jeden Tag auf Sie warten und rechtzeitig erledigt werden müssen. Sie verlangen den ständigen Blick auf die Armbanduhr, sind terminiert, limitiert, erfordern eine gewisse Stringenz, folgen definierten Qualitäts- und Quantitätskriterien. Viele dieser Aufgaben sind fremdbestimmt, vorgegeben und können nur begrenzt von Ihnen selbst gestaltet werden. Sie stehen unter dem Diktat der vergehenden Minuten und Stunden. Es ist die Zeit, in der sie „funktionieren" und Dinge abarbeiten.

**Ihre Urzeit:** Sie ist eine ganz individuell geprägte Zeit, während der Sie sicher nicht auf die Armbanduhr schauen. Es sind Zeiten, in denen Sie die Zeit ganz vergessen, vielleicht den oft beschriebenen Flow erleben, also ganz und mit Ihrer vollen Konzentration eintauchen in Ihre Tätigkeit und ein gewisses Hochgefühl erleben. Sie ist geprägt von weitgehender Selbstbestimmung und damit charakterisiert durch hohe innere Übereinstimmung. Sie verläuft entschleunigt, das heißt bestimmt durch Ihren eigenen Rhythmus. Sie birgt oft interessante Fortschritte und Rückmeldungen, die Sie faszinieren und weiter motivieren. Diese intensive Eigenzeit, in der Sie sich ein Stück weit verlieren, kann, je nach Ihren Vorlieben, bei sehr unterschiedlichen Tätigkeiten erfahren werden. Häufig ist dieses typische Urzeitgefühl natürlich in der Entspannung, im Urlaub, beim Sport, bei der Ausführung eines Hobbys oder etwa bei einem tiefgründigen Gespräch zu erleben. Zu ihm gelangt man auch bei hoch konzentrierter Arbeit, mit der man sich stark identifiziert, also beispielsweise bei dem Entwurf eines interessanten Unterrichtsprojekts, der Gestaltung eines außergewöhnlichen Mediums oder direkt im Verlauf einer stimmigen Unterrichtsstunde mit passender Struktur und spürbarem Lernerfolg.

Während bei der Uhrzeit das Tun und Vorankommen charakteristisch sind, geht es bei der Urzeit mehr um das Sein, das Genießen. Gerade bei der Lehrerarbeit mit ihrer starken Handlungsseite, ihren schnell getakteten Ereignisfolgen, ist die Uhrzeit besonders intensiv besetzt und gefüllt. Hier wird das meist hohe Arbeitstempo von außen bestimmt und vorgegeben. Deshalb bedeutet die Urzeit für Lehrer ein wichtiges Gegengewicht, weil hier das Selbstbestimmte, das Besinnen, das Gestalten, das Verarbeiten des Erlebten in dem eigenen, angemessenen Tempo und damit die Sinnerfahrung im Vordergrund steht. „Wir leben in einer Welt, in der das Tun des Menschen sein Sein überwiegt, und daher können wir in unserem Leben so sehr aus dem Gleichgewicht geraten“ (Covey 2003, S. 116).

Daneben gibt es noch Zwischenzeiten, auch als **Pufferzeiten** bezeichnet, die Übergänge markieren, Wartezeiten und Kurzpausen ausmachen, aber auch kleine Unterbrechungen und viele Nebensächlichkeiten beinhalten.

Indem Sie bewusst in verschiedenen Zeitqualitäten leben, erfahren Sie mehr Abwechslung und damit auch stärker den Sinn dieser unterschiedlichen Erlebniswelten. Umso mehr können Sie bei entsprechender Gestaltung in Ihrer Zeit sein und sich mit Ihrer verbrachten Zeit in Einklang befinden. Diese Bewusstheit ist aber vor allem eine gute Grundlage, um die innere Dauerbeschäftigung mit belastenden Schulgedanken rein von der Erlebnisseite her zu durchbrechen und zu verändern.

Listen Sie einige Beispiele für Ihre typischen Uhrzeittätigkeiten und Ihre bevorzugten Urzeittätigkeiten auf. Bei welchen Urzeittätigkeiten erleben Sie ein besonderes Glücksgefühl und können die Zeit vollkommen vergessen? Beobachten Sie sich in der nächsten Woche und erleben Sie bewusst die unterschiedlichen Zeitelemente! Reflektieren Sie anschließend das Verhältnis der verschiedenen Zeitqualitäten. Werden Sie im Wesentlichen von Uhrzeiten bestimmt? Genügt Ihr Anteil an Urzeiten? Ärgern Sie sich über Zwischenzeiten oder erleichtern sie die Übergänge? Suchen Sie nach einer stimmigen Balance. Fangen Sie mit kleinen konkreten Veränderungen an!

## 1.3 Mögliche räumliche, rituelle, zeitliche und gedankliche Trennungen

*Frau Lindner hat vor gut einem Jahr ihr Referendariat beendet, das insgesamt sehr stressig verlief, u. a. weil sie wegen der unsicheren Anstellungschancen eine hervorragende Abschlussnote anstrebte und auch erzielte. Sie fand sofort eine Stelle an einer weiter entfernten Gesamtschule, was für sie erheblichen Fahraufwand mit sich bringt. Hoch motiviert ist sie nun für ihre Kurse in Deutsch und Geschichte in den verschiedensten Klassen- und Schulstufen da, mit viel fachlicher und methodischer Vorbereitung und vollem Engagement für Ihre Schüler. Daneben ist sie in den Fachkonferenzen bei der Erarbeitung neuer Methodenkompetenzen aktiv, was ebenfalls viel Zeit verschlingt. Irgendwie hat sie das Gefühl, von den Schulaufgaben fast komplett vereinnahmt zu sein. Oft bleibt ihr nur kurz Zeit zum schnellen Snack, dann geht es sofort an die Vorbereitungen. Dennoch bleibt ihr Arbeitsergebnis öfter weit hinter ihren Erwartungen zurück, sie spürt Unzufriedenheit und den Impuls, sich noch stärker hineinzuknien. In letzter Zeit schläft sie schlecht und setzt sich deshalb auch nachts hin, um Schulisches abzuarbeiten. Private Termine stressen sie immer mehr, weshalb sie diesen Bereich am liebsten ausblendet. Wenn Sie dann doch bei einer unumgänglichen Familienfeier sitzt, ertappt sie sich bei Schulgedanken und Vorplanungen für die nächsten Unterrichtsstunden. In der Schulzeit schafft sie es kaum noch, die Korrekturen vollständig zu erledigen. Deshalb sind einige Ferienwochen von vornherein dafür vorgesehen. Noch wird Frau Lindner als hochengagierte Kollegin geachtet. In Konflikten mit Schülern und Kollegen fällt aber auf, dass sie jetzt häufiger unangemessen aggressiv, also mit Wut und Ärger, reagiert. Auch sie selbst hat bei manchen Problemen das Gefühl, trotz ihrer vielen Arbeit einfach keine befriedigende Lösung mehr zu finden.*

Eine größere Distanz zu den Schulproblemen herzustellen, ist ein wesentlicher Faktor für die individuelle Stressresistenz von Lehrern. (Hillert 2004, S. 89)

**Distanzierungsfähigkeit bei Frühpensionären geringer:** Frühpensionierte Lehrer zeigen im Vergleich zu den Alterspensionären eine mangelnde Distanzierungsfähigkeit, eine Neigung zum Grübeln über Misserfolge und eine höhere Tendenz zu Selbstvorwürfen (Heyse/Vedder 2003, S. 11).

Das hängt sicher mit einem überhöhten Verantwortungsgefühl und teilweise unrealistischen Ansprüchen zusammen, die später noch zu diskutieren sind. Aber unzureichende Trennlinien zwischen Schule und Privatleben verschlimmern die Situation.

Neben einem geschärften Bewusstsein für Uhr-, Ur- und Zwischenzeiten möchte ich Ihnen deshalb weitere praktische und gedankliche Trennungen vorschlagen, um beeinträchtigende Schulgedanken und beständig fordernde Schulaufgaben einzudämmen, die Sie bedrängen und belasten.

**Die räumliche Trennung:** Da unser Unterbewusstsein hauptsächlich mit Bildern arbeitet, ist der dauernde Anblick eines vollgepackten Schreibtischs, beladen mit unerledigten Vorbereitungen und Korrekturen, eine Höchstbelastung, die Sie viel zusätzliche und unnütze Energie kostet. Da Lehrende eigentlich immer zahlreiche Aufgaben in der Warteschleife haben, und sei es nur das unbedingt notwendige Aufräumen und Abheften, empfehle ich Ihnen, Ihren Arbeitsplatz vom Privatbereich so weit wie möglich zu trennen. Ideal sind natürlich Schreibtische in Dachgeschossen oder weit entfernten Arbeitsräumen. Aber auch geschlossene Türen ohne Durchblick bzw. ein Vorhang können hier durchaus hilfreich sein. Wichtig ist darüber hinaus eine gute Abschirmung gegenüber klingelnden Handys oder Telefonen. Nutzen Sie Ihren Anrufbeantworter!

**Die rituelle Trennung:** Der Mensch ist grundsätzlich ein „Gewohnheitstier" und konditioniert auf gleichförmige Abläufe. Machen Sie sich diese Lernfähigkeit unbedingt für die Unterscheidung zwischen Uhrzeit und Urzeit zunutze. Dies bedeutet schlicht, dass Sie zum besseren Abschalten nach Ihrer Ankunft zu Hause, falls Sie nicht gleich weiterarbeiten wollen, ritualisiert immer die gleiche Tätigkeit ausführen: Kleidung wechseln, kurzer Spaziergang, eine Tasse Tee genießen, Zeitung lesen. Wählen Sie für Ihre Tätigkeit möglichst immer den gleichen Ort. Denn so „weiß" Ihr Körper, schon während Sie Ihre Jogginghose anziehen, dass nun Entspannung angesagt ist. Er wird so schneller auf Regeneration umschalten und die gewünschten Prozesse des Abschaltens und Loslassens in Gang setzen. Beginnen Sie analog Ihre Arbeitsphasen mit einem Anfangsritual, um sich entsprechend einzustimmen.

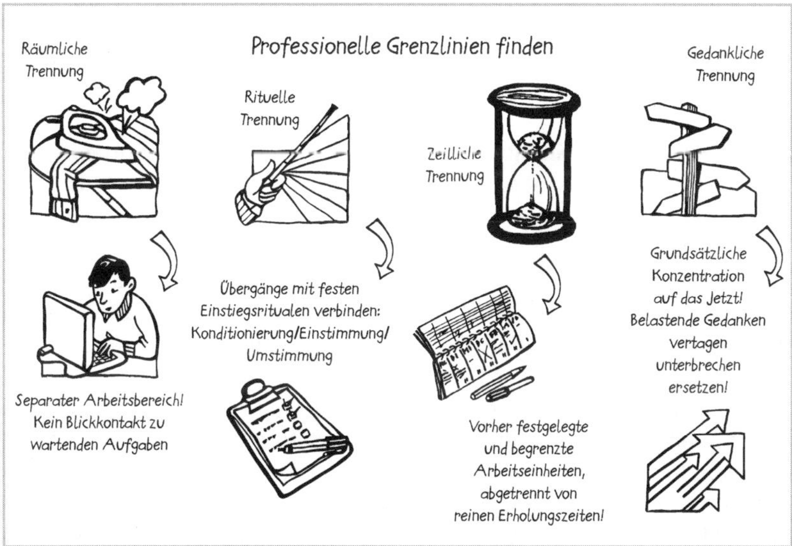


*Abb. 4: Professionelle Grenzlinien finden*

**Die zeitliche Trennung:** Alles hat und braucht seine Zeit. Eine klare zeitliche Trennung zwischen den gut eingeteilten Uhrzeiten und den frei zur Verfügung stehenden Urzeiten hilft Ihnen, die Unterschiede deutlicher wahrzunehmen und zu genießen. Trennen Sie also in Ihren Tagesabläufen grundsätzlich zwischen Arbeitszeiten für das dringend zu Erledigende und zwischen Urzeiten, die Ihnen einen Ausstieg ermöglichen. Legen Sie diese Zeiten von vornherein auch uhrzeitlich fest, also: Arbeitszeiten z. B. von 16–18 Uhr sowie 20–21 Uhr; urzeitliche Zeit, wenn Sie von der Schule nach Hause kommen, zur Regeneration (15–16 Uhr) und nochmals abends ab 21 Uhr.

Diese Begrenzung hilft Ihnen, besser von einem in ein anderes System zu finden, die Notwendigkeiten nicht zu verdrängen, aber auch Ihren persönlichen Bedürfnissen gerecht zu werden. Nicht immer werden Sie diese Zeiten exakt einhalten können, was auch gar nicht beabsichtigt ist. Denn eine absolute und eindeutige Trennung zwischen Beruf und Privatleben kann es im Lehrerberuf gar nicht geben. (Meyer/Dick 2002, S.265) Die vorgeschlagenen ungefähren Festlegungen ermöglichen Ihnen aber dennoch eine gewisse Tagesbalance und begrenzen zusätzlich Ihre Arbeitszeiten, die sich sonst leicht ins „Endlose" ausdehnen können. Sie definieren aber auch Ihre Freiräume, sodass Vorfreude darauf möglich wird. Die so ermöglichte persönliche Entfaltung ist für Ihre langfristige Gesunderhaltung unbedingt notwendig.

Grundlage einer gedanklichen Trennung zwischen Arbeit und Erholung ist das Bestreben, die Aufgaben *nacheinander* zu erledigen, also nicht parallel und sich vermischend. Die Konzentration, aber auch die Freude über Erfolge ist dann sehr viel größer, wenn Sie sich nicht mehreren Dingen gleichzeitig widmen, sondern ganz in eine Tätigkeit, also in Ihre Urzeit, einsteigen (vgl. Meis 1998, S.46).

**Die gedankliche Trennung:** Das ist ohne Frage der schwierigste Punkt der Umsetzung einer konsequenten Trennung, der sicher ein gewisses Training und auch eine gewisse Disziplin von Ihnen verlangt. Sie sollten zunächst die Kunst erlernen, wirklich im Augenblick leben zu können: eine schwierige Lebenskunst. Sie zu entfalten, bedeutet den Versuch, zum einen mit Ihren Gedanken *ganz* am Schreibtisch zu sein, wenn sie dort ein Problem zu lösen haben und *ganz* in Ihrer Entspannung, wenn sie gerade mit Ihrem Lebenspartner etwas Schönes unternehmen. Beherrschen Sie diese Kunst auch nur unvollständig, werden Sie mit einem sehr viel intensiveren Lebensgefühl belohnt und erleben wesentlich weniger Stress als zuvor. Hier empfiehlt sich ein unterstützendes Training in Meditation, Entspannung oder Yoga, um die Konzentration auf ausschließlich eine Sache zu verbessern. Erziehen Sie sanft Ihre Gedankenwelt zu mehr Konzentration auf das, was jetzt gerade an der Reihe ist. Anderes lösen sie wiederum zu seiner Zeit.

Suchen Sie zum besseren Abschalten Unterstützung in Tätigkeiten, die ihre Konzentration ganz und gar binden (z.B. Heimwerken, Sport treiben, sich mit Freunden treffen, spannende Bücher lesen). Genauso hilfreich kann es sein, sich aufdrängende Problemgedanken zu verschriftlichen und in einer kleinen Zettelbox oder Problembox abzulegen, die Sie zu einem geeigneten Arbeitszeitpunkt durchgehen. Das hilft auch vielen Nachtgrüblern beim Unterbringen wichtiger Ideen. Ansonsten ist es vielleicht für Sie nützlich, wenn Sie Ihren Schlafbereich als Sperrzone für Schulgedanken deklarieren und dort aufkommende Schulgedanken sanft zur Seite schieben. Verbieten Sie Ihren Gedanken aber nicht allzu streng, überhaupt da zu sein, denn das krampfhafte Verdrängen ruft diese störenden Gedanken erst recht auf den Plan. Seien Sie also geduldig mit sich selbst.

„Die meisten Menschen leben nicht in der Gegenwart, sondern verbringen Ihre Zeit damit, demnächst zu leben." (Jonathan Swift, zit. nach Baier 2002, S. 38) Bedenken Sie, dass unnötige Stressenergien im Kopf vergeudet werden für Situationen, die noch längst nicht eingetreten sind, wahrscheinlich nie so eintreten werden oder die bereits Vergangenheit sind (Rohnstock 2003c, S. 24–25). Sie bestehen in erster Linie in Ihrer Vorstellung und belasten Sie so, als seien sie schon Realität (vgl. Schlote 2002, S. 45). Verabschieden Sie sich innerlich von diesen Szenarien und setzen Sie die Konzentration auf das Jetzt bewusst dagegen. Vergessen Sie nicht, heute zu leben (Schlote 2002, S. 79).

Besonders Ihre sozialen Kontakte werden sehr von dieser Fähigkeit profitieren, sich ganz auf den Augenblick einlassen zu können. Indem Sie sich genauer auf Ihr Gegenüber konzentrieren und wirklich bei der Person und ihren Worten sind, nehmen Sie ihre Gedanken- und Gefühlswelt viel besser wahr, sind also ein wirklich aktiver und wertvoller Zuhörer. Es wird so viel weniger zu Missverständnissen und unnötigen Auseinandersetzungen kommen, wenn Sie sich die Zeit nehmen. „Denn 70% aller Kommunikationsprobleme haben mit schlechtem oder falschem Zuhören zu tun." (Knoblauch u. a. 2005, S. 251) Das wird auch Ihre pädagogische Arbeit befruchten, denn Lehren und Unterrichten ist im Grunde Beziehungsarbeit.

Mit einem verstärkten und bewussten „Erleben des Augenblicks" ist natürlich nicht gemeint, das konstruktive Vordenken von Alternativen für die Zukunft oder die gezielte Verwertung in der Vergangenheit erlebter Problemmuster zu vernachlässigen. Ebenso ist es überaus sinnvoll, aufkommende Ideen und Lösungen, die meist bei ganz artfremden Beschäftigungen auftauchen, am besten schriftlich festzuhalten und dann in der dafür vorgesehenen Arbeitszeit darauf aufzubauen.

Die vorgeschlagenen Trennungen begrenzen dagegen ungewollte Vermischungen und vor allem die zeit- und energieraubenden Gedankenspiralen über Schulprobleme, die die innere Erlaubnis und Öffnung für notwendige Erholungen und Besinnungen behindern.

Zeichnen Sie sich eine Tabelle zu den einzelnen Trennebenen (räumlich, rituell, zeitlich, gedanklich). Notieren Sie Ihre Gedanken zu möglichen Veränderungen für Ihre Bedingungen zu den Unterpunkten. Wie wollen Sie die Trennungen unterstützen, was genau wollen Sie verändern? Was könnte Ihnen persönlich am besten helfen?

# 2 Den Schulalltag und die Schularbeit rhythmisieren

## 2.0 Die Sonne als Rhythmusgeber für Ihren Lebensbaum

Der Gang der Sonne im Tag-Nacht-Rhythmus bestimmt Ihren Lebens- und Arbeitsrhythmus, in denen es sehr heiße, temporeiche Phasen gibt, aber auch ruhige, entschleunigte Morgen- oder Abendstunden. Es gibt Zeiten der Nahrungsaufnahme, der Verarbeitung und Umsetzung. Je besser diese Rhythmen beachtet werden und ritualisiert sind, um so zeit- und kräftesparender verlaufen die Aktivitäten und vor allem umso ausbalancierter. Um das Achten und die angemessene Umsetzung dieser Rhythmen für sich selbst geht es im Folgenden.

## 2.1 Schularbeit – Belastung an der Grenze: dicht, hektisch, pausenlos

*Herr Schnell, Mathe- und Chemielehrer, erlebt seine Unterrichtstage oft als belastend hektisch. Gleich am Montag hat er immer sechs Stunden hintereinander mit Pausenaufsicht. Fächer und Altersstufen wechseln von Stunde zu Stunde, zudem muss er zwischen zwei verschiedenen Gebäuden hin und her sowie in der Pause zur Aufsicht hetzen. Meist entwickelt er schon Sonntagabend ungute Gefühle, wenn er wieder an den kommenden Montag denkt. In letzter Zeit passiert es ihm häufiger, dass er im Lehrerzimmer versehentlich die falschen Unterlagen für die anstehende Unterrichtsstunde greift und dann ohne seine Materialien auskommen muss. Besonders an solchen Tagen fällt Herrn Schnell auf, wie aggressiv sein Fahrstil auf der Rückfahrt von der Schule nach Hause ist. Wehe, wenn ihm ein Fahrer in die Quere kommt, von einem Stau ganz zu schweigen. Seine Frau ist eigentlich recht geduldig, aber auch sie beklagt sich in letzter Zeit darüber, dass er kaum noch richtig zuhören könne, ihr dauernd ins Wort falle, überhaupt recht dünnhäutig reagiere und beim Einkaufen keine Geduld mehr habe, an einer vollen Kasse zu warten.*

Vielen Lehrern sind ähnliche Schultagesabläufe bekannt, geprägt von häufigen Raum-, Gruppen- und Fachwechseln. Die Pausen sind ausgefüllt mit Fragen und Absprachen zwischendurch. Auf dem Gang oder zwischen Tür und Angel: Für Schüler, Eltern und Kollegen ist man ständig ansprechbar. An vielen Schulen pendelt man zwischen unterschiedlichen Gebäuden, in einigen Fächern sind Versuchsaufbauten vorzubereiten bzw. abzubauen, Räume müssen kontrolliert und abgeschlossen werden. Für Sportlehrer ergibt sich neben der Gerätekontrolle das Beaufsichtigen des Umkleidens, während der Lehrer sich eigentlich selbst noch umziehen sollte. Daneben wird in Klassenbücher eingetragen, werden Schuhe gesucht, Fragen beantwortet und einige Konflikte en passant reguliert. Die Hektik belastet, aber noch viel mehr die ungeheure Dichte und Intensität pro Zeiteinheit im steten Bewusstsein großer Verantwortung und hohen Konfliktpotenzials.

**Hohe, oft problematische Kommunikations- und Entscheidungsdichte:** „Die Berufszufriedenheit wird jedoch durch den ‚alltäglichen Kleinkrieg' beeinträchtigt ... 200 Entscheidungen und 15 pädagogische Konflikte pro Stunde vermitteln das Gefühl wachsender Schwierigkeit, die eine ständige Unsicherheit erzeugt" (Wehr 1993, S. 424, vgl. auch Hillert 2004, S. 73).

Diese Intensität und damit das Gefühl von Hektik und Druck entsteht durch insgesamt hohe Unterrichtsbelastungen im Zusammenhang mit dem Fehlen wirklich entspannender Pausenmöglichkeiten, die die Belastungswerte wieder entscheidend normalisieren könnten.

**Verbreitet sehr hohe Unterrichtsbelastungen:** Besonders durch die Untersuchungen des Arbeitsmediziners Müller-Limmroth sind die hohen Kreislaufbelastungen am Schulvormittag von Lehrern bekannt geworden, die teilweise denen von Formel-I-Rennfahrern gleichkommen (vgl. Keller 2003, S. 62). Dabei ergab sich an einem längeren Schulvormittag eine beständig ansteigende Erregungstreppe mit reichlichen Belastungsspitzen. In Bezug auf Kreislaufwerte und Stresshormonanstiege waren Erhöhungen selbst noch bis in den Nachmittag hinein nachweisbar. Besonders der Cortisolspiegel bleibt konstant hoch (Storch 2005, S. 30). „In einer schwierigen Unterrichtsstunde scheidet die Nebenniere pro Minute 14 Nanogramm Adrenalin aus, was der Wirkung von sechs Tassen Kaffee entspricht." (Keller 2003, S. 4)

**Hohe Herzfrequenzen in Lehrerpausen:** Nach Scheuch (bei Miller 1992, S. 161) sind die durchschnittlichen Herzfrequenzen in Lehrerpausen sogar höher als während des Unterrichts.

Die teilweise hohen Belastungswerte werden verständlich, bedenkt man die hohen Konzentrationsanforderungen während des gesamten Schulvormittags.

**Dauerkonzentrationsanspannung auf zwei Ebenen gleichzeitig:** Es sind zwei Ebenen gleichzeitig zu halten: zum einen in Bezug auf den inhaltlichen Unterrichtsgang, zum anderen in Bezug auf die Mitarbeit und das Verhalten der Schüler (vgl. Heyse 2005, S. 43). Nur in den kurzen Stillarbeitsphasen der Schüler gibt es nennenswerte Erholungschancen für den unterrichtenden Lehrer.

**Parallelabläufe, Unwägbarkeiten und Unterbrechungen verstärken die Anspannung:** Zudem verlaufen viele Aktionen im Unterricht parallel (Aufbauten, Anweisungen, Störungen) und sind gekennzeichnet durch ein Reihe von

Unterbrechungen, Zwischenfragen, Ermahnungen usw. Hinzu kommt, dass Unterricht grundsätzlich durch eine gewisse Unwägbarkeit des Verlaufs gekennzeichnet ist. Denn die Planungen müssen vielfach wegen des unterschiedlichen Lernfortschritts der Schüler oder Verhaltensproblemen umgestellt werden. Das verlangt eine hohe Flexibilität und Reaktionsbereitschaft in methodischer, organisatorischer, inhaltlicher und erzieherischer Hinsicht.

Wird der Unterricht zudem sehr differenziert aufgebaut wegen Leistungs- oder Tempounterschieden und sogar organisatorisch vielfältig geplant (Gruppenarbeit, Stationstraining, offene Arbeitsaufträge, mehrere Räumlichkeiten usw.), dann werden teilweise noch höhere Konzentrationsleistungen vom Lehrer verlangt. Eine zusätzliche Aufmerksamkeitssteigerung bringen Versuche und Übungen mit Gefahrenmomenten mit sich, z.B. bei Experimenten in den Naturwissenschaften oder bei sehr vielen Übungssequenzen im Sportunterricht.

**Häufiger Zeitdruck und hohe Lärmbelastung:** „Bei den potenziellen Stressoren spielen Zeitdruck und die Interaktion mit Schülern die tragende Rolle" (Gamsjäger/Sauer 1996, S.50). Neben der Anpassung der Stundengestaltung an den drängenden 45-Minuten- oder 90-Minuten-Takt (Becker/Gonschorek bei Gudjons 1993, S.72), geben viele Lehrer Lärm als einen hoch belastenden Faktor an, verstärkt durch meist schlecht schallisolierte, aber volle Klassenzimmer. Hier wiegen die Beeinträchtigungen am schwersten, besonders für ältere Kollegen (Schönwälder u.a. 2003, S.65, vgl. Heyse 2005, S.43).

Diese Belastungsmomente, die sich aus den räumlichen, fachlichen oder organisatorischen Gegebenheiten des Unterrichts ableiten, sind aber nach den Erhebungen in den letzten Jahren nicht die gravierendsten für Lehrende.

**Verhaltens- und Disziplinproblematik eindeutig am schwerwiegendsten:** „Am belastendsten waren offenbar für alle Kollegen Probleme mit inadäquatem, die Durchführung des Unterrichts beeinträchtigendem Schülerverhalten." (Hillert 2004, S.55; 2005, S.22) „Über 90% geben an, dass sie mit den Verhaltensweisen vieler Kinder nicht mehr zurechtkommen." (Gebauer 2000, S.38) Oftmals werden diese Situationen als Angriffe auf das soziale Selbst erlebt, die eben heftige Stressreaktionen bedingen (Storch 2005, S.31). Auch in der Freiburger Schulstudie zeigt sich neben der Klassenstärke als weiterer Hauptbelastungsfaktor das Verhalten schwieriger Schüler (Bauer 2004, S.6). Viele Lehrer haben es heute zum Teil mit Schülern zu tun, die die notwendigen sozialen Voraussetzungen für einen geregelten Unterrichtsablauf nicht mehr ausreichend mitbringen. Es fehlt oft an der grundlegenden Konzentrationsfähigkeit, auch wegen „der verheerenden neurobiologischen und psychologischen Folgen des derzeitigen Medienkonsums von Kindern" (Bauer 2004, S.1). Demzufolge mangelt es mancherorts an basalen Kompetenzen wie Zuhören, Abwarten und Einsicht in bestimmte Grundregeln. Oft sind diese Basiskompetenzen in großen Klassenverbänden, vor allem wenn keine adäquate Unterstützung durch Eltern und Familien gegeben ist, nicht mehr für alle ausreichend zu entwickeln. Hinzu kommen sprachliche Unzulänglichkeiten und die allgemeine Verrohung des Umgangs gepaart mit beträchtlichem Aggressionspotenzial. Dabei sind die Möglichkeiten des Lehrers, klare Grenzen zu setzen und Fehlverhalten einzuschränken, deutlich geringer geworden (Heyse 2005, S. 43). Auf der Grundlage dieser erschwerten Voraussetzungen wird für viele Kollegen eine ordentliche Wissens- und Kompetenzvermittlung immer anstrengender. Wenn dann noch zu all diesen Anstrengungen, die natürlich auch erhöhte Zeitinvestitionen bedeuten, der Respekt und die gesellschaftliche Akzeptanz der Rolle oder der Person des Lehrers sinken oder immer wieder neu „erkämpft" werden müssen, sind Verschleißerscheinungen nicht verwunderlich.

Manche Lehrer empfinden Ihre Arbeitssituation so, dass Sie etwa 90 % Ihres Kraftaufwandes benötigen, um eine einigermaßen akzeptable Arbeitsatmosphäre herzustellen. Nur noch 10 % bleiben Ihnen für Ihre eigentliche didaktisch-methodische Unterrichtstätigkeit!

**Hohe Überforderungsrate:** „Unter den maßgeblichen Erkrankungen, die zu einer vorzeitigen Dienstunfähigkeit führten, überwogen psychische und psychosomatische Leiden mit einem Anteil von 52 %" (Weber u. a. 2005, S. 13). Bei Vollzugsbeamten (35 %) und bei Richtern (27 %) war der Anteil psychischer Leiden deutlich geringer (Weber u. a. 2005, S. 14). 80 % der Lehrerschaft fühlen sich sehr stark bis stark beruflich belastet, folgt man den Ergebnissen der letzten 20 Jahre Lehrerforschung (vgl. Hillert 2004, S. 53). Die Negativfolgen dieser Überbeanspruchungen kosten inzwischen Milliardenbeträge.

„Die Hoffnung, dass die Politik allein die brennenden schulischen Probleme lösen wird, ist gering" (Hillert 2004, S. 8). Deshalb ist zunächst sehr viel individuelle Bewusstheit bezüglich des Arbeitstempos und Möglichkeiten kleinerer Entlastungen notwendig, um diesem Druck und resultierenden Überforderungsgefühlen zu begegnen.

## 2.2 Bewusstheit für Rhythmus und Tempo bei der Schularbeit

Nun ist nicht nur die Lehrerarbeit sehr viel komplexer und hektischer geworden, sondern unsere gesamte Arbeitswelt hat sich enorm beschleunigt und ist überall durchrationalisiert nach dem Motto: Immer mehr pro Zeiteinheit – Zeit ist Geld. „[M]an lebt wie einer, der fortwährend etwas versäumen könnte. Lieber irgendetwas tun als nichts …" (Nietzsche zit. bei Wehmeyer 2000, S. 38).

Dass hier oft die Qualität leidet, aber vor allem dass wir selbst unter dieser Beschleunigung leiden, nehmen wir nur selten in vollem Umfang wahr.

Für Lehrende mit hektischem Arbeitsalltag und hohen Erregungswerten durch die Unterrichtsarbeit ist die Gefährdung besonders groß, dass dieses „Unter-Strom-Stehen“ zum Dauerzustand wird und mit aggressiven oder auch depressiven Verhaltensweisen einhergeht, die ihre sozialen Beziehungen belasten. „Gefühle werden unterdrückt statt zugelassen und verarbeitet, denn: Dafür haben wir jetzt einfach keine Zeit (Schlote 2002, S.65)“.

„Beim Hangeln von einem Kick zum nächsten übersehen wir, dass wir zwar mehr erleben, aber nicht mehr empfinden.“ (Seiwert 2001a, S.149)

Deshalb ist es gerade für den so intensiven Lehreralltag mit einer überaus hohen Kontakt-, Konflikt- und Entscheidungsrate so wichtig, Bewusstheit für Tempo und Rhythmus zu entwickeln, Tempolimits einzuführen und auch mal anzuhalten, wenn es angezeigt ist (vgl. Heyse 2995, S.51).

Die grundsätzliche Unterscheidung zwischen Uhrzeit und Urzeit mit den scharfen Trennlinien ist eine wesentliche Voraussetzung für ein bewussteres Zeiterleben. Sie können dieses noch verstärken, indem Sie Ihr Lebenstempo und damit Ihre Tagesrhythmik bewusst steuern und entsprechend der Qualität des Augenblicks, Ihrer Verfassung und der Ihrer Schüler verändern, also ganz bewusst be- bzw. entschleunigen. Registrieren Sie sensibel, welche Situationen in der Schule für Sie wirklich lebenswert und entscheidend sind, und stoppen Sie sich in solchen bewusst ab. Steigen Sie ganz und mit allen Sinnen ein. Sparen Sie jedoch wertvolle Energien und Zeit, wenn es unwichtige Anlässe sind und dringen Sie dann auf einen flotten Fortgang.

Sie finden hier einige Anregungen für mögliche Be- und Entschleunigungen Ihrer Schularbeit, die teilweise später noch konkretisiert werden. Aber nur Sie allein können letztlich entsprechend Ihren Prioritäten und Ihres Typs (sind Sie z.B. eher ein ausdauernder Langstreckler mit ruhigem Grundtempo oder ein Sprinter mit hohem Tempo und Einsatz) entscheiden, was davon für Sie in Frage kommt.

**Beschleunigen** können Sie besonders zeitraubende Korrekturen mithilfe stichprobenartigen Vorgehens, mit Schablonen, Standardtests, Multiple-Choice-Verfahren, computergestützter Auswertung sowie geeigneter Möglichkeiten der Selbstüberprüfung und Nachhilfe auf Schülerseite. Routineaufgaben wie das Erstellen von Listen, Elterninformationen, Einladungen, Sammelaktionen u.Ä. lassen sich gut über entsprechende Vordrucke und Raster vereinfachen, die Sie am besten im PC abspeichern. Hier brauchen Sie dann nur noch die aktuellen Daten und Änderungen einzutragen, alles andere kann in Sekundenschnelle kopiert und übertragen werden. Kurze Absprachen mit Eltern oder Kollegen, können Sie über E-Mail, evtl. in Form von Rundmails erledigen.

Wenn Sie ein visueller Typ sind, lassen sich Strukturen gut mithilfe von Mind-Maps erstellen. Auch Unterrichtsabläufe lassen sich so überblicksmäßig mit entsprechenden Symbolen festhalten und schnell nachvollziehen. Beschleunigen Sie auch relativ unwichtige Gespräche. Meist werden Sie mit sehr vielen Informationen seitens der Schüler bombardiert, die sicher den Kontakt fördern, Sie aber manchmal von viel Wichtigerem abhalten und im Endeffekt auch pädagogisch nicht besonders wertvoll sind. Beschleunigen Sie bewusst solche Gespräche, die von nur geringem Wert für Sie und Ihr Gegenüber oder absolut unpassend sind. Verabreden Sie dann besser geeignetere Zeitpunkte (vgl. Keller 2003, S. 25).

Besonders Vollzeitlehrer, die sich Zeiteinsparungen zur persönlichen Entlastung wünschen, sollten hier nach individuellen Chancen der Beschleunigung suchen (Meyer/Dick 2002, S. 266).

**Entschleunigungen** sind angezeigt bei grundlegenden pädagogischen Gesprächen, die z. B. die Zusammenarbeit mit Kollegen oder den Regelkonsens in der Klasse betreffen. Ebenso entschleunigen sollten Sie wichtige Konfliktklärungen, die viel Ruhe, Struktur und Zeit beanspruchen, will man an die Hintergründe heran. Übergreifende Unterrichtsstrukturen, Einheiten und Projekte sowie größere Planungen benötigen wegen ihrer Komplexität und Bedeutung entschleunigte Arbeitsphasen. Machen Sie sich mit einer neuen Methodik vertraut oder müssen Sie sich überhaupt in etwas Ungewohntes einarbeiten (Fach, Klassenstufe, neuer Schulbereich), dann brauchen Sie sicher viel Zeit, um sich an die neuen Anforderungen zu gewöhnen und sich in sie hineinzudenken.

Generell sollten natürlich Pausen entschleunigt sein, sonst sind es nämlich keine echten und effektiven. Entspannungszeiten überhaupt, ob Termine für Sie selbst oder Freizeitangelegenheiten sollten selbstverständlich entschleunigt im Urzeitcharakter ablaufen, sonst bieten Sie kaum Erholungspotenzial. Alle bedeutsamen privaten Kontakte, ob nun mit den Lebenspartnern, Kindern oder Freunden, können erst dann besonders wertvoll sein, wenn Sie dafür entschleunigte Zeitfenster „freischaufeln“.

Seien Sie bei der Vergabe Ihrer Lebenszeit an Aufgaben und an andere stets kritisch und genau. Vergeben Sie grundsätzlich nur Ihre wertvolle, entschleunigte Lebenszeit an wertvolle Menschen, entscheidende Arbeiten und besondere (Glücks-)Momente. Seien Sie dann großzügig mit Ihren Zeitgeschenken, andererseits aber auch knauserig bei weniger wichtigen Dingen. Wenden Sie dieses Prinzip durchgängig auch auf Ihre private Zeit an. Hier sind die gelebten und bewusst empfundenen Unterschiede zwischen entschleunigter Urzeit- und beschleunigter Uhrzeittätigkeit fast noch wichtiger für Ihre Zeit- und Lebenszufriedenheit, um die es hier schließlich geht.

Erstellen Sie eine Liste der Dinge, die Sie auf alle Fälle ruhig und entschleunigt erleben wollen. Stellen Sie einige Aktivitäten zusammen, die Sie in Zukunft beschleunigen wollen, weil sie vergleichsweise unwichtig sind. Formulieren Sie Leitsätze für sich, um jeweils ein angemessenes Tempo zu finden.

## 2.3 Mögliche Pausen und Entschleunigungen im Lehrer-Schulalltag

Diese grundsätzliche Bewusstheit gegenüber Ihrem Arbeits- und Lebenstempo gilt es nun auch, auf Ihre Unterrichtstage zu übertragen, was an vielen Schulen noch auf eine Reihe grundlegender organisatorischer und institutioneller Schwierigkeiten stößt.

Denn trotz Zunahme und Intensivierung der schulischen Problemfelder und der offensichtlichen Überforderung vieler Lehrer finden die physiologischen Grunderkenntnisse über Belastung und Erholung, also vor allem über Pausennotwendigkeiten, die schon um die vorletzte Jahrhundertwende erarbeitet wurden, leider verbreitet immer noch viel zu wenig Beachtung. Tatsache ist, dass besonders die „Pausenbedürfnisse der Lehrkräfte im Schulalltag oft übersehen werden“ (Schönwälder u.a. 2003, S.171), dass überhaupt die Notwendigkeit von Pausen weder von den Lehrern selbst noch von den Organisationsverantwortlichen im notwendigen Umfang erkannt wird (vgl. Schaarschmidt 1998, S.13). Oft höre ich in meinen Veranstaltungen und kenne es gut aus meinem Lehreralltag, dass nicht einmal genügend Zeit im Schulvormittag bleibt, um die grundlegendsten eigenen Bedürfnisse wie Toilettengang, Trinken oder Händewaschen überhaupt oder ohne Zeitdruck auszuführen. So ist das Arbeitsfeld des Lehrers bei den ständig gestiegenen komplexen Anforderungen und Stundendeputaten allein von den zeitlichen wie organisatorischen Gegebenheiten für viele verschleißend, wenn sie selbst nicht massive Anstrengungen unternehmen, dem etwas entgegenzusetzen, was natürlich nur in sehr begrenztem Rahmen möglich ist.

Die Anspannung steigert sich stark bis zum Unterrichtsende und führt bei vielen zu einem Erschöpfungszustand. „55 % fühlen sich nach einem Schultag wie gerädert“ (Kretschmann 1994, S.8).

Besonders Bildungspolitiker und Schulleitungen sollten ihr Hauptaugenmerk auf eine für Lehrende und Lernende angepasste und förderliche Tagesrhythmik mit Entschleunigungen lenken. Damit können die Grundlagen für effektives Lernen und einen entspannten Umgang gesichert werden. Hier würden institutionalisierte und im Tagesverlauf zeitlich ausgedehntere Pausenregelungen mit tatsächlichen Ausruh- und Bewegungsmöglichkeiten für Schüler und Lehrer sehr viel mehr bewirken als schulprogrammatische Ansätze, die diese Grundlagen menschlicher Belastungsmöglichkeiten zu wenig berücksichtigen. Das hätte nicht nur Auswirkungen auf die Effektivität von Lernleistungen, sondern in besonderem Maß auf das Wohlbefinden, die Identifikation mit der schulischen Arbeit und das Gelingen von sozialen und pädagogischen Beziehungen.

Allerdings muss schon an dieser Stelle betont werden, dass der Überforderung im Lehrerberuf nicht nur über zeitliche Neuregelungen wie Verringerung der Pflichtstundenzahl oder ein ausgeklügeltes Pausen- und Zeitmanagement entgegenzuwirken ist. Das Problem Lehrerbelastung ist ein vielschichtiges mit komplexen Wechselwirkungen zwischen den Beteiligten auf allen Ebenen. So verwundert es auch nicht, dass die Belastungsurteile von Lehrern zu zeitlichen und psychischen Komponenten nicht unbedingt übereinstimmen. „Arbeitsbelastung im Lehrerberuf darf damit nicht allein mit dem Zeitmaß gewichtet werden." (Schönwälder u.a. 2003, S. 24) Sie ist multidimensional.

Dennoch verlaufen über ein allgemein physiologisch stimmiges und individuell angemessenes Pausen- und damit Zeitmanagement mit bewusstem Zeiterleben die ersten, wichtigen Schritte hin zur Entschleunigung und damit verminderten Stressbelastung des Schulalltags.

Durch die klaren Vorgaben Ihres Stundenplanes plus Vertretungen, vorgegebenen Aufsichten und den sicher zahlreichen Besprechungsterminen werden Sie – wie sehr viele Arbeitnehmer – zu großen Anteilen zeitlich stark fremdbestimmt sein, was Ihre Schularbeit anbetrifft. Sie haben nicht einmal die Möglichkeit, sich durch Gleitzeiten Ihrem individuellen Rhythmus anzupassen.

Um das unbedingt stressfördernde Gefühl des Kontrollverlustes und der eigenen Ohnmacht gegenüber dieser Verplantheit jedoch so weit wie möglich einzudämmen, empfiehlt es sich, Schultagen trotz allem ein Stück eigene Rhythmik aufzuprägen und dabei gute Kompromisse mit den Rhythmen Ihrer Schüler und der gesamten Schulorganisation zu finden.

Da die institutionell notwendigen Schritte für eine gesunde Schule nur bedingt vom einzelnen Lehrer beeinflusst und gefördert werden können, sollen hier zunächst Tipps für die individuellen Möglichkeiten zur ersten Entschleunigung des Schulalltags stehen. Später folgen Anregungen zu institutionalisierten Entschleunigungsmöglichkeiten.

*Abb. 5: Entlastende Schultagesrhythmik finden*

**Jede Kleinstpause ausnutzen:** Nutzen Sie jede nur erdenkliche Chance für eine kleine Erholungspause im Laufe des Schulvormittags, weil ihre Gesamtbelastung damit durchaus gesenkt werden kann! Nutzen Sie abgetrennte Vorbereitungsräume beispielsweise für kurze Abschaltphasen, zur Not auch die Wasch- oder Umkleideräume.

Entspannungsübung für zwischendurch: Setzen Sie sich entspannt auf einen Stuhl an einem möglichst ruhigen Ort, oder lehnen Sie sich an eine Wand. Suchen Sie guten Kontakt zu Ihrer Unterlage. Fixieren Sie dann einen Punkt in diesem Raum, sodass Ihre Augen Ruhe finden können. Lassen Sie sich nicht mehr ablenken und alles um sich herum verschwimmen.
Schließen Sie nun Ihre Augen und entspannen Sie Ihre Muskeln. Lassen Sie sich noch tiefer in Ihren Stuhl sinken, oder lehnen Sie sich noch bewusster und entspannter an. Senken Sie Ihre Schultern, spüren Sie die schweren Arme, die lockere Rücken- und Bauchmuskulatur und registrieren Sie die fest aufstehenden Füße. Stellen Sie sich jetzt vor Ihrem geistigen Auge eine wunderschöne Farbe vor (das Blau des Wassers, das Grün einer Wiese, das Gelb einer Sonnenblume) und tauchen Sie ganz in Ihre Farbe bzw. Ihr Bild ein. Lassen Sie diesen Anblick auf sich wirken. Zählen Sie dann im Geiste von 1 bis 5, bewegen Sie bei 3 Hände und Füße, strecken Sie bei 4 Ihre Arme aus und öffnen Sie bei 5 Ihre Augen. Lockern Sie sich kurz und hüpfen Sie auf und ab!

**Rechtzeitiges Unterrichtsende:** Beenden Sie Ihren Unterricht in der Regel rechtzeitig, sodass Ihnen wenigstens die schon viel zu knappen meist nur fünf Minuten Pausenzeit bleiben. Legen Sie vorher alle Materialien zurecht, sodass Sie während dieser Kurzpausen nicht noch auf Materialbeschaffungskurs gehen müssen. Das können Sie am besten mit einem Zeitpuffer morgens vor Ihrem eigentlichen Unterrichtsbeginn regeln. Lassen Sie sich auch möglichst nicht in ein Gespräch hineinziehen, wenn es nicht wichtig ist oder sie nicht entspannt.

**Geschickte Aufsichten:** Legen Sie die Aufsichten möglichst auf Tage, an denen Sie weniger Unterrichtsstunden haben, damit sie verkraftbar bleiben.

**Entzerrung von weiteren Schulterminen:** Setzen Sie Termine nicht direkt nach Unterrichtsschluss. Vor Besprechungen, Elterngesprächen oder Konferenzen gehört eine ausreichende Pause. Besonders ungünstig sind für wichtige Diskussionen die Tagestiefs nach einer längeren Unterrichtsbelastung. Die Effektivität solcher Termine ist erschreckend niedrig, und Ihre Tagesbelastung steigt damit weiter bedenklich an. Fordern Sie bei über 90 Minuten dauernden Gesprächen oder Sitzungen notwendige Pausen ein!

**Nutzung von Freistunden zur persönlichen Regeneration:** Nutzen Sie Freistunden immer zur persönlichen Erholung. Erledigen Sie hier keinesfalls Schularbeit, in welcher Form auch immer, es sei denn, Ihre Gesamtbelastung ist insgesamt recht niedrig. Denn eine Freistunde ist eine seltene und besonders wertvolle Gelegenheit, die Erregung des Schulvormittags abzubremsen und verbrauchte Kräfte wieder aufzubauen. Am besten, Sie verlassen das Schulgebäude, machen einen ausgiebigen Spaziergang, aber erledigen Sie dabei bitte keine schnellen Einkäufe oder Anrufe. Regenerationszeit ist Urzeit für Sie ohne Funktionieren für andere. Falls Sie an der Schule eine Ruhezone oder einen Ruheraum besitzen, können sie sich natürlich auch mit einer schönen Entspannungs-CD dorthin zurückziehen. Aber welche Schule verfügt schon über einen derartigen Luxus, der eigentlich kein Luxus sein dürfte (vgl. Heyse 2005, S. 51)?!

Das folgende Buchstabenschema soll Ihnen einen besser einzuprägenden Rahmen geben, um an Ihre eigene schulische Entlastung zu denken.

**(1) Frühpuffer**

- Vorbereitungszeit vor dem Unterrichtsbeginn (Einstellung auf mögliche Verschiebungen, evtl. Umplanung)
- Verteilen von Aufgaben (Vorbereitung des Unterrichts durch Schülerhelfer mit Aufbauten, Medien, Kopien usw.)
- Verabredungen (Absprachen mit Kollegen oder Leitung über Räume, Materialien, Verhalten gegenüber Schülern, Inhalte usw.)

(2) **Kleine Pause**
- Abschirmen
- Abatmen (tief und bewusst ausatmen, um Spannungen abzubauen)
- innerer Aufbau (positive Einstimmung auf die kommende Unterrichtsstunde)

(3) **Große Pause**
- Ambiente schaffen (abgeschirmte Ruhezone mit Gemütlichkeit)
- Austausch (lockerer Plausch zur Entspannung)
- Aufnahme von Energie (leichtes, aber vitaminreiches, schon vorbereitetes Essen und Trinken)

(4) **Freistunden**
- Bewegung (Spaziergang, Gymnastik)
- Belohnung (genussvoller Inhalt)
- Beruhigung (Rückzug, Meditation, Atemübungen)

Nehmen Sie diese Zusammenstellung als Anregung und schaffen Sie sich selbst so viel Entlastung wie möglich, um die Tageserregung zu bremsen. Dabei weiß ich sehr genau, wie man als Lehrer von der Hektik des Schultages überrollt wird und eben nicht zum Aufatmen kommt. Trotzdem ist es wichtig für Sie, sich die kleinste Lücke zu erkämpfen. Es hilft Ihnen, schon von der Grundeinstellung gegenüber sich selbst her, dass Sie auch einmal an sich gedacht haben. Und Sie sind eben sehr wichtig, wenn Schule und Lernen gelingen sollen.

Welche konkreten Pausenmöglichkeiten ergeben sich bei Ihnen in der Schule? Wann und wo könnten Sie Kurzpausen realisieren? Welche Entspannungsform wollen Sie anwenden? Haben Sie Freistunden zur Verfügung, und wie wollen Sie diese in Zukunft für Ihre Erholung nutzen? Fertigen Sie sich einen Merkzettel mit entsprechenden Anregungen an, den Sie in Ihrer Federtasche aufbewahren oder in Ihrem Vorbereitungsraum aufhängen.

## 2.4 Anregungen für schulinterne Entschleunigungen

Da Ihre persönlichen Möglichkeiten einer effektiven Pausenregelung begrenzt sind, sind weitere schulinterne Veränderungen entscheidend, die aber die Bewusstheit und die Unterstützung Ihres Kollegiums einschließlich der Leitungsebene sowie entsprechende Gesamtregelungen erfordern (vgl. Klippert 2006, S. 66).

Einige inzwischen erfreulicherweise diskutierte und auch schon teilweise umgesetzte Möglichkeiten für Entschleunigungen des Schulalltages seien hier als Anregung genannt:

**Ruhe- und Stillarbeitsräume für Lehrer** mit förderlichem Ambiente, ggf. einen Power-Nap-Raum für das Nickerchen zwischendurch (vgl. Heyse 2005, S. 51)

**Ruhezonen für Schüler** zum Rückzug mit Lesemöglichkeit und/oder Entspannungsmusik

**Ausgesetzte Aufsichtsregelungen** an langen Unterrichtstagen; Abdeckung der Aufsichten ggf. über Schulhelfer oder mit Elternunterstützung

**Abgeschirmte Schulpausen** und Lehrerzimmer mit Schutzzonen ohne Schüler- und Elternanfragen

**Abgetrennte und ungestörte Besprechungsräume** für Schüler und Eltern (Klippert 2006, S. 237)

**Aufsteigende Pausenzeitenregelungen,** das heißt mit ansteigender Schul- und Tagesbelastung längere und wirklich regenerierende Pausenzeiten

**Überdenken der kurzen Pausen,** Verlängerung auf mindestens 10 Minuten für einen entspannten Raum-, Gruppen- und Fächerwechsel, Gebäudewechsel und Umziehzeiten für Sportlehrer großzügig bedenken

**Essenszeiten ohne Zeitdruck,** geregelte Mittagessenszeit für Schüler und Lehrer mit leichtem und vitaminreichem Essen, Begegnungszonen beim Essen

**Berücksichtigung des Mittagstiefs von Schülern und Lehrern** durch Bereitstellung ausreichender Ruhe- und Bewegungsmöglichkeiten

„Entlastung gesundheitlich beeinträchtigter Lehrpersonen durch günstigen Stundenplan“ (Heyse 2005, S. 51)

**Altersgerechte Bewegungsmöglichkeiten für Schüler und Lehrer,** für die jüngeren Schüler reichlich Bewegungspausen, für Lehrer ein schulinternes Angebot zur Wirbelsäulengymnastik, Yoga o.Ä. mit Entspannungssequenzen zu günstigen Zeiten vor Ort

**Gesundheitszirkel an der Schule** für alle Schulbeteiligten, Diskussion über Gesundheitsfragen, Anregungen zu Veränderungen, Planung von Gesundheitsprojekten für Schüler und Lehrer

**Besprechungs- und Begegnungszeiten institutionalisieren,** für die Lehrerteams untereinander, für Leitung und Lehrer, für Eltern und Lehrer sowie Erzieher, für die Lehrer und Schüler; Vorsehen entsprechend fester Räumlichkeiten dafür.

## 2.5 Beachten von Eigenrhythmen

*Frau Werner ist eine Grundschullehrerin, die schon seit drei Jahrzehnten unterrichtet. Seit einigen Jahren ist sie auf ihren Wunsch hin nicht mehr Klassenlehrerin, sondern für den Englisch- und Französischunterricht der gesamten Schule zuständig. Denn sie mag gerade den Frühsprachenunterricht mit den Jüngsten, empfindet aber ihre Arbeit, die sich dort fast nur im mündlichen Bereich abspielt, doch als besonders für ihr Alter sehr anstrengend. Entsprechend kommt sie fast immer erschöpft nach Hause. Hier setzt sie sich gleich an den Schreibtisch für ihre Vor- und Nachbereitungen, um schnell mit der Schularbeit fertig zu sein, da sie am späten Nachmittag regelmäßig ihre ihre pflegebedürftige Mutter betreut. Wenn sie anschließend nach Hause kommt, fühlt sie sich vollkommen ausgelaugt, sodass sie für ihre persönlichen Hobbys wie Schneidern, Malen oder Kochen am Abend viel zu müde ist. Häufig fällt Frau Werner relativ früh, aber meist unbefriedigt ins Bett, weil sie seit Mittag eigentlich nur müde „funktioniert" hat. Seit einiger Zeit leidet sie unter Schlafstörungen, die bis jetzt noch nicht erfolgreich behandelt werden konnten.*

Durch Ihr gewachsenes Bewusstsein für Zeitqualitäten und Geschwindigkeiten einschließlich der Pausengestaltung haben Sie bereits hilfreiche Instrumente, um Ihren Unterrichtstagen eine angemessene Rhythmik zu geben, die Kräfte und Zeit spart. In diesem Unterkapitel wird es darauf aufbauend darum gehen, Ihren eigenen Rhythmus zu entdecken und ihn in Abstimmung mit Ihren Aufgaben an der Schule tagtäglich zu leben.

Um nun eine angemessene, befriedigende Zeitbalance auch an Schultagen in Verbindung mit den Tätigkeiten zu Hause herstellen zu können, sind einige Grundkenntnisse zu physiologischen Gegebenheiten notwendig. So ist die möglichst weitgehende Berücksichtigung der sogenannten inneren Uhr, also der menschlichen Tagesrhythmik, anzustreben (anders bzw. besser als im oben beschriebenen Beispiel).

**Horchen Sie grundsätzlich in Ihren Körper hinein! Nehmen Sie Rücksicht auf Ihre aktuelle Verfassung!** Um Ihre Leistungspotenziale voll zu nutzen, aber nicht zu überfordern, ist eine Grundaufmerksamkeit für die eigenen Befindlichkeiten Voraussetzung. Bei beginnenden Ermüdungserscheinungen sind rechtzeitige Pausen angesagt, bei großen Konzentrations- und Motivationsproblemen längere Pausen oder andere attraktive Tätigkeiten, bei Stimmungstiefs besonders motivierende Aufgaben, bei hohen Kraftinvestitionen die grundlegenden Planungen.

Machen Sie sich Ihren Körper zum Freund und Verbündeten: Arbeiten Sie *mit* ihm. Nur wenn Sie Rücksicht auf ihn nehmen, können Sie sich bei Ihrer Arbeit wohlfühlen, langfristig qualitativ befriedigend arbeiten und Zeitzufriedenheit erlangen. Wenn es irgend geht, passen Sie Ihr Tagesprogramm an Ihre morgens meist schon ersichtliche Tagesverfassung an. Seien Sie achtsam mit sich selbst – das ist ein Schwerpunktthema für bereits therapiebedürftige Lehrer (Hillert 2005, S. 23). Wenn Sie sehr ermüdet, angeschlagen oder entkräftet sind, schalten Sie einige Gänge zurück, streichen Sie bewusst einen oder mehrere Punkte von Ihrer Aufgabenliste. Lassen Sie die Schüler eher selbständig arbeiten und wählen Sie bewährte oder unkompliziertere Unterrichtsthemen.

„Nutzen Sie vielmehr die ordnende Flexibilität von Rhythmen, um einen geeigneten Grundrhythmus für die beruflichen und familiären Anforderungen zu finden" (Hatzelmann/Held 2005, S. 112). Gerade von Ihrer bewussten Grundrhythmik, die Sie entsprechend Ihrer Tagesform und den unterschiedlichen Anforderungen flexibel gestalten können, geht eine gewisse Ruhe und Verlässlichkeit aus. Diese lässt Sie Energien einsparen und kann Ihnen ganz individuelle Zeitzufriedenheit schenken.

Das mag anstrengend klingen, ist aber eine der besten Möglichkeiten, effektiver zu sein und damit mehr Freiräume zu gewinnen. Mit der Zeit lernen Sie sich genauer kennen, spüren, wann es für Sie angezeigt ist, besonders intensiv zu arbeiten oder auch gar nichts zu machen. Je mehr Sie sich gegen diesen Rhythmus stellen, was über die zusätzliche Mobilisierung von sehr vielen Stresshormonen durchaus möglich ist, desto mehr belasten Sie Ihre Reserven. Und das sollte kein Dauerzustand sein!

Wenn Sie als Lehrer besonders in Stoßzeiten an Ihre Grenzen geraten und alles Ihnen über den Kopf zu wachsen scheint, ist es von entscheidender Bedeutung, dass Sie auf sich selbst zu hören gelernt haben und zielgerichtet vorgehen. Nutzen Sie dann Ihre kurzen Leistungshochs für das Allerwichtigste und gönnen Sie sich viel Entspannung ohne Gewissensbisse, um insgesamt bei Kräften zu bleiben. Nur wenn Sie es jetzt schaffen, Ihre Freiräume zu behalten, können Sie den Höchstbelastungen noch gerecht werden.

Alles in unserem Leben verläuft nach relativ konstanten Tagesrhythmen, ob nun Verdauung, Hormonhaushalt, Blutdruck usw. Dabei gibt es individuell recht stabile, überindividuell aber stark differierende Tag- und Nachtrhythmen. Einige zählen eher zur Gruppe der Frühaufsteher, die sogenannten Lerchen; andere sind wiederum in den Abend- und Nachtstunden besonders leistungsfähig, die sogenannten Eulen. Ganz viele liegen mit ihrem ureigensten Rhythmus irgendwo dazwischen, sind also sogenannte Tagmenschen (vgl. Seiwert 2002. S. 74). Einige Menschen haben kein ausgeprägtes Mittagstief, kommen also mit nur einer kurzen Mittagspause aus, andere brauchen ein kleines Nickerchen, wieder andere benötigen eine längere Mittagspause, bevorzugt mit einer richtigen Schlafenszeit (Siestatyp).

**Beachten Sie Ihren typischen Tag-Nacht-Rhythmus:** Das bedeutet, dass Sie unbedingt in der Regel Ihrem physiologischen Grundtyp folgend Ihre optimalen Aufsteh- und Zu-Bett-geh-Zeiten leben und teilweise auch gegenüber anderen Interessen durchsetzen sollten. Sofern irgend möglich, formulieren Sie für

Ihren Typ Stundenplanwünsche wie z. B. möglichst keine ersten Stunden, falls Sie eine typische „Eule" sind. Für einen ausgeprägten Siestatyp empfiehlt es sich, nach Rückzugsmöglichkeiten für die Zeit des Mittagstiefs zu fahnden und diese dauerhaft zu arrangieren. „Lerchen" sollten sich abends nicht quälen, sondern am Nachmittag vielleicht mithilfe der Hortbetreuung oder eines Babysitters eine ausreichende Arbeitszeit organisieren. „Lerchen" lieben es manchmal sogar, vor dem Unterricht notwendige Arbeiten zu erledigen oder gar am Wochenende vor allen anderen Aktivitäten ihre Arbeiten zu erledigen. Ihre Bedingungen sollten Sie sich in Absprache mit Ihren Lebenspartnern verlässlich arrangieren. Das ist eine wesentliche Grundlage Ihrer Arbeitsleistung und darüber hinaus eine mögliche Form der Zeitersparnis.

Da morgens die Stressempfindlichkeit besonders hoch ist, da Ihr „System" erst anlaufen muss, sollten Sie Ihren Schultag stets mit ausreichenden Zeitpuffern, ruhigen rituellen und immer gleichen Verrichtungen und sicher auch einem konzentrationsfördernden Frühstück beginnen (statt Marmeladenbrot lieber Müsli, viel Magnesium gegen den Stress).

**Mit positiver Erwartung beginnen! Suchen Sie nach einem persönlichen Höhepunkt in Ihrem Tagesgeschehen:** Überdenken Sie schon beim Aufstehen oder Frühstück ein absehbares Ereignis, auf das Sie sich freuen. Was wird Ihnen Spaß machen? Worauf sind Sie gespannt? Vielleicht eine angenehme Klasse, ein interessantes Thema, ein besonderer Versuch? Versetzen Sie sich auf diese Weise schon morgens in eine gute Stimmung.

**Planen sie eine intensive Regenerationsphase nach jedem längeren und anstrengenden Unterrichtstag ein.** Die Erschöpfung ist in der Regel nach einem langen Unterrichtstag groß, sodass Körper und Geist unbedingt eine längere Ruhezeit brauchen, in der Sie nichts in Angriff nehmen, was in irgendeiner Weise mit Schule zu tun hat. Viele bevorzugen eine passive Entspannungsform (Schlaf, Entspannungstechnik), andere verbringen die Zeit lieber aktiv in der Natur mit Walken oder Spazieren. Wieder andere gehen einem ruhigen Hobby nach. Einige entspannen sich hervorragend, indem Sie intensiv mit ihren Kindern spielen. Regenerationen sind so vielfältig wie die Menschen selbst. Nur Sie selbst können jeweils ermitteln, was Ihnen gut tut. Vielen Lehrenden, die Eltern sind, besonders mit kleineren Kindern, oder Hauspflegern älterer Familienangehöriger empfehle ich, sich erst einmal eine Ruhezeit zu organisieren, die durch eine Fremdbetreuung abgedeckt wird, weil sonst pausenlose Belastung die Folge ist.

Für Ihre Angehörigen ist Ihre Erschöpfung nicht unbedingt nachvollziehbar, wenn sie zu Hause anwesend sind und beanspruchbar zu sein scheinen. Legen Sie besonderen Wert auf die Einrichtung und Einhaltung von Erholungszeiten und werben Sie für Verständnis innerhalb Ihrer Familien- und Lebenssituation.

Bestimmen Sie auf der Grundlage einer Tagesleiste der Uhrzeiten Ihre typischen Tageshochs und Tagestiefs. Überlegen Sie zunächst die besten Arbeitszeiten für Sie im Tagesverlauf an Wochenendtagen oder arbeitsfreien Wochentagen, aber auch an Schultagen mit Unterrichtsverpflichtung: Wann sind Sie besonders produktiv, wann besonders müde und abgespannt? Erstellen Sie eine typische Tageskurve zu schul- und arbeitsfreien Wochenendtagen.

**Leistungshochs und Leistungstiefs:** Ebenso typisch wie regelmäßig hat jeder Tagestyp seine entsprechenden durchschnittlichen Leistungshochs bzw. seine Tagestiefs. Im Mittel liegen die typischen Tageshochs bekannterweise zwischen 9–11 Uhr vormittags und zwischen 16–18 Uhr nachmittags; das vielen sehr bekannte Tagestief beginnt etwa gegen 14 Uhr. Je nach Typus gibt es aber durchaus starke Verschiebungen.

Die individuellen Tageshochs und -tiefs jeweils zu erfühlen und zu kennen, beinhaltet eine wesentliche Möglichkeit der Ökonomisierung bzw. der höheren Effizienz planbarer Tagesabschnitte.

**Energieeinsparungen durch das Pareto-Prinzip:** In Ihren Tageshochzeiten können Sie nun ausgesprochen viel pro Zeiteinheit schaffen, das heißt in 20% Ihrer Topzeiten können Sie 80% der möglichen Effektivität erreichen. In den absoluten Tagestiefs kann das Verhältnis genau umgekehrt sein; sie erreichen in 80% Ihrer Arbeitszeit nur 20% der Effektivität (vgl. Bossong 1998, S. 39).

Nutzen Sie dieses Prinzip für sich und die Familienerfordernisse gewinnbringend, besonders am Wochenende, aber auch an den Nachmittagen und Abenden. Hier kann der oder die Einzelne selbst einen wichtigen Schritt tun, um eigenen Überforderungstendenzen entgegenzuwirken (vgl. Meyer/ Dick 2002, S. 271).

Organisieren Sie Ihre Arbeitszeiten entsprechend Ihrer persönlichen Tageshochs und -tiefs! Nutzen Sie Ihre Topzeiten also für Ihre wesentlichen und unbedingt notwendigen Arbeiten, dann schonen Sie Ihre Ressourcen und erreichen zusätzlich mehr Arbeitszufriedenheit über die sichtbaren Arbeitserfolge.

**Kurzpausen nach konzentriertem Arbeiten unbedingt erforderlich:** „Einschlägige medizinische Untersuchungen haben ergeben, dass der beste Erholungswert nach etwa einer Stunde Arbeitszeit erzielt wird. Die Pause sollte nur bis zu 10 Minuten dauern“ (Seiwert 2001b, S. 168; vgl. auch Keller 2003, S. 38, Klippert 2006, S. 75). „Bei konzentrierter geistiger Tätigkeit, z. B. dem Lernen neuer Inhalte oder Konzeptionsarbeit, bereits nach 20 Minuten eine kleine Pause ansetzen, das Arbeitsergebnis zusammenfassen“ (Hansen 2004, S. 167).

Diese sogenannten ultradianen Rhythmen von etwa 80–90 Minuten wiederholen sich den ganzen Tag über in Wellenbewegungen, wenn auch mit den oben beschriebenen unterschiedlichen Leistungsspitzen (Hütter 2004, S. 56). Ununterbrochene geistige Arbeit bewirkt also unnötige Leistungseinbußen. Die Vorteile gegenüber pausenloser Beschäftigung sind eindeutig gegeben, sogar im Hinblick auf die bessere Integration des Neuerlernten. Deshalb arbeiten Sie bitte *nicht* nach dem Buchhalter-Prinzip von Skobanek (2001, S. 41) welches erst nach drei bis dreieinhalb Stunden eine längere Pause gestattet.

**Kurzpausen auch bei Schularbeit zu Hause:** Sie sollten also bei Ihren länger dauernden häuslichen Korrektur- und Vorbereitungsarbeiten regelmäßige Kurzpausen einhalten. Fünf bis zehn Minuten sind für Kurzpausen empfehlenswert. Wenn Sie sich deutlich mehr als zehn Minuten Pause genehmigen, fällt es schwerer, wieder den Anschluss an Ihre vorangegangene Arbeit zu finden. Für effektive Kurzpausen eignen sich kurze Entspannungsübungen, die Sie gedanklich weit weg führen, gymnastische Stretchingformen, besonders für den überlasteten Hals- und Schulterbereichs (bei offenem Fenster), oder auch eine leichte Selbstmassage der Gesichtsmuskulatur. Denken Sie dabei zusätzlich an das regelmäßige Lüften, denn Ihr Gehirn verbraucht viel Sauerstoff. Sie können in diesen Pausen auch gut Energie aufnehmen über Obst und beispielsweise energiereiche Nüsse, oder Sie gönnen sich etwas Aromatisches zu trinken. Trinken Sie etwa alle zwei Stunden ca. 0,2 l, damit „die Säfte fließen können". Vermeiden Sie viel Kaffee, weil dieser Sie nur kurzfristig anregt, Ihnen aber viel Wasser entzieht und so eher Energieverluste verursacht.

„Insbesondere muss Ihre Zeitplanung Interessen und Lebensrhythmus der Menschen beachten, die Ihnen lieb und wichtig sind" (Hansen 2004, S. 152). Wichtig ist ein gut abgestimmtes Arrangement mit Ihren häuslichen Möglichkeiten. Nicht immer ist es selbstverständlich möglich und regelmäßig zu organisieren, dass Sie Ihre Hochzeiten für wesentliche Arbeiten nutzen können.

Aber klar abgesprochene, verlässliche Zeiten und Rhythmen für alle Beteiligten, feste Essens- und Begegnungszeiten, Frei-, Partner- oder Spielzeiten mit den Kindern helfen, sinnvolle Abstimmungen für alle zu finden. Berücksichtigen Sie in diesen Arrangements die unterschiedlichen Bedürfnisse und treffen Sie fair ausgehandelte Vereinbarungen, die allen ausreichenden Entfaltungsraum geben. Ob Sie dazu einen Familienrat einberufen, evtl. Pläne absprechen und aushängen, bleibt Ihnen überlassen.

Dabei weiß ich sehr wohl, welche Schwierigkeit und Komplexität ein solches Gesamtarrangement bedeutet, weil auch ich mich immer in diesem Dilemma zwischen Familie, Kindern und Beruf befand. Damit kein dauerhaft schlechtes Gewissen gegenüber allen Bereichen entsteht, ist es von vornherein wichtig, dass sich alle über Ihre Bedürfnisse regelmäßig austauschen können. Da manchmal die Familienmitglieder nur schwer den Arbeitsdruck des Lehrenden besonders in Stoßzeiten nachvollziehen können, ist es wichtig, dass Sie für Verständnis und Toleranz innerhalb Ihrer Familie werben. Denn nur über diesen Weg der gegenseitigen Achtung und Kompromisse, aber auch Ihrer erarbeiteten Trennlinien und Grenzen können langfristig für alle befriedigende Rhythmen und Regelungen etabliert werden. – Eine schwierige Daueraufgabe für Lehrende, die von Berufsfremden nur schwer nachvollziehbar bleiben wird.

Je klarer und verlässlicher die Regelungen für Ihre notwendigen Arbeitszeiten in optimalen Phasen sind, umso mehr Gewinn entsteht für alle Beteiligten.

Gehen Sie zunächst von Ihren Tageshochs und -tiefs aus. Wo könnten Sie diese zeitlich zu Hause platzieren, ohne andere Bedürfnisse zu beeinträchtigen? Überdenken Sie auch die Möglichkeit, in der Schule zu arbeiten. Ist das vielleicht an manchen Tagen günstiger? Notieren Sie diese Zeiten für einen typischen Wochenablauf. Sind hierfür Absprachen nötig? Nehmen Sie diese gleich mit einem möglichen Termin in Angriff. Wo fühlen Sie sich noch in Ihrer Tagesrhythmik stark beeinträchtigt? Was genau könnten Sie ändern? Schreiben Sie mögliche Lösungen auf und gehen Sie eine davon gleich praktisch an.

## 2.6 Nutzen von Unterrichtsrhythmen

Neben diesen Entschleunigungen für sich selbst im Schultagesverlauf und den institutionellen Möglichkeiten gibt es für Sie noch einen weiteren guten Weg, das Tempo und die Abläufe im Schulalltag bewusster zu gestalten, und zwar durch eine für Sie und für die Schüler angemessene Rhythmik. Hier müssen Sie natürlich wieder die von der Schulorganisation vorgegebenen Regelungen bedenken, aber Handlungsspielräume bleiben Ihnen insbesondere, wenn Sie Klassenlehrer sind.

Da Unterrichten, Lehren und Lernen, Kommunikation nur in Wechselwirkung erfolgen, ist das Zusammenspiel der Rhythmen der Lernenden und Ihrer Vorgaben zur Unterrichts- bzw. Schultagesrhythmik für Ihre Schüler entscheidend.

Der Schwerpunkt vieler Unterrichtsgestaltungen bezieht sich vornehmlich auf die fachlichen und inhaltlichen Aspekte, weniger jedoch auf die für Schüler und Lehrer angemessene Rhythmik. Da diese Thematik ein weites Feld für methodisch-didaktische Konzepte und Überlegungen bietet, sollen hier nur einige Anregungen für praktische Be- und Entschleunigungsmöglichkeiten sowie Rhythmisierungen genannt werden, besonders solche, die einen Zusammenhang mit zeitlichen Dimensionen haben.

Dass die verschiedenen Entwicklungsalter der Kinder, aber auch Ihr eigenes Lebensalter dabei ganz unterschiedliche Voraussetzungen und damit Anforderungen an die Unterrichtsrhythmik stellen, versteht sich von selbst. Das viel geringere Konzentrationsvermögen jüngerer Kinder und ihr Bewegungsdrang sollen hier nur kurz erwähnt werden; besonders im Zusammenhang mit der ADHS-Symptomatik, aber auch anderen Auffälligkeiten, die Förderbedarf mit sich bringen, wie sie heute meist in jeder Klasse reichlich zu finden sind.

Suchen Sie zunächst vor allem einen angemessenen Wechsel zwischen verschiedenen Beanspruchungsebenen und entspannten Phasen der Erholung und des Spiels.

**Verlässliche und ritualisierte Grundrhythmen** für die Unterrichtstage und -abläufe schaffen und einüben, wie Morgenkreis, Bewegungssequenzen, Abschlussritual

Regelung **fester gemeinsamer Essenszeiten**

**Ruhige Arbeits- und Konzentrationsphasen** – je nach Notwendigkeit – immer wieder flexibel einbauen und üben! Aufgaben einmal zeitlupenhaft oder betont langsam und genau erledigen (Schönschrift), Mandalas zeichnen.

**Künstlerische, musische und sportliche Ebenen** immer wieder im Wechsel einbauen.

**Methodenwechsel mit viel Eigenarbeit** und Bewegungsmöglichkeiten einplanen; Wechsel zwischen Stillarbeit, Partneraufgaben, Vorträgen und Gruppendiskussionen; verschiedene Medien einsetzen.

Unterbrechen Sie angestrengtes Arbeiten und Lernen immer wieder durch bewusst gesetzte Entspannungs- und Stillezeiten. Berücksichtigen Sie dabei Konzentrationsmöglichkeiten und Vorermüdung der Schüler sowie ihre Tagesrhythmik.

Den verbreiteten Schülerwunsch nach **Ruhezeiten und gedämpfter Lautstärke** berücksichtigen: Verabreden Sie feste **Stillarbeitszeiten** mit abgesprochenen Verhaltensregeln! Sorgen Sie für die genaue Einhaltung im Interesse der ganzen Klasse!

**Rückzugszonen** oder eigene gewünschte Wechsel der Beschäftigungsebene im notwendigen und möglichen Rahmen ermöglichen.

Grundtechniken zur **Selbstberuhigung (Entspannungstechniken)** vorleben, vermitteln und immer wieder anregen. Entspannungsmusik oder -lektüre stets bereithalten.

**Partnerberuhigungen** wie Massagen, gemeinsame Beobachtungs- und Malaufgaben, Vertrauens- und Blindenspiele einüben.

**Beschleunigungen von unwichtigen Routinetätigkeiten** wie Austeilen, Aufstellen, Aufräumen, Ansagen für alle, Umbauten über klare Rituale und Zeichen: Sparen Sie Zeit bei langweiligen Routinetätigkeiten!

Berücksichtigen Sie aber auch Ihre eigene Tagesform von vornherein. Viel Aufwand, Neueinführungen und Einsatz bei guten Kraftreserven, viel ruhige Selbstbeschäftigung der Schüler mit Eigenkontrollmöglichkeiten, wenn Sie sich ermüdet fühlen und schon einen langen Unterrichtstag hinter sich haben.

Angemessene, abgesprochene und immer wieder praktizierte Rhythmen in der Schule geben Schülern wie Lehrern Sicherheit, sind ökonomisch und ermöglichen Zeitreserven für wichtige inhaltliche, methodische oder soziale Fragen.

Werden Unterrichtsrhythmen zu wenig berücksichtigt, zeigt sich das auch in Unterrichts- und Ablaufstörungen. Winkles geht sogar „von 34 ‚gestörten' Unterrichtsminuten aus – pro Stunde!" (vgl. Wehr 1993, S. 425)

**Sorgen Sie für einen klaren Regelkonsens von Anfang an!** Finden Sie klare Absprachen zu Wortmeldungen, Gruppenbildungen, Austeilen und Einsammeln von Materialien, Aufbauhilfen, Kopierarbeiten, gegenseitigen Hausarbeitskontrollen, Betreuung von technischen Einrichtungen usw. Handeln Sie diese Vereinbarungen gründlich mit Ihren Kindern aus, die diese dann selbst aufschreiben. Hängen Sie dieses Regelwerk für alle sichtbar auf, geben Sie es schriftlich für die Eltern mit nach Hause, und lassen Sie sie auch unterschreiben.

**Ritualisieren und Üben Sie diese Vorgänge durch eindeutige Zeichen,** um sich auch stimmlich zu entlasten. Honorieren Sie gelungene Abläufe und Regeleinhaltungen durch verabredete oder besondere Belohnungen und gehen Sie mit Übertretungen konsequent um.

**Unterstützen Sie Maßnahmen der Lärmdämmung!** Da die gemessenen Lärmpegel an Schulen äußerst bedenklich sind, sollten Sie neben ruhigen Unterrichtsabläufen jede noch so kleine Chance der Lärmreduzierung nutzen und initiieren, wie z. B. Teppichboden, Dämm-Matten an Wand und Decke, Hausschuhe usw.

Haben Sie erst einmal mit den Kindern eine gut eingeübte, klare tägliche Grundrhythmik eintrainiert, dann ergeben sich besonders in den eingebauten und dann für die Schüler selbstverständlichen Ruhephasen mit Stillarbeit oder Entspannungsteilen immer auch für Sie als Lehrer Zeitfenster, um Luft zu holen und zu entspannen.

Entspannungsübung für Ruhephasen im Unterricht:
Suchen Sie sich für Ihre Augen einen Ruhepunkt, den Sie anschauen möchten, stellen Sie sich entspannt hin (anlehnen) oder setzen Sie sich bequem auf einen Stuhl. Lockern Sie bewusst Ihre Muskeln und konzentrieren Sie sich dann auf Ihre Atmung. Beobachten Sie Ein- und Ausatmung. Wenn Sie den Atemrhythmus aufgenommen haben, dann sagen Sie innerlich zu sich selbst bei der Einatmung „ein", bei der Ausatmung „aus". Verlängern Sie das Wort „aus" bei den weiteren Atemzügen und lockern Sie zusätzlich die Muskeln, die sich verspannt anfühlen, eventuell das Kinn oder die Schultern. Zählen Sie dann zum Abschluss von eins bis fünf, und beenden Sie die Übung, indem Sie kurz die Hände zu Fäusten ballen und wieder öffnen.

Sie können die gewonnenen Ruhephasen auch für wichtige Beobachtungsschwerpunkte nutzen:
**Zeit für Einzelbeobachtungen:** In Arbeitsphasen haben Sie Gelegenheit, über den genauen Leistungsstand, aber auch das Arbeitsverhalten und das Arbeitstempo einzelner Schüler Informationen zu gewinnen, die sie gleich notieren können. Darüber hinaus sind individuelle Hinweise und Hilfen möglich.
**Zeit für Wochenplanübersichten oder Korrekturen.** Phasen der Stille oder der eigenständigen Arbeit der Schüler können Sie für die Kontrolle der Wochen- oder Freiarbeit einzelner Schüler nutzen. Ebenso haben Sie Gelegenheit, Kurzkorrekturen vorzunehmen, die Sie zu Hause einsparen.
**Zeit für Einzelgespräche oder Einzelerklärungen:** Trotz aller Hilfen untereinander und guter Materialien ist es sicher immer wieder nötig, dass Sie einzelnen, besonders förderbedürftigen Lernern oder auch Hochbegabten Zusatzaufgaben oder -hilfen zuteil werden lassen. Sie könnten die Zeit auch für notwendige Konfliktklärungen oder Hintergrundgespräche mit einzelnen Schülern nutzen.
**Notizen zur Unterrichtsanalyse:** Vielleicht wollen Sie die Freiräume auch für wichtige Ideen oder Veränderungen bezüglich Ihrer Unterrichtsdurchführung oder bestimmter Medien nutzen. Oft erkennt man erst im Unterrichtsverlauf selbst, dass manche Schritte ungünstig waren, und es kommen einem gute Alternativideen. Diese festzuhalten, ist sicher wichtig, da sie im Verlauf eines langen Unterrichtstags manchmal verlorengehen. Vielleicht möchten Sie sich auch Notizen zu Ihrem eigenen Unterrichtsverhalten machen, einen Erfolg im Umgang mit einem Schüler aufschreiben oder einen kritischen Punkt, der sie belastet. Sie haben so eine gute Grundlage für Ihre spätere Gesamtanalyse.

# 3 Längerfristige Rhythmen beachten und Freiräume festlegen

## 3.0 Ihr Lebensbaum im Jahresrhythmus

Ihr Lebensbaum unterliegt nicht nur einem ständigen Tag-Nacht-Rhythmus, sondern hat im Jahresverlauf auch Phasen von Blüte und Ernte sowie winterliche Ruhezeiten, die rhythmisch aufeinander abgestimmt sind. Genauso hat sich Ihr Körper einem beständigen Wechsel von Belastung und Erholung zu stellen. Nur diese Balance garantiert für Sie den dauerhaften Erhalt Ihrer vollen Leistungsfähigkeit und damit Ihrer Gesundheit in allen Lebensbereichen.

## 3.1 Deutsche Lehrende in bedenklichem Gesundheitszustand

„Die Arbeit bekommt immer mehr alles gute Gewissen auf ihre Seite: Der Hang zur Freude nennt sich bereits Bedürfnis nach Erholung und fängt an, sich vor sich selbst zu schämen“ (bei Wehmeyer 2000, S. 39).

In unserem hoch zivilisierten Alltag leiden viele an Erholungsdefiziten, sodass sich eine Reihe von Zivilisationskrankheiten in den letzten Jahrzehnten enorm ausbreiten konnte. Lehrer sind von diesen Überlastungsphänomenen offenbar besonders stark betroffen.

**Gesundheitszustand bei deutschen Lehrern Besorgnis erregend:** Entsprechend der sehr umfangreichen und wissenschaftlich fundierten Untersuchungen von Prof. Schaarschmidt von der Universität Potsdam ist der Gesundheitszustand von Lehrern in Deutschland insgesamt Besorgnis erregend. Etwa ein Drittel der Lehrerschaft (29–36 %) fällt bereits unter die Rubrik „burn-out“, das heißt, diese Lehrer haben mit größeren gesundheitlichen Problemen zu kämpfen, sind stark erschöpft und neigen deutlich zur Resignation. 14–41 % bundesweit werden als „Risikogruppe“ bezeichnet, haben also bereits mit Überlastungsproblemen zu kämpfen, arbeiten mit hohem Engagement, aber nur geringer Zufriedenheit. **Nur 11–20 % der Lehrer können als rundum gesund bezeichnet werden.** Eine weitere Gruppe „Schonung“ (13–37 %) ist relativ gesund und zufrieden, arbeitet mit reduziertem Engagement und mit viel Distanz, zeigt jedoch eine recht hohe Zufriedenheit (bei Hillert 2004,

S. 45 ff.). Auch die Untersuchung von Schönwälder u. a. von 2003 an Bremer Lehrern belegt, dass zwei Drittel „häufig oder regelmäßig ärztliche Hilfe in Anspruch nehmen müssen" (Schönwälder 2003, S. 89, Schönwälder 2005a, S. 9).

Diese Zahlen bestätigt weiterhin die Freiburger Schulstudie, die bei 20 % der diensttuenden Lehrkräfte krankheitswertige psychische Belastungen feststellt (Bauer 2004, S. 5).

**Referendare schon hoch belastet:** Bereits ein Drittel der Referendare sind nach Schaarschmidt dem hoch belasteten Burn-out-Typ zuzurechnen (Hillert 2005, S. 18).

**Hohe Frühpensionierungsraten:** Dieses Bild bestätigen auch die Zahlen zu Frühpensionierungen von Lehrern. So scheiden Lehrer im Durchschnitt zwei bis drei Jahre früher aus dem Dienst aus als andere Beamte, auch früher als Justiz- oder Polizeibeamte. Und nur sehr wenige schaffen es bis zum vorgesehenen Altersruhestand, zumeist sind dies Funktionsträger (bei Kretschmann 2000, S. 14, Klippert 2006, S. 64). „In den vergangenen zehn Jahren lag der Anteil frühzeitiger Pensionierungen aus Krankheitsgründen zwischen 54 und 64 %" (Hillert 2004, S. 139). In manchen Pensionsstatistiken sind es sogar nur noch 6 % der Lehrer, die nach Erreichen der normalen Altersgrenze pensioniert werden (vgl. Keller 2003, S. 4).

An Grundschulen sind die Frühpensionierungsraten höher als an Gymnasien (vgl. Heyse 2005, S. 40).

**Lehrer ist ein Risikoberuf:** Besonders gefährdet ist die psychische Gesundheit (Klippert 2006, S. 17); das Risiko für Herz- und Kreislauferkrankungen sowie Erkrankungen des Stütz- und Bewegungsapparates ist überdurchschnittlich hoch (Stück u. a. 2004, S. 235).

„Wenn Lehrkräfte über unerträgliche Belastungen klagen, dann lamentieren sie nicht, in der Regel sagen sie einfach die Wahrheit" (Storch 2005, S. 38).

Die Überforderung vieler Lehrer kann also nicht nur als Individualproblem oder als eines von Brennpunktschulen gewertet werden, sondern betrifft die gesamte deutsche Schullandschaft und sollte die Fürsorgepflicht der Kultusminister und Verantwortlichen weit stärker aktivieren. Trotz der eindeutigen Überforderungssignale gehen die Maßnahmen nämlich verbreitet immer noch in Richtung Mehrarbeit durch Entwicklung von Schulprogrammen, Umsetzung neuer Leistungsstandards, Qualitätsprüfungen, Berücksichtigen von zusätzlichem Förderbedarf und von Hochbegabten, Heraufsetzen des Pensionierungsalters usw. Nur sehr zögernd lassen die verantwortlichen Politiker hier ein beginnendes Problembewusstsein erkennen, z. B. indem sie verstärkt Informationen, Fortbildungsangebote oder Gesundheitszirkel an Schulen initiieren.

Für den einzelnen Kollegen ist es gerade vor dem Hintergrund dieser bedenklichen Zahlen und Entwicklungen von größter Wichtigkeit, nicht auf die langfristige Besserung der Verhältnisse zu warten, sondern sich erst einmal selbst zu schützen. Da „der Spielraum für gesundheitsbewusstes Verhalten bei weitem nicht ausgeschöpft wird" (Schönwälder u.a. 2003, S.102), heißt das aber auch, Verantwortung für die eigene notwendige Regeneration zu übernehmen, und das vielleicht auch in einem Umfang, dem offiziell nicht immer stattgegeben wird.

Hinzu kommt, dass die Lehrerschaft in Deutschland inzwischen „vergreist", das heißt ein recht hohes Durchschnittsalter erreicht hat – aufgrund fehlender Neueinstellungen über viele Jahre hinweg.

Die hohe Gesamtbelastung legt einen ausgesprochen hohen Regenerationsbedarf nahe, dem der Lehrer einfach nachkommen muss, wenn er langfristig gesund bleiben will und seine Schularbeit auf Dauer bewältigen möchte (vgl. Schönwälder u.a. 2003, S.66). Er sollte sich seine Erholung deshalb unbedingt ohne schlechtes Gewissen und im notwendigen Umfang erlauben und diese auch genießen. Die Realität sieht jedoch anders aus:

**Lehrer gönnen sich zu wenig Regeneration:** 46 % der befragten Lehrer geben an, sich in den Schulzeiten kaum Muße zu gönnen (Kretschmann 2000, S.38). „Erstaunlich selten tritt das Geltendmachen des Eigeninteresses u.a. an der eigenen Gesundheit in Erscheinung ... U.U. ist auch eine starke Orientiertheit an beruflichen Aufgaben zu erkennen" (Schönwälder u.a. 2003, S.69). Auch Leuschner/Schirmer (bei Gudjons 1993, S.37) stellen schon fest, dass das Erholungsverhalten der Lehrer mangelhaft ist.

## 3.2 Individuell angemessene Balance zwischen Schulbelastung und Erholung

Nehmen Sie sich ein großes Blatt, schreiben Sie auf die eine Seite Energieräuber, auf die andere Energiequellen. Was in Ihrem Lehrberuf, was in Ihrem Privatleben schenkt Ihnen viel Energie, was nimmt Ihnen viel Energie? Lassen Sie sich Zeit beim Sammeln. Unterstreichen Sie dann die drei größten Räuber und die drei größten Quellen. Aus welchen Bereichen – auch sozialen – kommen sie? Stimmt Ihre Balance? Planen Sie Ihre Energiequellen bewusst ein? Können Sie die Quellen verstärken, neue hinzunehmen und einige Räuber zurückdrängen? Was genau müssten Sie tun? Notieren Sie zwei wichtige Handlungsschritte und suchen Sie nach einer konkreten Umsetzung in naher Zukunft!

Grundlegend ist das rhythmische und regelmäßige Aufsuchen von Energiequellen, aber auch die Kenntnis extremer Energieräuber, um sie zu minimieren oder zu meiden, sofern das möglich ist.

**Spüren Sie Ihre persönlichen Energiequellen des Lehrerberufs auf:** Gerade der Umgang mit jungen Menschen hält so viele wertvolle, interessante Begegnungen und Erlebnisse bereit, die für viele echte Energiequellen darstellen. Darüber hinaus: Genießen Sie die spürbaren inhaltlichen und/oder motivationalen Fortschritte einer Reihe von Schülern. Für manche sind es vielfach die aufbauenden Kontakte zu Kollegen oder eine erfolgreiche Zusammenarbeit an einem Projekt bzw. in einer Klasse.

Neben diesen beruflichen Energiequellen ist es für Lehrer von elementarer Wichtigkeit, sich selbst die Erlaubnis zur notwendigen Regeneration mit Abschalten auch in Schulzeiten zu erteilen (vgl. Hillert 2004, S. 93; Hillert 2005, S. 24).

*Abb. 6: Selbsterlaubnis für Erholung*

**Einen Tag am Wochenende ganz frei!** Da das häusliche und schulische Arbeitsfeld im Lehrerberuf keine klare Trennung aufweisen, ist die Versuchung bei hohem Arbeitsanfall sehr groß, an beiden Wochenendtagen schulische Aufgaben zu erledigen. Der Regenerationsgewinn durch einen ganz und gar freien Tag ist gegenüber einer Aufsplitterung jedoch enorm hoch, weil Sie einfach ganz entlastet in so einen Tag gehen können. Sie können ein wirkliches Urzeitgefühl aufbauen und Ihren privaten Bereich entsprechend pflegen. Das ist ein hoher Wert für Sie selbst und Ihr privates Umfeld, wenn Sie wirklich mit allen Ihren Sinnen anwesend sind (vgl. Skobranek 2001, S. 19).

**Reservieren Sie sich einen Wochenendtag bevorzugt für wichtige Arbeitsaufgaben.** An keinem anderen Tag – falls Sie keinen freien Wochentag haben – finden Sie sonst die Möglichkeit, entsprechend Ihrer Tagesrhythmik vorzugehen. Sie können so besonders intensive Arbeitsphasen gemäß dem Pareto-Prinzip für sich selbst ausnutzen und damit hoch effektiv sein. Hier empfiehlt es sich deshalb, wichtige Arbeitstermine zu platzieren. Besprechen Sie mit Ihrer Familie rechtzeitig, welchen Tag Sie als Arbeits-, welchen als Freizeittag festlegen möchten, damit sich alle darauf einstellen können.

**Stoßzeiten mit Höchstbelastungen durch ausreichende Erholungszeiten ausgleichen:** Sorgen Sie insgesamt für eine ausgeglichene Bilanz von Belastung und Erholung. Vor allem sollten die typischen Stoßzeiten vor den Zeugnissen oder vor Weihnachten durch entsprechend nachgereichte Regenerationen ausgeglichen werden.

**Gönnen Sie sich bereits bei beginnender Symptomatik Entspannung:** Gerade gegenüber den sich einschleichenden Überlastungssymptomen wie Kopf- und Rückenschmerzen, die zunächst sacht beginnen, sollten Sie achtsam sein und die notwendigen Bremsen ziehen. Haben Sie sich erst an eine gewisse Dauersymptomatik gewöhnt, dann nehmen sie diese in der allgemeinen Hektik des Lehrerlebens nur noch schwer wahr.

Sie müssen die Verantwortung für sich selbst übernehmen. Das kann Ihnen niemand abnehmen. Auch das Argument „Dafür ist jetzt keine Zeit!" zählt nicht. Denn wenn sich die Symptome erst zum massiven Krankheitsfall entwickelt haben, beanspruchen sie Zeit und Geduld absolut und zudem unangenehm.

**Ausreichend Schlaf:** Sorgen Sie für ausreichend Schlaf, der Ihnen persönlich ein ausgeruhtes Gefühl gibt. Geben Sie weniger auf quantitative Empfehlungen von anderer Seite, sondern orientieren Sie sich an sich selbst. Ihren Schlafbedarf beeinflussen anlagemäßige Faktoren und v.a. Ihre Belastungssituation. Besonders nervlich hoch beanspruchende Tagesabläufe – z.B. auch infolge hoher Lärmbelastungen – mit hoher Dichte benötigen viel Schlafausgleich. Bedenken Sie, dass im Schlaf Erregungen abgepuffert werden können und die Immunabwehr entscheidende Arbeit leistet. Das gilt besonders für berufstätige Mütter, die gegenüber berufstätigen Vätern sehr viel stärker an ihrem Schlaf sparen (nach Possemeyer 2002, S. 167).

**Regelmäßige Bewegung:** Gerade für die psychisch stark belastende Unterrichtstätigkeit, aber auch als Ausgleich für die langen Schreibtischarbeiten in Sitzhaltung sind aktive Erholungsformen für Lehrende zur vollständigen und effektiven Regeneration ein Muss.

Besonders über ausdauerorientierte Bewegungsformen wie Walken, Joggen, Radfahren u.Ä. können aufgestaute Erregungen und Stresshormone schnell und gezielt abgebaut werden. Diese Aktivitäten beeinflussen sogar schwächere Depressionen ähnlich positiv wie eine Psychotherapie (Klein 2004, S. 70)! Auch längere Sitzphasen (ab etwa einer Stunde Dauer) bedeuten für unseren Körper Stress und können gut über körperliche Aktivitäten ausgeglichen werden.

Da Ihr Körper die Grundlage Ihres Lebens und Ihrer Arbeitsfähigkeit bildet und Sie über viele Jahrzehnte auf ihn angewiesen sind, hat gerade die aktive Erholung immense Bedeutung. Erholungstermine sind also vorrangig und unantastbar! Wählen Sie die körperliche Betätigung unbedingt nach Ihren persönlichen Vorlieben, so dass Sie sich auf den Ausgleich persönlich freuen können. Vermeiden Sie aber hohe nervliche Anspannungen bei der sportlichen Betätigung, wie z. B. harte Wettkämpfe. Sie sollten sich nach Ihrer Aktivität erfrischt und gestärkt fühlen, aber keineswegs ausgelaugt. Schon die Wege zur Schule und zurück können mit dem Fahrrad oder auch zu Fuß erledigt werden, falls die Strecken zu bewältigen sind.

**Regelmäßige Besinnung bzw. Meditation schärft die notwendige Achtsamkeit für sich selbst:** An den Wochenendtagen ohne Schularbeit sollten Sie sich regelmäßig eine Zeit inneren Rückzugs gönnen. Tun Sie am besten mal gar nichts und warten. Horchen Sie in sich hinein, ob sich noch alles im Lot befindet, wo vielleicht etwas aus der Balance geraten ist. Eine solche regelmäßige Besinnung kann auch mit ruhigen, gleichförmigen Bewegungen verbunden werden, wie z. B. Nordic Walking, Radfahren, Spazierengehen, die zugleich dem Stressabbau und der Fitness dienen.

Gerade im Lehrerberuf mit seinen hohen Intensitäten, der sehr hohen Kontaktdichte und den oft parallelen Aktionen sind Besinnungszeiten von fundamentaler Bedeutung, um diese vielen Ereignisse überhaupt verkraften und verarbeiten zu können. Dies braucht einfach seine Zeit. Erst wenn es ruhiger in Ihnen geworden ist, kann sich Ihr Blick erst richtig nach innen, auf Ihre Befindlichkeit richten. Deren Zustand und Bedingungen regelmäßig zu reflektieren, ist für notwendige Kurskorrekturen zur rechten Zeit sehr wichtig.

**Fesselndes Hobby:** Für regelmäßige Kleinausstiege aus dem Alltag ist ein befriedigendes Hobby zum Abschalten grundlegend. Es sollte möglichst keinerlei schulischen Bezug haben und Sie wirklich fesseln.

Erst stimmige Arrangements ermöglichen Ihnen Ausstiegsphasen, das tägliche kleine Glück und damit die notwendige Entlastung. „Wir sind bereit, sehr viel zu geben, wenn es um Status, Karriere oder die Erziehung unserer Kinder geht – Ziele, die allesamt außerhalb unserer Person liegen. Doch wenn es gilt, unsere Tage glücklicher zu erleben, sind wir mit unserer Energie seltsam knauserig" (Klein 2004, S. 40).

**Regelmäßige Kurzurlaube mit Tapetenwechsel:** Für Lehrer, die Ihren Arbeitsplatz stets zu Hause mahnend vor Augen haben, sind Kurzausstiege mit dem Verlassen des häuslichen Umfeldes besonders wichtig.

Bedenken Sie, dass „man fruchtbare Felder nicht überfordern darf“ mit ununterbrochener Fruchtfolge, wie Keller (2003, S. 37) es sehr schön beschreibt. Sie bedürfen der regelmäßigen, gründlichen Erholung, wenn Sie eine reiche Ernte einfahren möchten.

**Abschnitte mit Teilzeitarbeit oder ein Sabbatjahr einplanen.** Überdenken Sie ernsthaft die Möglichkeit längerfristiger Ausstiege aus Ihrem Berufsleben, falls Sie es irgendwie finanziell verkraften können. Denn gerade der Lehrerjob mit seinen hohen Ansprüchen an Flexibilität und Kreativität erfordert sehr viel frische Energie, die kontinuierlich über Jahrzehnte einfach nicht jeder bereitstellen kann. Planen Sie langfristig einen möglichen Teilausstieg oder sogar ein Sabbatjahr und verwirklichen Sie dann irgendeinen Lebenstraum. Viele kehren aus dem Sabbatjahr mit neuen Erfahrungen und Einstellungen zurück, die sie neu motivieren. Bereiten Sie diese Ausstiege langfristig vor, damit entsprechende finanzielle Grundlagen und Absicherungen auch für diesen Zeitraum weiter bestehen.

„Finden Sie im Großen wie im Kleinen heraus, wie Ihr persönlicher Rhythmus von säen, hegen und pflegen sowie ernten aussieht, und planen Sie entsprechend“ (Herwig 2005, S. 117).

# 4 Aufgaben strukturieren und Freiräume für das Wesentliche finden

## 4.0 Verzweigung der Hauptäste: das Ordnungssystem

Auf Ihren Lebensbaum bezogen geht es nun vom Stamm (= den Prioritäten) aus in die einzelnen Hauptverzweigungen. Dazu benötigt man ein überschaubares Ordnungssystem, damit die Einzelaktivitäten auf die Verästelungen entsprechend sinnvoll verteilt werden können. Verfügen Sie über ein gutes Verzweigungssystem, dann kommen die entscheidenden Tätigkeiten auch in den richtigen Hauptästen an. Geht es eher ungeordnet zu, dann sind vielleicht unwichtige Aktionen oder Vorhaben auf zu dicken oder den falschen Ästen angesiedelt. Eine gewichtete Verteilung entscheidet auch über Ihre Effektivität und letztlich über Ihre Zufriedenheit.

## 4.1 Hohe zeitliche Arbeitsbelastungen mit großer Vielfalt

Die grundsätzliche Trennung zwischen Uhr- und Urzeit sowie die Bewusstheit über unterschiedliche Tempi und Rhythmen sind Grundlagen, um ein intensiveres und bewusstes Zeiterleben zu ermöglichen. Dies wiederum ist unentbehrlich auf dem Weg zur inneren Balance im Bewusstsein der Übereinstimmung zwischen eigenen Vorstellungen, Bedürfnissen und der tatsächlichen Zeitverwendung.

Es ist weiterhin von grundlegender Bedeutung, das nach oben offene Arbeitspensum im Lehrerberuf mit der zur Verfügung stehenden Zeit strukturell zu vereinbaren, wobei auch andere, persönliche Aufgaben Berücksichtigung finden müssen. Auf dieser Basis kann gezielt geplant werden.

Die wöchentliche Lehrerarbeitszeit liegt im Durchschnitt über der üblichen Arbeitszeit von vergleichbaren Angestellten bzw. denen in der Industrie! Die in den verschiedensten Bundesländern immer wieder angestellten Untersuchungen zur Lehrerarbeitszeit belegen seit den 60er Jahren bis heute unabhängig voneinander, dass Lehrer mehr arbeiten als vergleichbare Berufsgruppen (ca. fünf Wochenarbeitsstunden, mit sehr großer Streuung; vgl. die Zusammenstellungen bei Meyer 2002, S. 264; Gudjons 1993, S. 14; Schönwälder 2005c, S. 10). Nach Hübner (1994, zit. nach Kretschmann 2000, S. 13) sind die Lehrer an Gymnasien jährlich mit 1 935 Stunden Arbeitszeit besonders belastet.

(Zum Vergleich: Der Durchschnitt für den öffentlichen Dienst liegt bei 1 754 Stunden.) Dabei ist die Zahl der Pflichtstunden seit den 90er Jahren bundesweit um rund zwei Stunden angestiegen – bei gleichzeitiger Erhöhung der Klassenfrequenzen auf 28 bis 30 Schüler (Finnland: etwa 24 Schüler pro Klasse; vgl. Klippert 2006, S. 41).

„Die Lehrerschaft braucht sich wegen der Schulferien nicht zu genieren, denn ihre durchschnittlichen Wochenarbeitszeiten weisen in der Unterrichtszeit so hohe Überstunden aus, dass sie meistens mit den Ferien nicht abgegolten werden" (Schönwälder 2005a, S. 6). Das sagt allerdings noch nichts über die Qualität der Arbeit aus. Bei den Belastungsempfindungen taucht der Zeitaspekt allerdings erst auf den hinteren Rängen auf, während die psychischen Aspekte viel weiter vorn stehen (Lärm, zu große Klassen, Auffälligkeiten). Es schmerzt Lehrer nicht in erster Linie, Zeit für Ihre Schüler und die Schularbeit zu investieren. Ihr Interesse richtet sich auf die Qualität der Arbeit, darauf, wie diese Ihre Schüler fachlich und pädagogisch voranbringt. Und dass hier immer mehr Einschränkungen hingenommen werden müssen, bedrückt Lehrende gewaltig. Das beweisen auch die relativ hohen Arbeitszeiten von Teilzeitbeschäftigten, eine Lösung inzwischen für viele Lehrer, die an Ihre Grenzen geraten sind.

**Teilzeitbeschäftigte Lehrer investieren im Vergleich mehr Arbeitszeit als vollzeitbeschäftigte:** Gerade die außerunterrichtliche Arbeit steigt bei Teilzeitbeschäftigen an, bei Deputaten mit nur 50 % sogar auf 146 % über dem Soll (vgl. Meyer 2002, S. 265, Gudjons 1993, S. 15, Schönwälder 2005a, S. 4).

Bereits diese Zeitangaben deuten auf eine Arbeitsfülle hin, die eben nicht nur aus dem Unterrichten mit entsprechender Vorbereitung resultiert, sondern eben aus den vielen, fast schon unüberschaubaren Einzel- und Zusatztätigkeiten am Schreibtisch – angefangen beim Korrigieren, Analysieren, Archivieren bis hin zu den vielen kommunikativen Anforderungen in Gremien, Absprachen mit Kollegen, Kontaktaufnahmen mit Behörden, Schullandheimen, Eltern, Schülern und Leitungen. Rudow (1994) nennt allein 55 Teiltätigkeiten, eine „Überkomplexität" des Berufes.

**Viele Einzeltätigkeiten zeitlich belastend:** Als hohe zeitliche Belastungen neben dem Unterricht werden von Bremer Grundschullehrern vor allem das Erstellen von Lernentwicklungsberichten genannt, weiterhin die Betreuung und Beratung von Schülern, Korrigieren, Kooperation mit Kollegen, Zeugnisse, Schulveranstaltungen, Klassenfahrten und Elternabende (Schönwälder u. a. 2003, S. 21).

**Großer Reformbedarf und Reformdruck beinhaltet hohe Zeitinvestitionen:** Neben diesen ohnehin schon sehr umfangreichen „normalen Lehrertätigkeiten“ rollt auf die Bildungsinstitutionen ein kräftemäßig wie zeitlich zusätzlich ausgesprochen aufwändiger Umstrukturierungs- und Innovationsprozess zu. Das zeigt sich in der Formulierung von Leitbildern, Schulprogrammen, im Vorbereiten und Durchführen von Vergleichsarbeiten, Qualitäts- und Gesundheitszirkeln, beim Erproben neuer Lernmethodiken, bei Teambildungen, bei alters- und fächerübergreifendem Unterricht und neuen Altersmischungen.

Alle diese z.T. wirklich notwendigen strukturellen und methodisch-inhaltlichen Veränderungen, die hier nur ansatzweise erwähnt werden können, müssen von den Lehrern und Kollegien Schritt für Schritt umgesetzt und mitgetragen werden. Hierzu bedarf es meist eines erheblichen Fortbildungs- und Organisationsaufwandes mit den entsprechenden Anfangs- und Umsetzungsschwierigkeiten und unvermeidbaren Fehlern. All das bedeutet sehr viel Planungsaufwand, der jede Woche viele Lese-, Vorbereitungs- und vor allem Besprechungsstunden zusätzlich beinhaltet. Ein Mehraufwand, der von den Bildungsträgern kaum je mitberechnet wurde, da entsprechende Entlastungen, Streichungen oder Neueinstellungen fast gänzlich fehlen (vgl. Schönwälder 2005c, S. 29). So müsste man eigentlich einmal all die Nebentätigkeiten plus Reformaufwand je Woche auflisten und summieren. Die verbleibende Zeit könnte dann noch für Unterricht genutzt werden. Nach meiner Einschätzung bliebe dann wahrscheinlich nicht mehr viel übrig, keinesfalls die 26–28 vorgeschriebenen Wochenstunden!

„Bildungsbürokratien scheinen dem Wahn verfallen zu sein, die Übertragung zusätzlicher Aufgaben an die Lehrerschaft könne bei gleichbleibender Qualität der Dienstleistung die wachsende Lücke zwischen Anspruch und Leistbarkeit schließen. Fehleinschätzung bleibt Fehleinschätzung“ (Schönwälder 2005c, S, 32).

Also sind die hohen Arbeitszeiten wohl kaum durch mangelnde Selbstdisziplin oder Arbeitsorganisation erklärbar (wie Wulk 1988 behauptet, zit. nach Meyer 2002, S. 265), sondern vielmehr durch die Anforderungsdichte und -vielfalt, nimmt man den Lehrerberuf wirklich ernst. Allerdings kann eine angemessene und an die persönlichen Möglichkeiten angepasste Arbeitsorganisation hier doch einige wertvolle Entlastungen schaffen, aber die häufige „Überfrachtung“ oder Überforderung durch die Reformanforderungen sicher nicht aufheben.

Typisch ist für die Lehrerarbeit, dass sehr viele Einzeltätigkeiten neben der obligatorischen Unterrichtsvorbereitung und den damit verbundenen Korrekturen meist im schmalen Arbeitsfenster vom späten Nachmittag bis in den späten Abend, oft auch noch bis in die Nacht, untergebracht werden. Hinzu kommt natürlich noch der tägliche Wechsel zwischen den verschiedenen

Arbeitsplätzen in der Schule und zu Hause, der zusätzlich oft erhebliche Zeit verschlingt. Nicht wenige Lehrende sind heute an verschiedenen Schulen tätig und müssen noch Wege zu einem dritten und vierten Arbeitsplatz bewältigen.

> Listen Sie einfach einmal ganz spontan all die Tätigkeiten (beruflich und privat) auf, die Sie so in den nächsten Tagen zu erledigen haben. Verschaffen Sie sich zunächst einen Überblick über die Vielfalt Ihrer tagtäglichen Aufgaben.

Gerade diese Koordination der „tausend Kleinigkeiten" führt zu großer zeitlichen und gedanklichen Beanspruchung, die in der noch von privaten und familiären Verpflichtungen eingeengten „freien Zeit" untergebracht werden muss.

Um diese Vielfalt in den Griff zu bekommen, sind grundlegende Strukturen und klare Planungselemente für die Lehrerarbeit unbedingt erforderlich, damit der Überblick, die Sicherheit, nichts Wichtiges zu vergessen, und das Gefühl, wirklich etwas geschafft zu haben, gefördert werden und erhalten bleiben.

## 4.2 Integration von Lehrertätigkeit und anderen Lebensbereichen

Ihr persönliches Zeitmanagement sollte Ihnen aber nicht nur Strukturierungshilfen für Ihre zahlreichen beruflichen Aufgaben geben, sondern soll darüber hinaus die Vereinbarkeit mit den vielfältigen Anforderungen Ihres Privatlebens ermöglichen. Das Gelingen dieser Integration von Beruflichem und Privatem ist umso wichtiger, als Sie meist einen größeren Anteil Ihrer Arbeit zu Hause verrichten.

Um dieser Vielfalt und Verzahnung im Hinblick auf eine für Sie stimmige Zeitbalance überhaupt gerecht werden zu können, biete ich Ihnen hier zunächst eine grobe Einteilung in vier Hauptlebensbereiche an, die Sie bei einigen Zeitmanagern der sogenannten vierten Generation wie Seiwert (2001a, S. 24) und in Form von Rollen auch bei Covey (2003, S. 118) detaillierter nachlesen können. Es geht um diese vier Hauptlebensbereiche:

**Bereich Beruf/Leistung:** Hiermit sind alle beruflichen Aktivitäten gemeint, also Unterricht, Vorbereitung, berufliche Kontakte, Fortbildungen.

**Bereich Familie/Kontakte:** Alle Aktivitäten rund um die Familienmitglieder, Kinder, Haushalt, Garten, Pflege von Freundschaften (soziale Netzwerke).

**Bereich Körper/Gesundheit:** Hierzu zählen die grundlegenden gesund erhaltenden Notwendigkeiten wie Schlaf, Ernährung, Körperpflege, daneben Bewegung und Sport sowie auch Entspannendes bzw. Passives.
**Bereich Sinn/Kultur:** Hierzu gehören tiefe Liebesbindungen wie die Partnerschaft, religiös-spirituelle Aktivitäten, außerdem die Beschäftigung mit Kulturellem wie Musik, Theater, Literatur, Film.

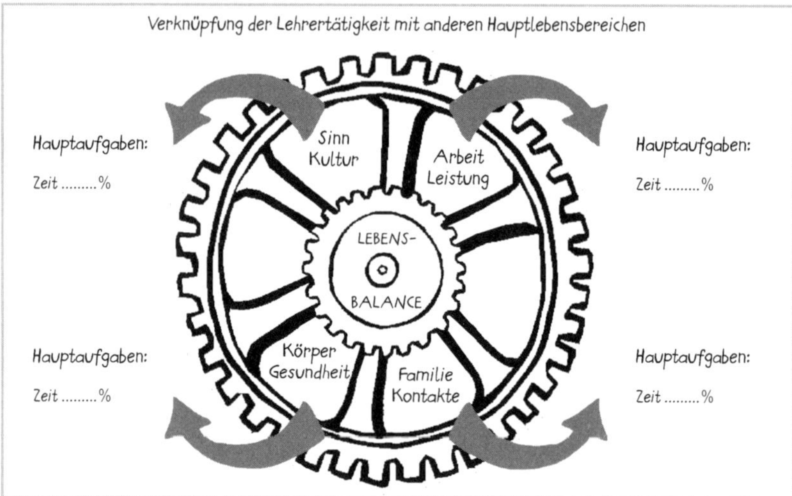


*Abb. 7: Verknüpfung der Lehrertätigkeiten mit anderen Hauptlebensbereichen*

Alle Bereiche sind notwendig für ein ausgeglichenes Leben, da sie wichtige Grundbedürfnisse befriedigen. Dabei geht es in jeder Lebensphase um eine individuell stimmige Balance dieser vier Bereiche. Eine starke Präferenz *für* einen bestimmten Lebensbereich, z.B. für die Schule, bedeutet gleichzeitig die Entscheidung *gegen* andere Bereiche, die weniger zu ihrem Recht kommen. Da jeder von uns insgesamt nur 100% seiner Zeit zur Verfügung hat, gilt es, diese so auf die einzelnen Lebensbereiche zu verteilen, dass eine individuell zufriedenstellende Konstellation erreicht wird: eine schwierige Lebensaufgabe.

Schreiben Sie diese vier Lebensbereiche kreisförmig auf ein großes Blatt. Notieren Sie einige Hauptaufgaben zu den einzelnen Bereichen und was Sie damit verbinden. Hier zeigt sich wahrscheinlich Ihre Aufgabenvielfalt in Gänze. Stellen Sie Ihre derzeitige Zeitverwendung dar, indem Sie Ihre 100% Zeit auf die einzelnen Lebensbereiche aufteilen, also z.B. 60% Beruf/Leistung, 20% Familie/Kontakte usw. Empfinden Sie Ihre Zeitverwendung als stimmig? Gibt es irgendwo Übergewichte?

Sie haben sich nun einen Überblick über Ihre Zeitverwendung und Ihren derzeit aktuellen Aufgabenkanon in den Hauptlebensbereichen verschafft.

## 4.3 Strukturierung über vier Lebensquadranten

Um nun alle Ihre derzeitigen beruflichen und privaten Aufgaben in einem übersichtlichen Planungssystem unterzubringen, schlage ich Ihnen als eine elementare Überlegung die Unterscheidung von *wichtig* und *unwichtig* sowie *dringlich* und *nicht dringlich* vor, die Ihre Zeitentscheidungen maßgelblich leiten sollte.

Bei dem vorgestellten Ordnungssystem über vier Quadranten habe ich mich an den Vorschlägen von Covey (2003, S. 34) und Seiwert (2002, S. 120) orientiert. Diese vier Abschnitte können nun sämtliche Tätigkeiten aller vier Lebensbereiche aufnehmen. In der Reflexion bieten sie für die Lebensbereiche wichtige Entscheidungshilfen, die sich in vielen meiner Seminare als sehr hilfreiche Orientierung für die meisten Teilnehmer erwiesen haben. Das System basiert darauf, das individuell oder beruflich Wichtige als Grundlage jeder Zeitplanung anzusehen. „Nur wer das Wichtige kennt und auch tut, statt bloß auf Dringendes zu reagieren, kann den Weg zum Wesentlichen finden" (Covey 2003, S. 29). Es ist eine eindeutige Weiterentwicklung des vielleicht bekannten Eisenhower-Prinzips, das die wichtigen und gleichzeitig dringlichen Aufgaben favorisiert, also die sogenannten Feuerwehrtätigkeiten (Hütter 2004, S. 69). Das hier vorgestellte System stellt aber die grundlegenden und qualitativ hochwertigen Tätigkeiten in den Vordergrund, die langfristig von Bedeutung sind. Es integriert weiterhin alle Lebensbereiche in ein gemeinsames System.

Gerade für Lehrer, die sehr von den dringlichen Geschäften wie Unterrichtsvorbereitungen, Konferenzterminen, Zeugniseinträgen, disziplinarischen Regelungen bedrängt werden, ist ein solches systematisches Angebot geeignet, auch die Hintergrundtätigkeiten wie Fortbildungen, wichtige pädagogische Gespräche, Absprachen mit Kollegen oder Projektkonstrukte nicht nur zu berücksichtigen, sondern Ihnen einen angemessenen und zeitlich möglichst dynamischen Platz zu geben. Ferner kann es in notwendiger Weise die privaten Bedürfnisse integrieren, ist also von elementarer Bedeutung, um auch den vielfach vernachlässigten Regenerations- und familiären Kontaktbedürfnissen Lehrender ausreichende Freiräume zu gewähren.

*Abb. 8: Ordnung nach Wichtigkeit und Dringlichkeit über die vier Lebensquadranten*

Hier sei das System in seiner Grundstruktur erst einmal erläutert:
**Ordnung über die vier Lebensquadranten A, Q, R und V.** Die vier Quadranten sind Elemente eines großen Vierecks, wobei jeweils die linken Quadranten, der obere A = Aktualität und der untere R = Routine, die dringlichen Aktivitäten beinhalten, die beiden rechten die nicht dringlichen. Der obere rechte Quadrant wird mit Q=Qualität bezeichnet, der untere rechte mit V=Verschwendung. Die beiden unteren R=Routine und V=Verschwendung stehen für die unwichtigeren Tätigkeiten, die Quadranten A und Q für die wichtigen. Diese Einteilung ermöglicht ein Bewertungssystem der gesamten zu strukturierenden und zu bewältigenden Aufgaben eines Einzelnen oder einer größeren Einheit. Die grundsätzlichen Planungskriterien Dringlichkeit und Wichtigkeit sind transparent und ermöglichen schnellen, handlungsleitenden Überblick.

Damit Sie eine Übersicht über Ihre Aktivitäten erhalten, gilt es nun, die anstehenden Aufgaben nach den genannten Kriterien einzuteilen. Dabei sind letztlich Sie das Maß der Dinge, das heißt, Sie entscheiden entsprechend Ihrer Ziele und Prioritäten, aber auch entsprechend Ihrer jeweiligen Notwendigkeiten über Wichtigkeit und Dringlichkeit Ihres Arbeitsfeldes. Zusätzlich muss darauf hingewiesen werden, dass die Besetzung der Quadranten über zeitliche Distanzen auch veränderlich ist. Denn aus jedem nicht dringlichen Q wird in der Regel irgendwann ein dringliches A, wenn Sie es nur lange genug aufschieben. Wenn Sie es also beispielsweise lange versäumt haben, auf ausreichende Bewegung und Kräftigung Ihres Körpers zu achten, dann werden die sich verstärkenden Rückenschmerzen es irgendwann unbedingt notwendig machen, dass Sie Ihre notwendigen Übungen und anderen ärztlichen Verordnungen durchführen. Q wird also hier zu A.

Die nun folgenden Beispiele für die einzelnen Quadranten können deshalb nur Hilfen für Ihre eigenen anschließenden Einordnungen sein. Sie dürften Ihnen aber Anhaltspunkte für Ihre Sortierung bieten.

**Quadrant A = Aktualität.** In diesem stehen sowohl wichtige als auch dringliche Aufgaben: Hier gehören alle bedeutsamen Arbeiten des Tagesgeschäfts hinein, wie die Unterrichtsplanung für den nächsten Tag, die Konzeption eines kurzen Wiederholungstests, das Zusammenstellen wichtiger Medien für den nächsten Tag, die Elterninformation über einen aktuellen Tadel eines Ihrer Schüler, die Absprachen mit einem Kollegen über einen geplanten Stundentausch und Ähnliches. Für den privaten Bereich ordnen Sie hier vielleicht die unbedingt nötige Reparatur Ihrer Geschirrspülmaschine ein, das Abfragen Ihres Kindes für die anstehende Englischarbeit, das Abholen der Theaterkarten für den Abend mit Ihrem Partner oder auch den Anruf bei Ihrer kranken Mutter.

**Quadrant R = Routine.** Er beinhaltet zwar dringliche, aber unwichtige Aktivitäten. Hier gehört der tägliche Kleinkram hinein, wie Hausarbeitskontrollen, Heraussuchen von Arbeitsbögen für den nächsten Tag, Aufräumen des Klassenraumes, Sortieren der Kopiervorlagen, Detailanfragen zu Unterrichtsschritten oder Hausaufgaben, Zwischendurchgespräche mit Kollegen und Schülern. Für den Privatbereich sind typische R-Aufgaben das Kochen, Wäschewaschen, Aufräumen, Telefonate entgegennehmen, Körperpflege.

**Quadrant Q = Qualität.** Hier finden sich die bedeutenden, aber nicht dringlichen Tätigkeiten. In Q gehören die längerfristigen und qualitativ hochwertigen Lehrertätigkeiten, wie die Planung von Unterrichtseinheiten und -projekten, Vorbereitung von Festen, Erarbeitung der Verhaltensregeln, die eigene Positionierung, Konfliktregulierung mit allen Betroffenen, Zusammenstellen von Abiturthemen oder Abschlussklausuren, Fortbildungen, das Einarbeiten in neue Methodiken und Konzepte, Besorgen und Erstellen neuer Medien, Engagement in der Gewerkschaft und in außerschulischen Gremien und schließlich die Erstellung eines Schulprofils. Im privaten Bereich steht der Quadrant Q für echte Regeneration, für die Aussprache und den tieferen Austausch mit den engsten Angehörigen, die Pflege sozialer Netzwerke über Einladungen und Feiern, Planung und Besuch kultureller Veranstaltungen, das Sichversenken in ein gutes Buch oder spirituelle Tätigkeiten wie Gottesdienstbesuche, Beten und Meditation.

**Quadrant V = Verschwendung.** Er beinhaltet weder wichtige noch dringliche Tätigkeiten. Allgemein fasst man darunter sogenannte Fluchtaktivitäten zusammen, das sind eigentlich überflüssige Beschäftigungen wie Herumtrödeln, das ausgedehnte Plauschen über Banales, Herumsortieren, übermäßige Pflege der Blumen oder das penible Saubermachen, Zeitung lesen, Reklame anschauen, Post sortieren. Diese Tätigkeiten werden bevorzugt ausgeübt, wenn sich jemand durch A und R überlastet fühlt und sich Nischen selbstbestimmter Beschäftigung sucht. Dieses Ausweichen ist letztlich ein gewisses Aufschieben und Verdrängen wichtigerer Aufgaben. Aufschubarbeiten beinhalten aber keine tiefen Erholungseffekte, sondern sind kaschierte Pausen. Es ist also eine im wahrsten Sinne des Wortes vertrödelte und verschenkte Zeit, die durch eine effektivere Planung und durch gezielte, mutige und schnelle Entscheidungen unbedingt verringert werden sollte. „Wenn die Anfangsfreude über das süße Nichtstun verflogen ist, stellt man fest, dass man in diesem Quadranten nicht nur seine Zeit, sondern auch sich selbst verliert" (Covey 2003, S. 35).

Weisen Sie Ihre Hauptaktivitäten stichwortartig den entsprechenden Quadranten zu und verschaffen Sie sich einen Überblick über Ihre Tätigkeitsfelder mit den persönlichen Wertungen. Reflektieren Sie Ihre Entscheidungen. Gibt es viel Überflüssiges in V? Ist der Bedeutungsquadrant angefüllt mit Arbeiten, zu denen Sie zu wenig Zeit haben? Arbeiten Sie überwiegend in A und R? Fühlen Sie sich dadurch gehetzt? Schreiben Sie Ihre Beobachtungen zu den einzelnen Quadranten auf. Was möchten Sie schneller erledigen? Was fehlt Ihnen?

## 4.4 Freiräume für grundlegende Qualitätsarbeiten

*Frau Last hat eine neue 7. Klasse in der Realschule mit sehr unterschiedlichen Ausgangsbedingungen und schwierigen familiären Hintergründen übernommen. Sie hätte deshalb sehr gern mehr Zeit für die grundlegende pädagogische Arbeit, d.h. für klärende und vertiefende Einzelgespräche mit Schülern, Eltern oder beratenden Schulpsychologen. Sie fühlt sich aber schon fast vollständig ausgefüllt mit den dringlichen Tagesgeschäften wie Unterrichtsplanungen, Tests und Korrekturen, laufende Konferenzen, Elternabende und Organisation von Wandertagen. Auch fehlen ihr durch das anstrengende Tagesgeschäft oft Zeitfenster für längerfristige Projekte, Klassenfeste, Teamabsprachen mit den in ihrer Klasse unterrichtenden Kollegen und vor allem für notwendige Fortbildungen zum Thema selbstständige Schülerarbeit, die sie gern in dieser Klasse kultivieren würde. Besonders in Stoßzeiten vor den Zeugnissen kommt sie zudem kaum zu den notwendigen Erholungsphasen beim Joggen oder beim wöchentlichen Yogakurs. Meist schafft sie es energietechnisch deshalb kaum noch bis zum Ferienbeginn.*

Viele Unzufriedenheiten mit der eigenen Zeitverwendung liegen darin begründet, dass für die bedeutenden und oft sehr erfüllenden Lebensaufgaben, die mit Urzeitempfindungen verknüpft sind, zu wenig Zeit bleibt, seien es nun qualitätsintensive pädagogische Aufgaben oder auch private Bedürfnisse wie die eigene Regeneration oder der intensive Kontakt zum Partner.

Das Abarbeiten der absoluten Dringlichkeiten, also A- und R-Arbeiten, steht besonders bei hoch beanspruchten Menschen schnell fast ausschließlich im Vordergrund. Die wirklich wichtigen, oft grundlegenden Q-Arbeiten werden wegen des zu hohen aktuellen Druckes immer wieder auf später verschoben. So geht es offenbar auch vielen Lehrern.

**Kein zeitlicher Spielraum für sehr wichtige berufliche und private Dinge:** Lehrer bedauern die geringen zeitlichen Möglichkeiten für vertiefende pädagogische Interventionen, Gespräche und Fortbildungen (Schönwälder 2003, S. 67, 73), die das Tagesgeschäft nur noch in geringem Umfang zulässt.

Notieren Sie, welche beruflichen und privaten Qualitätsaufgaben Sie häufiger wegen der vielen Dringlichkeiten zurückstellen. Was würden Sie gern intensiver in Angriff nehmen, wozu Ihnen im Alltagsgeschäft zu wenig Zeit bleibt? Welche beruflichen Aufgaben und privaten Dinge interessierten Sie, wenn Sie dafür die nötige Zeit bekämen?

Zu Ihrer Inspiration oder Ergänzung gebe ich Ihnen hier häufig genannte Qualitätswünsche von Lehrern weiter, die Ihnen vielleicht als Anregung dienen.

**Intensive Unterrichtsvorbereitungen mit entsprechenden Medien und Recherchen** zu Themen, detaillierteres Hintergrundwissen

**Entwicklung (fach)übergreifender Einheiten und Projekte** mit ausgeprägten Gestaltungscharakter, meist gemeinsam mit anderen Kollegen

**Planung und Organisation von besonderen Veranstaltungen** wie Theater-Tagen, Chor-Events, Schulfesten, Sportwettkämpfen, Kooperationen mit anderen Schulen und Einrichtungen, Museumsbesuchen

**Eigene Weiterentwicklung methodisch-didaktischer Möglichkeiten** für eine offenere, schülerorientiertere Unterrichtsgestaltung

**Mehr Förderungs- oder Differenzierungsmöglichkeiten für Schüler** mit Lernschwierigkeiten oder für Hochbegabte

**Mehr Beratungs- und Gesprächsmöglichkeiten für Schüler und Eltern** im pädagogischen und fachlichen Bereich, Zeit für Elternfortbildungen mit pädagogischen Themen

**Mehr Kooperationsmöglichkeiten mit anderen Kollegen** auf der fachlichen, methodischen und menschlichen Ebene, aber auch in Bezug auf disziplinarische Regelungen

**Mehr Zeit für Umstrukturierungsmaßnahmen,** Vorbereitung, Besprechung, Organisation, Erfahrungsaustausch, Entwurf von Schulprogrammen

**Reflexionen und Supervisionen** zu fachlichen und verhaltensbezogenen Problemen

**Mehr Zeit für Fortbildungen** in den verschiedensten Unterrichts-, Fach- und Sozialkompetenzen

**Mehr kollegiale Zeit für Austausch,** Feiern, Ausflüge, Rituale

Wenn auch der grundsätzliche Zustand der Überforderung allein durch optimierte Planungsstrukturen sicher nicht behebbar ist, so kann das erläuterte Quadranten-Modell helfen, wenigstens einige der genannten nicht so dringlichen, aber grundlegenden Vorhaben mittelfristig umzusetzen und damit wenigstens eine gewisse Zufriedenheit zu erlangen. Denn je mehr die aktuellen und dringlichen Tätigkeiten in den Vordergrund rücken, umso weniger können die grundlegenden und letztlich weiterführenden und befriedigenden Aufgaben erledigt werden – und das schränkt langfristig unsere Handlungsfähigkeit ein. „Ein Ignorieren dieses Quadranten (gemeint ist Q, die Verf.) lässt den Quadranten (gemeint ist A, die Verf.) anschwellen und führt zu Stress, Erschöpfung und tiefen Lebenskrisen“ (Covey 2003, S. 34).

„Für die tägliche Praxis bedeuten diese Entscheidungsprinzipien, sich nicht zuerst den leichtesten, interessantesten und den Arbeiten mit dem geringsten Zeitaufwand zuzuwenden, sondern nach deren Bedeutung, nach Wichtigkeit vorzugehen“ (Meis 1998, S. 47).

Sicher kostet so eine Vorplanung auch Zeit und Energie und vor allem Überwindung. Aber regelmäßige Planungsstrukturen, orientiert an eigenen Prioritäten und Zielvorgaben, ermöglichen nicht nur einen besseren Überblick, mehr Bindung und mehr Arbeitsmotivation, sondern geben dem Planer letztlich das Gefühl, an den richtigen und wichtigen Dingen zu arbeiten. Nach den Ergebnissen von Meyer und Dick (2002, S. 269) wünschen sich Lehrer gerade zu Planungsstrukturen und Zeitplänen spezielle Hilfen.

Experimentieren Sie also gleich mit einer individuell geprägten Zeitplanung, die Ihnen von vornherein wichtige Zeitfenster für die entscheidenden Q-Arbeiten reserviert.

> Nehmen Sie Ihren Kalender mit den Blättern der folgenden Wochen und einer Zeitleiste zur Hand oder öffnen Sie einen entsprechenden Zeitplaner in Ihrem PC. Übertragen Sie nun eine oder mehrere, für Sie essenzielle Q-Aufgaben in die kommende Woche. Verfahren Sie entsprechend mit den nächsten drei Wochen, sodass eine Monatsplanung für Ihre Q-Termine bereits komplett ist.

**Q-Termine haben Vorrang!** Behandeln Sie Ihre Q-Termine als die wichtigsten Einträge und Festlegungen Ihres Zeitmanagements. Streichen Sie sie nur für wirklich wichtige andere Anlässe und verteidigen Sie sie notfalls gegenüber anderen Anforderungen. Nur dann werden Sie die meisten davon realisieren können.

**Wählen Sie für Q-Arbeitstermine Ihre absoluten Leistungshochs, am besten Ihre ungestörte Arbeitsstunde.** Nur in diesen Phasen können Sie qualitativ Hochwertiges wirklich zufriedenstellend bearbeiten.

**Berücksichtigen Sie Q-Termine aus allen vier Lebensbereichen.** Zentrale private Prioritäten wie soziale Kontakte und echte Erholung, aber auch Termine aus dem Bereich Sinn/Kultur sind als gleichrangig mit beruflichen Verpflichtungen und möglichst als unverrückbar anzusehen. Dazu zählen auch persönliche Besinnungszeiten und Ausstiege, also der Q-Termin in eigener Sache! Nutzen Sie ihn für Reflexionen, Meditationen, einsame Spaziergänge, zum Musikhören o. Ä. Damit dieser Termin nicht so leicht durchkreuzt werden kann, positionieren sie ihn an sicherer Stelle, möglichst zur immer gleichen Tages- oder Wochenzeit (Covey 2003, S. 84).

**Koordinieren Sie Ihre Q-Termine mit den wichtigen Personen in Ihrem Umfeld.** Suchen Sie nach Möglichkeiten, beispielsweise wichtige Erholungszeiten mit Ihrem Lebenspartner zu koordinieren (z. B. einen gemeinsamen Saunabesuch). Oder halten Sie sich einen Klausurtag mit Ihrem wichtigsten Kollegen zusammen ganz frei, um einen grundlegenden Jahresplan zu erstellen (vgl. Hansen 2004, S. 150).

**Ein Q-Termin ist zum Einsteigen und Genießen da.** Genießen Sie diese Zeit entschleunigt und in vollen Zügen gemäß den Regeln der Urzeit, also auch getrennt von der Uhrzeit.

### 4.4.1 Mögliche Zeitplansysteme für den Lehreralltag

Bevor es um die Einträge Ihrer weiteren, etwas unwichtigeren Termine geht, möchte ich Ihnen einige mögliche praktische und technische Hilfen für Ihre Zeitplanung vorstellen.

Sicher haben Sie schon eine Reihe von Vorerfahrungen mit der Benutzung von Kalendersystemen gemacht und vielleicht schon Ihren Favoriten gefunden. Sie können gern dabei bleiben, denn entscheidend für ein Zeitplaninstrument ist schließlich, dass man es mag, dass es praktikabel ist und dass man es vor allem auch täglich benutzt. Und das ist sicher eine sehr individuelle Entscheidung.

Da es eine Vielzahl von neuen technischen Möglichkeiten der Zeitplanung auf dem Markt gibt, möchte ich Ihnen die Palette im Überblick vorstellen. Erschöpfend kann das hier nicht diskutiert werden, dafür sei auf die Fachliteratur verwiesen.

Einige Grundanforderungen an ein Zeitplansystem sollten jedoch an dieser Stelle genannt werden:

Sie sollten möglichst nur **ein System** führen müssen, ohne mühevolle Überträge in ein Zweit- oder Drittsystem.

Es sollte **handlich** sein, sodass Sie es überall, auch im Unterricht, in der Schule, zu Hause und unterwegs dabeihaben und unkompliziert nutzen können.
Es sollte Sie **motivieren**, damit zu arbeiten, von der Größe her, dem Design, dem Aufbau und der Handhabung.
Es sollte **verständlich** sein und einen guten **Überblick** bieten: mindestens einen **Jahresplaner** mit Beschriftungsfeld, Monatsübersichten, **Wochenübersichten** mit Zeitrastern und genügend Platz zum Eintragen sowie **angeschlossener Aufgabenliste**, Platz für Ihre Tages- und Wochenziele oder Tageszensuren, einige Extra-Blätter für Projektplanungen, **Notizmöglichkeiten** für Tages- und Wochenreflexionen und für eine Ideenbörse, zusätzlich ein Adress- und Telefonverzeichnis für Ihre Kontakte.

Entscheiden Sie bitte, ob Sie Ihren Zeitplaner und Ihre Zensurenlisten kombinieren oder dafür lieber zwei getrennte Systeme führen möchten. In den Lehrerkalendern ist oft beides kombiniert; sie bieten selten genügend Platz für eine ausführliche Zeitplanung.

Sondieren Sie nun die auf dem Markt üblichen Systeme auf ihre persönliche Tauglichkeit hin. Sie können sich zwischen Zeitplanbüchern traditioneller Art und computergestützten Systemen entscheiden. Beide haben ihre Vor- und Nachteile.
Die **Zeitplanbücher** gibt es in unterschiedlichen Größen, gebunden und mit Lochungen und verschiedensten Einteilungen. Achten Sie bei den Einteilungen auf Listen und Blätter, die Ihren Erfordernissen entgegenkommen und die entsprechenden Aufgabenlisten, Tages- oder Wochenüberblicke enthalten. Gelochte Systeme sind flexibler, die kleineren unbedingt handlicher, aber weniger übersichtlich.
Die heute üblichen **Zeitplanprogramme** wie **MS Outlook** und **Lotus Organizer** erfüllen alle oben genannten Grundanforderungen und sind auch für die Lehrerhand flexibel genug. Ihr entscheidender Nachteil ist die fehlende Handlichkeit, denn Sie haben Ihren PC nicht unbedingt im Unterricht griffbereit. Um diesen Nachteil auszugleichen, können Sie auf kleine Palms, PDAs oder in neuester Zeit auch Handys mit Zeitplanfunktionen, bedient über Stifte oder die Telefontastatur, zurückgreifen. Diese bringen einen gewissen Einarbeitungsaufwand mit sich, bieten aber den Vorteil der Handlichkeit; die Daten können schnell auf Ihren PC übertragen werden (vgl. Zusammenstellung bei Hütter 2004, S. 120 ff.).

Eine neue, aber kostspielige Variante sind die sogenannten Subnotebooks, klein, aber mit allen Programmen, wie Notebooks nutzbar. Ein solches Gerät, das Sie leicht in Ihrer Schultasche unterbringen können, ermöglicht Ihnen eine Zeitplanung auch in der Schule das Fixieren von Ideen, das Arbeiten zwischendurch (egal wo, auch im Freien) und das Protokollieren von Teamsitzungen. Elektronisch erstellte Präsentationen sind immer abrufbar und können mit einem Beamer jederzeit im Unterricht eingesetzt werden. Im Team sind sie nutzbar für die schnelle Vernetzung zwischen den Notebooks der Kollegen, um Informationen untereinander auszutauschen. Sie wären damit auch in der Lage, in der Schule eine Internetverbindung für eventuelle Unterrichtsrecherchen herzustellen. – All das klingt vielleicht ein wenig wie Zukunftsmusik für Sie, ist aber heute technisch durchaus machbar, wenn auch die Voraussetzungen vielerorts noch fehlen. Hier lägen noch größere Zeitsparpotenziale für Lehrende, wenn dafür die finanziellen und technischen Voraussetzungen geschaffen wären.

Prüfen Sie nun die marktüblichen Möglichkeiten auf der Grundlage Ihrer Erfordernisse und entscheiden Sie sich für Ihren Zeitplanfavoriten.

## 4.5 Handhabung weiterer aktueller und Routine-Aktivitäten für Ihre Tages- und Wochenplanung

Betrachten Sie grundsätzlich die A- und R-Tätigkeiten als sekundär gegenüber den von Ihnen bereits festgelegten Q-Terminen und behandeln Sie jene nachrangig (vgl. Mayer 1998, S. 88).

Viele der A- und R-Aktivitäten stehen von vornherein fest (wie Ihre Unterrichtsverpflichtungen, Konferenztermine, Elternsprechstunden usw.). Sie lassen sich deshalb wenig beeinflussen, aber gut einplanen. Die anderen täglichen Dringlichkeiten jedoch stürzen einfach auf Sie ein und füllen noch offene Räume. Damit keine unnötige Hektik im Tagesgeschäft entsteht, brauchen Sie eine grobe Tages- oder Wochenplanung nebst Aufgabenliste mit Pufferzeiten, um den Tagen bzw. Wochen eine befriedigende und flexible Struktur zu verleihen (vgl. Mayer 1998, S. 50).

*Für Herrn Schubert ist der Unterricht endlich erledigt, und nach einer kleinen Erholungspause geht es an den Schreibtisch. Im Hinterkopf oder auch Nacken sitzen ihm die Einzelaktivitäten, die heute unbedingt erledigt werden sollten. Er beginnt mit der Korrektur der eingesammelten Hausaufgaben, weil sie obenauf liegen. Er macht sich schnell an diese Arbeit, weil sie ihm noch halbwegs liegt und meist rasch von der Hand geht. Aber heute sind so viele Fehler in den Schülerarbeiten, die ihn ein wenig beunruhigen und sehr viele Korrekturen erfordern. Erst nach gut zwei Stunden bemerkt Herr Schubert, dass er den Nachmittag ausschließlich mit dieser Korrektur verbracht hat. Aber nun hat er eigentlich noch gar nichts für seine sechs Stunden Unterricht am nächsten Tag vorbereitet. Das setzt ihn unter unangenehmen Druck. In der Folgezeit arbeitet Herr Schubert recht hektisch am Notwendigen, den drei Arbeitsbögen für die Literaturanalyse, was sich leider bis spät in den Abend hineinzieht. Das wichtige Pokalspiel im Fernsehen fällt für ihn aus. Als endlich die Arbeitsbögen komplett sind, sucht er erfolglos nach der wichtigen Einstiegsfolie, die er schon seit Jahren erfolgreich einsetzt.*

*So muss er schnell noch – frustriert und sehr müde – ein paar Stichpunkte auf eine neue Folie schreiben. Nach einem hektischen Schnellimbiss fällt Herr Schubert ausgepowert, aber unzufrieden ins Bett.*

Eine unstrukturierte Arbeitsweise mit einer nur ungefähren Vorstellung der täglichen oder wöchentlichen Notwendigkeiten ohne schriftliche Fixierung kann dazu führen, dass bestimmte Arbeiten zu lange ausgedehnt, manche resigniert ganz gestrichen und die notwendigen dafür unter besonders hohem Druck, also mit hohen Energieverlusten, erledigt werden müssen (Herwig 2005, S. 19). „Die Abarbeitung der schulischen Pflichtaufgaben muss straffer erfolgen, als das gemeinhin der Fall ist" (Klippert 2006, S. 74).

Je nach Ihren persönlichen Vorlieben können Sie die nötigen Arbeitsschritte in separate Tagespläne mit Aufgaben- und Kontaktliste eintragen. Oder Sie bevorzugen einen Wochenplan mit einer entsprechend flexibleren Aufgabenliste. Vielleicht finden Sie es auch inspirierend, mit Symbolen, Pfeilen und kleinen Grafiken zu arbeiten. Wählen Sie Ihre ganz persönliche Note!

Viele Lehrende favorisieren den Wochenüberblick, der mehr Flexibilität zulässt. Andere wieder haben gute Erfahrungen mit einer extra Tageseinteilung gemacht, um die absolut notwendigen Dinge für den nächsten Unterrichtstag wirklich konzentriert und zeitgerecht erledigen zu können. Die vorgestellten Zeitplansysteme ermöglichen beide Varianten. Ggf. sollten Sie mit beiden Formen eine Weile experimentieren, bevor Sie sich endgültig für eine in Ihren Tagesablauf und zu Ihrer Persönlichkeit passende Form entscheiden.

Ich stelle Ihnen hier eine wöchentliche Überblicksplanung mit Aufgabenliste detaillierter vor, die Sie aber leicht für die einzelnen Tage noch weiter durchstrukturieren können. Beide Systeme ermöglichen Ihnen durch die schriftliche und übersichtliche Fixierung und Kennzeichnung von A, Q oder C, das wirklich Wesentliche zu erkennen und zu erledigen (vgl. Meis 1998, S. 46). Das Ausstreichen der ausgeführten Teilaufgaben liefert wertvolle Motivation, und sie erkennen es leichter, wenn Sie sich zu viel für einen Tag vornehmen oder im Detail steckenbleiben.

Die Überblicksplanung macht Sie auf notwendige Pufferzeiten und Zwischenpausen aufmerksam und gibt der Arbeit einfach die notwendige Form, die ein zielorientiertes und ökonomisches Arbeiten fördert (vgl. Mayer 1998, S. 32).

Einige grundlegende Kriterien einer Wochen- bzw. Tagesplanung seien hier erläutert und zur persönlich modifizierten Umsetzung empfohlen. Ich bevorzuge Einträge mit Bleistift, allerdings nicht für die Q-Termine (ein Beispiel finden Sie unter: www.zeit.lehrerstress.de)!

**Erstellen Sie sich zunächst eine Wochenübersicht auf einem Blatt mit den entsprechenden Tageszeiten.** Hier sind möglicherweise schon Ihre Q-Termine platziert, die Sie für diese Woche festgelegt haben. Weiterhin klar sind Ihre Unterrichtsverpflichtungen und Ihre festen schulischen Termine (Gremiensitzungen, Elterngespräche, Projektgruppen), die sie ggf. als Blöcke notieren sollten.

**Reservieren Sie nach jedem längeren Unterrichtstag, nach anstrengenden Q-, aber auch längeren A-Arbeits-Terminen ausreichende Pausen- oder unverplante Pufferzeit.** Je nach der Art und Länge der Vorbelastung lassen Sie sich am besten entsprechende ungeplante Freiräume, die nur zur Not für Nichterledigtes oder Unterschätztes benutzt werden sollten (vgl. Hillert 2004, S. 204).

**Markieren Sie nun alle möglichen für diese Woche verbleibenden Arbeitsfreiräume.** Wählen Sie dabei von Ihrer Leistungskurve her akzeptable, möglichst ruhige Zeiten. Außerhalb dieser Arbeitszonen sollte es noch genügend Freiräume für private Möglichkeiten geben. Also lassen Sie entsprechende Lücken. Arbeitsphasen über mehrere Stunden hintereinander demotivieren Sie vielleicht. Wählen Sie dann kürzere Arbeitsabschnitte, die sich mit privaten Freiräumen abwechseln.

Viele Zeitmanagement-Ratgeber geben Prozentzahlen für die notwendigen Puffer- oder Pausenzeiten an, zwischen 30 und 60 % unverplanter Zeit: für Unterbrechungen, Arbeitsstaus und soziale Verpflichtungen. Handhaben Sie das entsprechend Ihrer Verfassung und des jeweiligen Arbeitsaufkommens.

**Erstellen Sie sich nun einen Aufgabenüberblick mithilfe einer separaten Aufgabenliste (To-do-Liste)** für die nächste Woche oder für den nächsten Tag. Unterstreichen oder bezeichnen Sie Ihre A-Prioritäten für diese Woche (diesen Tag), eventuell mit bestimmten Erledigungsfristen. Dabei können Sie ruhig klassen- oder fächerweise in Tabellenform vorgehen. Ordnen Sie die Aufgaben mit Fristen oder Terminen bestimmten Zeiten zu. Wenn Sie wochenweise vorgehen, sollten Sie die verbleibenden Aufgaben für den anstehenden jeweiligen Tag zusammenstellen.

**Berücksichtigen Sie auch die privaten A- oder R-Aufgaben aus anderen Lebensbereichen.** Notieren Sie persönlich wichtige private Aufgaben, die Sie diese Woche erledigen und nicht vergessen wollen, ebenso in Ihrer Aufgabenliste. Hierher gehören Dinge wie „mit Kind Diktat üben" genauso wie „Geburtstagsgeschenk für Oma kaufen" usw.

„Sie können sicher sein, dass Ihr Gehirn sich die geplante Zeit für ein Vorhaben merken wird, wenn diese in Ihrer Aktivitätenliste notiert ist" (Herwig 2005, S. 26).

**Nutzen Sie Ihre Übersichten auch für eine vorbereitende mentale Einstellung.** Indem Sie einen wichtigen Termin eintragen und die notwendigen Materialien vorbereiten, können Sie sich innerlich gut darauf einstellen und ihn gewissermaßen schon einmal innerlich durchgehen.

Sie haben jetzt einen guten Überblick über die anstehenden beruflichen wie privaten Aufgaben erstellt, mit dem Sie unterschiedlich verfahren können. Mancher Lehrer bevorzugt die Freiheit, die einzelnen Aufgaben flexibel je nach Tagesform und Motivation auf die eingetragenen Arbeitszeiten je Woche *ohne* Festlegung auf den Tag und die Tageszeit zu verteilen. Andere gehen gern stringenter vor, indem sie die Aufgaben für jeden Tag genauer platzieren und festschreiben. Hiermit binden Sie sich stärker, haben aber auch die größere Gewissheit, dass Sie wirklich alles für den nächsten Unterrichtstag Nötige beisammenhaben. Wichtige, terminierte A-Aufgaben sind aber bei beiden Vorgehensweisen unbedingt so einzutragen, dass sie rechtzeitig erledigt werden können. Das könnte die Vorbereitung eines Elternabends sein, die Fertigstellung eines Abiturthemas oder ein Beitrag zu einer festgelegten Konferenz.

Das Zusammenstellen bzw. Eintragen der Aufgaben können Sie am Anfang jeder Woche oder bereits am Wochenende vornehmen; wenn Sie tageweise vorgehen, am Ende eines Arbeitstages für den jeweils kommenden.

Je nach Ihren Bedingungen und Vorlieben können Sie noch weitere Einträge vornehmen:

**Zusatzkennzeichnung der Kontakte möglich:** Viele finden es hilfreich, die Kontakte per E-Mail oder Telefon extra zu kennzeichnen, damit sie zu Aufgabenblöcken rationell zusammengefasst werden können.

**Belohnung festlegen:** Vielen Lehrern hilft es, wenn sie sich nach längeren Arbeitstagen in Ihrer Tagesspalte eine kleine Belohnung (Zeitung lesen, Spaziergang, CD hören) reservieren. Um motivierter bei der Arbeit zu sein, können Sie diese Belohnung bereits vor Arbeitsantritt festlegen, dürfen sie dann aber bitte nach Beendigung nicht übergehen oder streichen (vgl. Küstenmacher 2002, S.125, vgl. Klippert 2006, S.78). Sie können sich auch eine persönliche Belohnungsliste oder Wunschliste erstellen. Darauf stehen Erholungs- oder Beschäftigungswünsche, die sie gern realisieren würden. Suchen Sie sich nach getaner Arbeit etwas Kleines aus dieser Liste heraus, bei besonderen Erfolgen ruhig etwas Größeres.

**Tages- oder Wochenziele für die verschiedenen Lebensbereiche formulieren:** Damit Sie Ihr Vorankommen oder manchmal auch Ihr vielleicht weniger effektives Arbeiten je Woche oder Tag besser reflektieren können, ist es sehr wichtig, dass Sie sich überprüfbare und klar definierte Ziele setzen, am besten für alle vier Lebensbereiche – was nicht jede Woche machbar ist („Ich strukturiere die Einheit ‚Bruchrechnung' für die nächsten beiden Unterrichtswochen." Vgl. Keller 2003, S.14 und Gudjons 1998, S.131). Genauso hilfreich kann ein Tages- oder Wochenmotto sein („Ich arbeite ruhig und konzentriert mit ausreichenden Pausen!"). Dies hilft Ihnen, Ihren Arbeits- oder Lebensstil in der

Form weiterzuentwickeln, wie Sie es sich wünschen.

**Tagesreflexionsnotizen:** Erstellen Sie sich eine Rubrik oder besser für jede Woche gesammelt einen Reflexionsteil mit möglichen Tageseinträgen zu wichtigen Beobachtungskriterien, die ich weiter unten ausführlich erläutern möchte. Wenn Sie wollen, können Sie den Gesamteindruck jeden Tages zusätzlich in einer eigenen Tageszensur festhalten.

Vielleicht kommt Ihnen das alles zu mühsam und zu aufwändig vor. Verständlich ist sicher der Wunsch, ohne Bindung und ganz ohne schriftliche Planung einen Tag gestalten zu können. Das gilt selbstverständlich für reine Ferienzeiten und freie Wochenendtage. Aber bedenken Sie, dass klare Strukturen einfach notwendig sind, um die Vielfalt der Lehreraufgaben wenigstens wochenweise zu überschauen und nichts aus dem Blickfeld zu verlieren. Außerdem benötigen beispielsweise besonders langwierige Korrekturarbeiten, langweilige Verwaltungs- oder Aufräumarbeiten oder besonders komplexe, schwierige Planungsaufgaben für vielleicht ungeliebte Klassen solche Formen der Selbstverpflichtung, um sie überhaupt oder rechtzeitig in Angriff zu nehmen. Ein gewisser Druck kann den „inneren Schweinehund“ besser überlisten.

Da Sie in der Regel keinen mahnenden Chef im Nacken haben, sind Sie Ihr eigener Antreiber, der sich viele Anstöße und Fristen selbst geben muss. Deshalb sind Sie gut beraten, sich ein schriftliches Grundgerüst an Planung anzugewöhnen, um sich selbst zu binden, zu motivieren und sich vor allem nicht zu überfordern. Eine übersichtliche und gut strukturierte Planung zwingt Sie, sich auf ein realistisch zu leistendes Maß zu beschränken. Sie ist für effizientes und ökonomisches Arbeiten unbedingt erforderlich, zu welchem Sie die gegenwärtig und wahrscheinlich auch künftig hohen Anforderungen zwingen.

## 4.6 Mögliche Vereinfachungen

Eine langfristige Planung besonders Ihrer Q-Termine ermöglicht wertvolle Zeitfenster für grundlegende und oft sehr befriedigende Arbeiten. Dies wird unterstützt durch eine strukturierte Wochenplanung, die Sie soeben erstellt haben. Um sich noch weitere effektive Q- Zeiten zu sichern, empfehle ich Ihnen, zusätzlich Ihre üblichen A- und R- Arbeiten einer kritischen Prüfung zu unterziehen, um jegliche Umstandskrämerei zu vermeiden (vgl. Klippert 2006, S. 75). Durchforsten Sie sie nach möglichen Vereinfachungen und Delegationen. Es lohnt sich gerade für die oft wenig befriedigenden Routineaufgaben, aber auch für manche A-Arbeit, nach Erleichterungen zu suchen. Denn hier wird erfahrungsgemäß am meisten Zeit verbraucht. Sicher können in diesem Rahmen nicht alle Möglichkeiten angesprochen werden, die sehr von den individuellen

Gegebenheiten und Gewichtungen abhängen. Es folgen einige Anregungen:

**Anti-Hitliste anfertigen:** Um wichtige Anhaltspunkte zu erhalten, was Sie reduzieren oder vielleicht sogar ganz streichen sollten, empfehle ich Ihnen, eine Liste der Tätigkeiten anzufertigen, die Ihnen gar nicht zusagen und zu denen Sie sich oft zwingen müssen – egal ob Arbeits- oder Freizeitaktivitäten. Unterziehen Sie diese Liste anschließend (vielleicht sogar mit Ihren Lebenspartnern) einer kritischen Durchsicht. Einige lästige Aufgaben können Sie sicher weder ausmerzen noch delegieren. Aber bei intensiver Prüfung gibt es bestimmt Dinge, die ein anderer lieber tut als Sie, die im Umfang reduziert werden können oder die Sie sogar an eine Hilfskraft delegieren können. Nutzen Sie alle Chancen, hier Zeiten einzusparen, um sie für wertvolle Q-Tätigkeiten einsetzen zu können.

**Mögliche Delegationen?** Viele schulorganisatorische Notwendigkeiten, wie Verteilen, Sortieren, Listen führen, Geld einsammeln, Aufräumen, Kopieren, technische Geräte bedienen und warten, lassen sich an Schülerteams und ggf. auch an Eltern übertragen (vgl. Meis 1998, S. 48). Manchmal gibt es auch im weiteren Bekanntenkreis angehende Lehrer, die gern einmal hospitieren und dabei wichtige Hilfsfunktionen übernehmen können. Auch im privaten Bereich sind Zuständigkeiten im Haushalt an die Familienmitglieder zu übertragen. Ggf. kann eine Haushaltshilfe Zeitwunder bewirken, sofern die finanziellen Mittel aufzubringen sind (vgl. Küstenmacher 2002, S. 161).

**Kooperation im Lehrerkollegium:** Wie noch näher auszuführen sein wird, kann der gewachsene Arbeits- und Zeitaufwand im Lehrerberuf oft nur noch über arbeitsteiliges Verfahren annähernd erledigt werden. Das reicht von der einfachen Aufteilung organisatorischer Aufgaben (wie Klassenkasse führen, Wandertage vorbereiten und durchführen) über Kooperationen im Unterricht, bei Elterngesprächen, bei Gremienvertretungen, bei der gemeinsamen Zeugniserstellung bis hin zu disziplinarischen Entscheidungen. Hier sind entscheidende Entlastungen hinsichtlich der psychischen wie auch zeitlichen Belastung möglich.

**Streichen:** Bei der ständig wachsenden Berufsbelastung des Lehrers in den letzten Jahren muss auch darüber nachgedacht werden, welche Tätigkeiten ganz zu streichen sind. Einige verzichten auf kraftaufwändige Klassenfahrten, auf die Betreuung und das Training von Schulmannschaften und zusätzliche außerunterrichtliche, oft freiwillige Projekte. Auch Hausaufgabenkontrollen in größerem Umfang sind sicher zu überdenken. Hier müssen Aufwand, persönliche Freude und Nutzen jeweils gegeneinander abgewogen werden.

**Gleichgeartetes zu Arbeitsblöcken zusammenfassen:** Viele Routineaufgaben lassen sich geschickt zu Arbeitsblöcken zusammenstellen, also beispielsweise Telefonate, Sortierarbeiten, Gesprächstermine einfacher Art. Sie sparen so wertvolle Zeit für das jeweilige Einarbeiten oder auch Zusammentragen der notwendigen Materialien.

**Zweckmäßige Planung und Nutzung von Wegzeiten:** Ihre Wege zu verschiedenen Stellen können sie ebenfalls zu Besorgungsblöcken zusammenstellen, um an anderen Tagen ganz frei zu sein. Solche Strecken lassen sich gut nutzen zum entspannten Spazierengehen, Radfahren, Lesen, Nachdenken. Es sind wertvolle Zwischenzeiten, um Übergänge zu finden und um das Erlebte zu verarbeiten. Dafür eignen sich aktive Formen oder die Nutzung öffentlicher Verkehrsmittel meist wesentlich besser als Fahrten mit dem eigenen Auto, wobei natürlich die jeweiligen Gegebenheiten zu berücksichtigen sind.

Weiteres Ökonomisierungspotenzial sehe ich in der intensiveren Nutzung von PCs und Netzwerken (z.B. durch Einstellung gängiger Vordrucke und Unterrichtsmaterialien in ein Intranet, einen Schulmaterialpool, in den sich alle Lehrer einloggen können (vgl. Sieland 2000, S. 89). Voraussetzung dafür wäre eine gute Systematik, darüber hinaus die Möglichkeit, dass jeder Kollege auch von zu Hause aus etwas ergänzen kann. So zahlt sich über diese Vernetzung und Zugriffsmöglichkeit die Vorbereitung der einzelnen Lehrenden auch für andere schnell aus: Vieles muss nicht doppelt erstellt, sondern nur spezifiziert oder ergänzt werden.

Diese Nutzungsmöglichkeiten setzen eine gewisse datentechnische Infrastruktur voraus, die durch gut geschulte Webmaster oder spezielle Firmen installiert und betreut werden muss. Einige Möglichkeiten zur Vereinfachung seien als Anregung genannt:

**Checklisten** für Wandertage, Elternversammlungen, Versuchsaufbauten, Klassenfahrten, Schulfeste

**Textentwürfe oder Textbausteine** für sich wiederholende Eltern- oder Schülerbriefe zu Festen, Ausflügen, Wettkämpfen, Erziehungsmaßnahmen

Textbausteine und **Formulierungsvorlagen für Zeugnisse**

**Abrufbare Formulare** für Zeugnisse und für disziplinarische Erfordernisse

**Vorlagen für Arbeitskarten,** Übungsanweisungen, Aufbauanleitungen, die leicht und schnell zu verändern bzw. anzupassen sind

**Planungen von Unterrichtseinheiten** über das Jahr

**Gesammelte Projektunterlagen** zu Spezialthemen

**Unterlagen für die Stations- oder auch Gruppenarbeit** für zentrale Unterrichtsthemen

Vielseitiges einsetzbares **Material für Vertretungsstunden** zu Hauptthemen

> Beginnen Sie mit einer Anti-Hit-Liste der ungeliebten Routinetätigkeiten für die Schule und im privaten Bereich. Welche dieser Tätigkeiten lassen sich reduzieren, delegieren, vereinfachen oder ganz streichen? Tauschen Sie Ihre Vorstellungen mit Ihren Kollegen und Lebenspartnern aus und suchen Sie nach gemeinsamen Lösungen.

# 5 Zeitverwendung regelmäßig reflektieren und Zeitprobleme proaktiv angehen

## 5.0 Reflexionsmöglichkeit: Ihr eigener Garten

Um Ihr Tages- bzw. Wochengeschäft kritisch überdenken zu können, brauchen Sie Distanz zu den eigenen Aktivitäten und zur Tageshektik, einen ungestörten Raum, den Ihnen am besten Ihr durch einen Zaun nach außen abgegrenzter Garten bieten kann. Sie können vielleicht aus einem Liegestuhl auf Ihren Baum und damit auf die zurückliegenden Tage oder die Woche schauen und darüber nachdenken, ob Sie Ihre Ziele und Planungen realisiert und sich auch selbst wohlgefühlt haben.

## 5.1 Regelmäßige Unterrichts- sowie Tages- und Wochenreflexion

Damit Sie Ihre pädagogische Tätigkeit auf den verschiedensten Ebenen überhaupt beurteilen können, ist es notwendig, in regelmäßigen systematischen Analysen Ihre Unterrichts- und Zeitentscheidungen zu reflektieren.

Dabei können Sie nicht nur mögliche Zeitfallen und Negativentwicklungen frühzeitig erkennen. Diese Überprüfung ist letztlich ein ständiges Hinterfragen, ob Ihr Lehrerleben mit seinen Ansprüchen und Einzelentscheidungen des Tages bzw. der Woche so, wie Sie es zurzeit führen, in Ordnung geht. Sie können aber auch Ihre einzelnen Fortschritte erkennen und achten lernen, Fehlentscheidungen sehen, verstehen und entsprechend gegensteuern. Sie sind weiterhin dazu in der Lage, Ihre mentale Situation und die Qualität Ihrer Kontakte zu hinterfragen.

Diese Selbstreflexion ist eine erste, notwendige Grundlage, um Ihr Handeln zu überprüfen. Damit kann Tendenzen von Selbstüberforderung, aber auch der bei frühpensionierten Lehrern signifikant verbreiteteren Verdrängung schulischer Probleme effektiv entgegengewirkt werden (Heyse 2005, S. 48). Die Selbstreflexion muss aber unbedingt noch ergänzt bzw. korrigiert werden mithilfe der ebenfalls notwendigen und wertvollen Beobachtungen durch Ihre Teammitglieder, die Schüler und die Leitung (siehe unten).

Eine gründliche Selbstreflexion ist nicht nebenbei im turbulenten Tagesgeschäft zu leisten, sondern erfordert eine gewisse Distanz und geeignete Instrumente, um sich anbahnende Überforderungen oder Fehlentwicklungen auch rechtzeitig zu erkennen.

„Die Bewertung befähigt Sie dazu, Ihre Wochen in einen immer weiter fortschreitenden Kreislauf des Lernens und Lebens zu verwandeln“ (Covey 2003, S. 178). Am Ende jeden Tages und ausführlicher jede Woche sollten Sie sich einige Minuten Zeit nehmen, ggf. auf der Grundlage Ihrer Planungen mit den entsprechenden täglichen Reflexionsnotizen. Ich schlage Ihnen dafür eine leicht einzuprägende Fünf-Finger-Methode vor, die sich an den Fingern Ihrer Hand entsprechend den Anfangsbuchstaben orientiert.

**Überlegungen sofort festhalten:** Machen Sie sich zu jedem Unterpunkt gleich Notizen, bzw. entwickeln Sie eventuell auch Alternativen, falls Ihnen zu den jeweiligen Punkten Brauchbares einfällt.

**Besondere Problempunkte markieren:** Kennzeichnen Sie die besonders schwierigen Punkte, die Ihnen häufiger auffallen. Nehmen Sie sich zur Lösung dieser zentralen Fragen extra Zeitfenster, oder besprechen Sie diese Punkte mit Ihren Kollegen bzw. im Rahmen der Supervision.

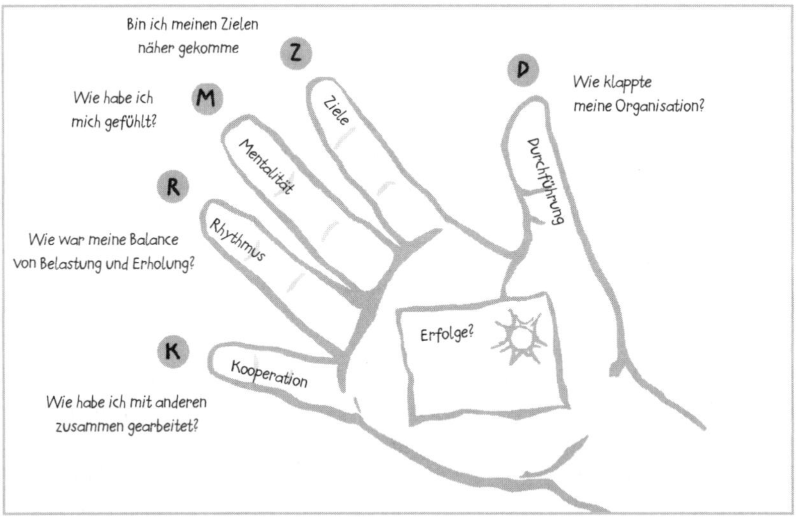


*Abb. 9: Die Fünf-Finger-Methode der Reflexion*

### Die Fünf-Finger-Methode der Reflexion

**Zeigefinger = Zielübereinstimmung:** *Haben Sie das erreicht, was Sie sich vorgenommen haben?*

Hinsichtlich eines Unterrichtstags nehmen Sie sich zunächst Ihre einzelnen Stunden vor. Überprüfen Sie Ihre Zielsetzungen, das Lernergebnis der Schüler, aber auch Ihren Fortschritt – vielleicht hinsichtlich der Methodik, die Sie sich selbst vorgenommen haben. Wenn Sie es mögen, bewerten Sie die Einzelstunden im Hinblick auf die Zielerreichung mit „+“ oder „++“ bzw. mit „–“. Berücksichtigen Sie auch mögliche Gespräche, Regelungen oder Gremienarbeit im Hinblick auf Ihre Leistung. Notieren Sie besonders geglückte Entwicklungen wie auch neuralgische Punkte.

Sind Ihre Tages- und Ihre Wochenziele erreicht worden? Waren sie zu hoch gesteckt? Was hat die Zielerreichung behindert? Welche Konsequenzen leiten sich für Ihre neue Wochenplanung ab? Wie effektiv verlief Ihre Arbeitszeit? Sind Sie zufrieden mit dem Geschafften? Gab es deutliche Fortschritte im beruflichen und auch im privaten Bereich, über die Sie sich freuen können? Was an Übriggebliebenem wollen Sie in die nächste Woche übertragen?

**Mittelfinger = Mentalität:** *Wie fühlten Sie sich?*

Wie war die Stimmung in den geleisteten Unterrichtsstunden? Fanden Sie und die Schüler die richtige Motivation und Einstellung zu den Themen und Aufgabenstellungen? War die Atmosphäre öfter belastet, gedrückt, konfliktreich oder offen, freundlich und manchmal sogar humorvoll, ausgelassen? Woran lag das? Wie sind Sie damit umgegangen? Wollen Sie etwas verändern, in Ihren Stundenabläufen, in Ihrer Haltung?

Sind Sie gern zur Schule gegangen? Worauf haben Sie sich besonders gefreut? Was hat Sie möglicherweise geängstigt, was unter Druck gesetzt?

Hatten Sie befriedigende Kontakte mit gutem sachlichem und persönlichem Umgang in Ihren Unterrichtsstunden mit den Schülern, aber auch am Schultag mit den Kollegen oder Eltern? Verliefen die Begegnungen konstruktiv und effektiv? Gab es Auseinandersetzungen, Regelübertretungen, Ermahnungen, harte Streitsituationen? Wie haben Sie diese erlebt? Was war schwierig für Sie und Ihr Gegenüber? Gab es sehr befriedigende und inspirierende Gespräche mit Schülern, Kollegen oder Ihren privaten Partnern? Was wollen Sie verändern, neu regeln, ausbauen?

Wie ging es Ihnen zu Hause? Gab es aufbauende Erlebnisse, Nähe, Zärtlichkeit, Liebe, gute Gespräche? Konnten Sie die Bedürfnisse der anderen und Ihre eigenen leben? Was fehlte Ihnen möglicherweise?

**Ringfinger = Rhythmus:** *Wie war das Verhältnis von Belastung und Erholung?*

Haben Sie in den zurückliegenden Unterrichtsstunden einen guten Wechsel für die Schüler und für sich selbst gefunden? Gab es ausreichende Pausen, aber auch effektive Zeiten des Arbeitens? Fühlten Sie sich munter und aufmerksam für die Arbeit?

Befanden Sie sich in Balance? Gab es ausreichend Zeiten der Besinnung und des Verarbeitens, Zeiten des Loslassens? Haben Sie Ihrem Körper etwas Gutes getan: Bewegung, Entspannendes? Möchten Sie in Zukunft etwas ändern?

**Kleiner Finger = Kooperation:** *Wie haben Sie mit den Menschen Ihres Umfeldes zusammengearbeitet?*

Wie konnten Sie die Lernenden mit in den Unterricht einbeziehen? Waren die Aufgabenstellungen angemessen, motivierend? Wie gut klappte die Zusammenarbeit mit Ihnen und bei den Schülern untereinander?

Wie war die Kooperation mit Ihren Kollegen? Gab es effiziente Sitzungen, Teamteachings, Hospitationen, gemeinsame Arbeitsschritte? Waren die Aufgaben unter den Beteiligten gut verteilt? Sind Änderungen angebracht? Gab es unproduktive Auseinandersetzungen?

Wie war das Zusammenleben mit Ihren Familienangehörigen und Freunden? Wurden die Bedürfnisse aller erfüllt? Kam jemand zu kurz, vielleicht auch Sie selbst? Gab es angenehme Kontakte zu Ihren Freunden?

**Daumen = Durchführung:** *Wie waren Ihre Tage organisiert? Gab es ärgerliche Störungen und Verschiebungen?*

Schauen Sie zunächst auf den Verlauf Ihrer Unterrichtsstunden. Gab es organisatorische Probleme oder Störungen? Waren Ihre Methodik und die gewählten Sozialformen stimmig? Was sollte zusätzlich berücksichtigt oder verändert werden? Wie verliefen Ihre geplanten Arbeits- und Freizeiten? Gab es störende Unterbrechungen, Abschweifungen oder „Fluchttendenzen"? Wie könnten Veränderungen initiiert werden?

Nehmen Sie diese Reflexionen jeweils als Ausgangspunkt für persönliche Anerkennungen wie notwendige Veränderungen.

**Würdigen Sie die „Highlights" des Tages oder der Woche.** Durchforsten Sie Ihre Reflexionen nach Ihren größten Erfolgen und würdigen Sie diese entsprechend. Lehnen Sie sich zurück und visualisieren Sie die Erfolgssituation, um das Ereignis und das damit verbundene Gefühl wiederaufleben zu lassen. Freuen Sie sich echt und ehrlich daran. Kommunizieren Sie diese positiven Erlebnisse. Schauen Sie dankbar auf das Erlebte, ob es nun ein Unterrichtsfortschritt war oder eine besondere menschliche Erfahrung. Belohnen Sie sich angemessen dafür, damit Sie Ihre Erfolge besser spüren können. Teilen Sie diese Freude auch mit anderen, die Anteil an diesen Dingen haben.

## 5.2 Probleme distanziert, aber systematisch und lösungsorientiert angehen

Nehmen Sie sich nun einen besonders beeinträchtigenden Problempunkt der letzten Woche vor und analysieren Sie ihn systematisch:

1. Vertiefen Sie sich noch einmal in die kritischen Situationen und lassen Sie diese wie einen Film vor Ihrem geistigen Auge ablaufen. Wo genau gab es Negativentwicklungen? Woraus sind Sie entstanden? Wie ging es Ihnen dabei? Was war für Sie besonders schwierig oder unangenehm? Notieren Sie Ihre Gefühle und Hintergründe wie die der anderen.
2. Akzeptieren Sie das Geschehene und betrachten Sie es als wichtigen Hinweis und als Lernmöglichkeit, Alternativen zu bedenken. Erkennen Sie die Herausforderung!
3. Gehen Sie jetzt in ein Brainstorming – möglichst unter Einbeziehung auch anderer Meinungen und Ideen von Kollegen und Freunden. Sammeln Sie möglichst viele Alternativen!
4. Treffen Sie jetzt erst eine Entscheidung über die beste Alternative besonders unter den Aspekten Ökonomie und Realismus. Beachten Sie aber auch die zweit- und drittbesten Alternativen, die sie ebenso ausprobieren können.
5. Trainieren Sie die beste Alternative vor, möglichst real, aber auch mental. Schreiben Sie sich Kernsätze auf, die Sie vor Ort sagen möchten.
6. Testen Sie Ihre beste Alternative mit nachfolgender Wertung. Revidieren Sie die Ausführung ggf. möglichst mit anderen zusammen.

Problemsituationen sind im Lehrerberuf an der Tagesordnung und verlangen meist nach sehr spontanen Regelungen, die vielfach unter Hektik und Druck erfolgen und deshalb oft unbefriedigend bleiben. Deshalb ist eine systematische und schriftliche Reflexion über besonders ungünstige, belastende und häufig wiederkehrende Problemfelder angezeigt. Diese Selbstreflexion ist eine erste Möglichkeit, die durch weitere Feedbacks und die Gruppenreflexionen aber vielfach noch ergänzt werden sollte. Vielleicht wäre sogar eine anonyme Hotline-Beratung für Lehrer, wie Sieland (2000, S.89) sie vorschlägt, hilfreich.

Berücksichtigen Sie bei Ihren Selbstreflexionen folgende Grundsätze:

**Veränderungen beginnen immer bei mir!** Wenn ich *mich* verändere, verändern sich auch die Situation und die anderen.

**Lassen Sie keine Selbstbeschuldigungen zu!**

**Keine Schuldzuweisung an andere! Kein Verdrängen und Ignorieren! Keine schnellen Ersatzbefriedigungen!** Frustationen nicht an anderen auslassen!

(Frühpensionierte zeigen überhäufig Bewältigungsmuster wie Essen und Trinken, Selbstvorwürfe, Wut, Ärger, Angst; vgl. Heyse/Vedder 2003, S. 11.)
**Suchen Sie Distanz zum Problem!** „Problembesitz klären und das Problem dort lassen, wo es ist!" (Heyse/Vedder 2003, S. 8) Verantwortung nur für sich selbst übernehmen, nicht für das Verhalten der Schüler oder das Agieren von Organisationen.
**Perspektivenwechsel anstreben!** Die Lage einmal aus der Sicht des anderen betrachten und dessen Motive ergründen! Nach positiver Neubewertung der Situation suchen (Lerneffekt, Herausforderung)!
**Sich selbst nicht so wichtig nehmen!** Eigene Fehler mit Humor betrachten!

## 5.3 Erweiterte Reflexionen über vielfältige Feedbacks

Neben diesen regelmäßigen Selbstreflexionen mit den regelmäßigen kleineren und größeren zeitlichen Rückblicken brauchen Sie für Ihr Selbstverständnis unbedingt noch systematische Beobachtungen aus der Reihe Ihrer Kollegen. Diese erst ermöglichen Ihnen einen realistischeren Blick auf sich selbst, Ihre Handlungsweisen und Wirkungen.

Unser Blick auf uns selbst kann immer nur sehr beschränkt und sehr subjektiv sein. Wir sehen zwar die Auswirkungen unseres Handelns, manchmal sehr direkt, an der Zustimmung oder auch Ab- und Auflehnung unserer Schüler. Dabei schauen wir aber immer durch unsere eigene, stark subjektiv gefärbte Brille. Hier spricht man vom „blinden Fleck", den wir nur durch umfangreiches Feedback und das Einholen von Außenperspektiven kompensieren können. Erst damit bekommen wir von unseren Handlungs- und Verhaltensweisen ein vollständigeres und realistischeres Bild. Dabei ist das Feedback von möglichst vielen Ebenen am erhellendsten, also in regelmäßigen Abständen und möglichst anonym eingeholt von unseren Schülern, Kollegen, der Leitung und den Eltern – im sogenannten 360-Grad-Spektrum (vgl. zur 360-Grad-Beurteilung Buhren/Rolff 2002, S. 38 ff.).

Diese Erkenntnis hat sich inzwischen in den meisten Wirtschaftsbereichen, aber auch in der Verwaltung durchgesetzt und wird dort als Instrument der Qualitätssicherung meist flächendeckend eingesetzt, während man in Schulkreisen erst sehr zögerlich damit beginnt.

Ich möchte Sie aber unbedingt dazu anregen, weil Feedbacks wesentliche Quellen für adressatenspezifische Rückmeldungen sind: z. B. zu Ihren Unterrichtsinhalten, Ihrem Lehrerverhalten, aber auch zu Ihren kooperativen Kompetenzen. Sie können über diesen Weg wertvolle Anerkennung und Bestätigungen erhalten, die für Lehrende selten einfach ersichtlich sind. Und Sie bekommen auch die notwendigen, meist recht detaillierten Hinweise und Anstöße, etwas an Ihrem Handlungsspektrum zu verändern. Das mag manchmal schmerzlich sein, aber immer noch besser, als wenn Sie sich häufiger mit Misserfolgen abfinden müssen, für die Sie keine richtige Lösung finden. Es regt Sie an, zu bestimmten Mustern Alternativen zu erarbeiten. Und das ist für Ihre Persönlichkeitsentwicklung als Lehrer meist recht förderlich. Also nutzen Sie diese Chance, auch wenn Sie noch nicht von oben verordnet wurde.

Allerdings sollten alle Rückmeldungen auch den bekannten Feedback-Regeln unterliegen, also konstruktiv und sachlich sein und nur ganz spezifische Aspekte Ihrer Arbeit betreffen. Mit einer negativen und persönlich ausgerichteten, generalisierten Kritik oder Angriffen ist Ihnen überhaupt nicht geholfen.

„Solange wir ein klares Ziel vor Augen haben und eine Rückmeldung erhalten, schnurrt unser Bewusstsein wohlig vor sich hin" (Csikszentmihalyi bei Bauer 1997, S, 141). Das geht auch aus einer Untersuchung an 78 Schulen in Tennessee hervor:

**Positives Feedback unterstützender Faktor:** „Schließlich hat Rosenholtz untersucht, wovon das Bewusstsein von Selbstwirksamkeit der Lehrer abhängt. Von sieben Variablen ist am stärksten der Einfluss des positiven Feedbacks. An zweiter Stelle steht die Zusammenarbeit im Kollegium" (bei Buhren/Rolff 2002, S.107).

Fehlende realistische Rückmeldungen können auch zu Fehleinschätzungen führen, die der Unterrichtsarbeit kaum förderlich sind.

**Schülerrückmeldungen wichtig:** Aus Untersuchungen zur vergleichenden Selbst- und Fremdbeurteilung durch die Schüler werden recht große Unterschiede deutlich. Sie gaben den Lehrern im Durchschnitt „eine volle Schulnote schlechter, als diese sich selbst gegeben hätten" (Hillert 2004, S.112).

Nutzen Sie möglichst viele Kanäle des Feedbacks. Hierzu gebe ich Ihnen folgende Anregungen:

**Bitten Sie Ihre Kollegen um eine regelmäßige Einschätzung.** Besonders in einer Fach- oder Arbeitsgruppe sollte es eine regelmäßige Gepflogenheit sein, sich gegenseitig Feedback zu geben. Das bietet sich besonders an, wenn man einander bei Teamteachings oder in Projekten beim Unterrichten beobachten kann. Dafür gibt es inzwischen auch vorgefertigte Instrumente, oder Sie bevorzugen eine persönliche Einschätzung. Die Unterrichtsbeobachtung durch andere liefert wertvolle und unmittelbare Informationen, die prozesshafte Veränderungen ermöglicht, welche wechselseitig begleitet werden können. Hier geht es natürlich nicht um Beurteilungen, die aktenkundig werden sollen, sondern nur um Hilfen untereinander.

**Erbitten Sie auch von Ihren Vorgesetzten bzw. Schulleitern von Zeit zu Zeit eine Rückmeldung.** Falls es bei Ihnen noch keine regelmäßigen Mitarbeiter-Vorgesetzten-Gespräche mit entsprechenden Zielvereinbarungen gibt, bitten Sie bewusst um eine Einschätzung Ihres Vorgesetzten, der Sie ohnehin regelmäßig beurteilt. Sie erhalten so notwendige Rückmeldungen, aber auch Hinweise auf mögliche Differenzen. Bevor solche evtl. in schriftliche Beurteilungen einfließen, können sie so auf Ihre Initiative hin geklärt werden.
**Initiieren Sie regelmäßige, anonymisierte Schülerfeedbacks.** Für die von Ihnen abhängigen Schüler ist es nicht immer leicht, Ihnen ehrliche Rückmeldungen zu geben. Deshalb ist es wertvoll, auf anonymer Basis einige Fragen zum Unterricht und zu Ihrer Person zu stellen, um Hinweise dafür zu bekommen, wie Ihre Inhalte verarbeitet werden und wie Sie auf die Schüler wirken (vgl. Herrmann 2005, S. 4). Es bleibt dann immer noch Ihnen überlassen, wie Sie mit diesen Informationen umgehen und ob Sie in eine offene Diskussion einsteigen wollen. Anregungen für Veränderungen bekommen Sie aber in jedem Fall – und damit Anstöße zu Ihrer Weiterentwicklung. Das anonyme Verfahren unterstützt dabei Klarheit und Intensität der Rückmeldungen. Es ist zusätzlich möglich, auf Elternabenden eine weitere Feedback-Ebene zu nutzen und Einschätzungen zu bekommen.

Für welche der vorgeschlagenen Feedback-Möglichkeiten Sie sich auch entscheiden, der Umgang mit den gewonnenen Informationen mag sich schwierig gestalten. Ehrlich formulierte Außenperspektiven von Schülern oder Kollegen über Ihre Person decken sich nur selten in allen Punkten mit der Meinung, die Sie von sich selbst haben. Man empfindet deshalb besonders die kritischen, unerwarteten Einschätzungen zunächst schnell als ungerechtfertigt. Hier helfen Disziplin und Selbstkontrolle kaum entscheidend weiter, wie Skobranek meint (2001, S. 15).

Solche eventuellen Konfrontationen zu verarbeiten, braucht Zeit, intensive Reflexion und möglichst fachkundige Begleitung, um Veränderungsprozesse anzuregen und auf praktische Handlungsfelder zu übertragen. Sinnvoll ist es deshalb, faire und differenzierte Auswertungsgespräche mit den Bewertenden zu führen, um weitere spezielle Hinweise zu erhalten. Zusätzlich wertvoll ist in diesem Zusammenhang eine professionelle Unterstützung, um in einem angeleiteten Prozess bestimmte Handlungsmuster zu verändern.
**Suchen Sie nach zusätzlichen Supervisions- oder Trainingsmöglichkeiten.** Es ist sehr schwer, sich nur aus sich selbst heraus weiterzuentwickeln. Professionelle Hilfen von außen oder Hilfen über eine Gruppe sind wesentlich effektiver und nachhaltiger. Denn Verhaltensgewohnheiten sind ausgesprochen schwer zu durchbrechen und benötigen vielfältige Interventionen. Bilden Sie an der Schule am besten interessierte Gruppen oder nutzen Sie Angebote über die Lehrerfortbildung.

Dieses regelmäßige Feedback mit einem möglicherweise begleitenden Training kann die Ausformung und Stabilisierung Ihrer Lehrerpersönlichkeit sehr fördern und wertvoll begleiten.

Es bedeutet aber nicht, dass Sie sich nun vollständig von den Einschätzungen der Schüler oder Kollegen abhängig machen sollten (vgl. Herrmann 2005, S. 5). Denn gerade im Erziehungsprozess werden einige Ihrer Vorgaben und Verhaltensweisen nicht im Einklang mit den Wünschen Ihrer Schüler stehen, und schließlich sind Sie nicht allein verantwortlich für die Entwicklung Ihrer Schülerschaft. Aber aus der Vielfalt der Feedback-Hinweise und in regelmäßiger Auseinandersetzung damit kann ein viel differenzierteres Selbstbild entstehen und manche prozesshafte Veränderung angestoßen werden, die aus der eigenen Perspektive allein sicher nicht möglich gewesen wäre.

## 5.4 Umgang mit ärgerlichen Störungen und Aufschubtendenzen

### Störungen und Zeitfallen: symbolisiert durch die Säge

Die Energie aus den Wurzeln Ihres Baumes kann dann nicht ungehindert in die einzelnen Äste hineinfließen, wenn sie durch Ablenkungen, häufige Unterbrechungen oder auch selbstgewählte Ersatz- oder Übersprunghandlungen behindert wird. Solche Unterbrechungen werden durch eine Säge symbolisiert, die die Äste oder sogar den Stamm Ihres Lebensbaumes beschädigt und damit den freien Energiefluss unterbricht. Im schlimmsten Fall kann die Säge ganze Bereiche Ihres gewünschten und geplanten Engagements von der Realisierung abtrennen.

### Arbeitsunterbrechungen

Mit den regelmäßigen Selbstreflexionen und den Feedbacks von Schülern und Kollegen haben Sie Zugang zu wichtigen Hinweisen erhalten, Ihre pädagogischen Aktionen intensiver zu erleben und zu gestalten.

Ihre regelmäßigen Tagesbeobachtungen führen Sie aber möglicherweise zu noch weiteren typischen Zeitproblemen bzw. Zeitfallen. Sie können daran ggf. bestimmte Strukturmuster ablesen, die immer wieder zu Störungen und damit Ärgernissen führen. Richten Sie nun Ihr Augenmerk besonders darauf.

Überdenken Sie Ihre häuslichen Arbeitszeiten. Haben Sie ein störungsfreies Umfeld? Welche Umgebungsbedingungen helfen Ihnen? Was unterbricht Sie bei der Arbeit: Suchen von Unterlagen, Telefon oder Handy, Computerabstürze, familiäre Anforderungen, laute Nachbarn, eigene Ausweichversuche, keine Ideen, wenig Motivation, lähmende Selbstkritik oder eigene Ängste? Machen sie sich einige Notizen. Unterstreichen Sie dann zwei Hauptstörfelder. Sind diese beeinflussbar? Was sind die ersten möglichen Schritte? Was hindert Sie vielleicht daran, diese Störungen zu minimieren?

*Beispiel: Herr Schröder hat vor einem Jahr sehr erfolgreich sein Referendariat an dem örtlichen Gymnasium abgeschlossen. Jetzt ist dem jungen Lehrer gleich die Verantwortung für eine 8. Klasse in der neuen Hauptschule seiner Kleinstadt übertragen worden. Anfangs fiel es ihm schwer, sich auf das Niveau der Hauptschüler einzustellen. Besondere Probleme bereiteten ihm die geringe Konzentrationsfähigkeit seiner Hauptschüler und die daraus resultierenden häufigen Unterbrechungen des Unterrichtsverlaufs, die ihn zu vielen Interventionen und Regelvereinbarungen zwangen. So kam er oft sehr genervt nach Hause, wo ihn seine beiden munteren Söhne, zwei und vier Jahre alt, sofort mit Beschlag belegten. Das half ihm zunächst beim Abschalten von den vielen Schulgedanken. Wenn es dann an den Schreibtisch ging, musste er streng werden und sich oft sogar einschließen, um seine Arbeitsruhe zu finden. Denn die Kinder rissen ihn immer wieder aus seiner Konzentration. Eigentlich fing er fast nach jeder noch so kleinen Störung von vorn an. Da er die Jungs aber wegen seiner umfangreichen Vorbereitungsarbeit für die Schule so häufig abweisen musste, hatte er oft ein schlechtes Gewissen, auch gegenüber seiner ebenfalls recht belasteten Frau.*

Viele Lehrer finden gerade zu Hause keine für sie optimalen Arbeitsbedingungen vor und müssen größere organisatorische Anstrengungen unternehmen, wollen Sie dem hohen Vorbereitungsaufwand gerecht werden. Besonders Lehrer mit kleinen Kindern ohne ausreichende Betreuung müssen mit Schulischem auf die physiologisch ungünstigeren Abend- und teilweise Nachtstunden ausweichen oder doch immer wieder mit Unterbrechungen während ihrer Arbeitsprozesse zurechtkommen. Häufige Arbeitsstörungen jedoch können die Arbeitseffektivität beeinträchtigen.

**Sägeblatteffekt bei Störungen:** Gerade bei häufig gestörten Arbeiten steigt der Aufwand für die jeweilige Wiedereinarbeitung – besonders bei schwierigen Aufgabenstellungen. „Addiert man diese Leistungsverluste einmal auf, so kann bis zu 28 % unserer Zeit dadurch verloren gehen" (Seiwert 1996, S. 71). Diese Ärgernisse bewirken zudem häufig die Mobilisierung von Stresshormonen und damit höhere Energieverluste.

Es bleibt immer im Einzelfall zu entscheiden, ob es weniger Energie erfordert, die vielleicht kurze Störung schnell abzuhandeln oder sie abzuwehren. Bei zu viel Einsatz, um die Störung zu bearbeiten, ist eine eindeutiges „Nein" sicher die auf Dauer bessere Lösung, besonders wenn Sie ein in Bezug auf Störungen empfindlicher Mensch sind.

Entscheidend ist also Ihre innere Beeinträchtigung durch die Unterbrechung, aber auch Ihre Tendenz, solche Störungen zum (unbewusst willkommenen) Anlass zu nehmen, nicht weiterzuarbeiten (vgl Mayer 1998, S.86, 93). Besonders bei langweiligen und langwierigen Aufgaben, bei eigener Ermüdung und Demotivation ist die Versuchung groß, sich anderen, vermeintlich wichtigeren Aufgaben zuzuwenden. Nur Sie selbst können jeweils entscheiden, ob eine Störung Sie wirklich beeinträchtigt oder Ihnen möglicherweise als sinnvolle Pause dient. Wenn Sie sich damit aber selbst ein schlechtes Gewissen wegen Ihrer eigentlich ungewollten Ausweichmanöver erzeugen, dann ist es Zeit, sich anders zu organisieren.

**Möglichst störungsfreie Arbeitsbedingungen schaffen.** Dazu gehören die besprochenen Trennlinien in räumlicher, zeitlicher, ritueller und gedanklicher Hinsicht als wichtige Voraussetzungen (vgl. Kapitel 1).

**Pro Tag eine störungsfreie Arbeitsstunde einrichten.** Bei sehr unruhigen Haushalten könnte eine ungestörte Arbeitsstunde pro Tag in Ihrem Tageshoch, reserviert für wesentliche Arbeiten, eine mögliche Hilfe sein. Wichtig sind entsprechend klare Absprachen mit Ihren Familienmitgliedern.

**Arrangieren Sie sich mit einer gewissen Störungsquote außerhalb dieser Zeiten.** Falls Sie ein lebhaftes Zuhause mit vielen Familienmitgliedern haben, dann sind Störungen wahrscheinlich häufig und außerhalb Ihrer störungsfreien Arbeitsstunde fast unvermeidlich. Nehmen Sie diese also relativ gelassen hin, indem sie damit rechnen und Ihre Arbeitsart von vornherein darauf einstellen. Vielleicht lassen sich leichtere Routine- oder Sortierarbeiten nebenbei erledigen (vgl. Baier 2002, S.39, Schlote 2002, S.73).

**Verlegen Sie Arbeiten in ruhige Zonen in der Schule.** Um Ablenkungen möglicherweise geringer zu halten, hilft manchem Kollegen, bestimmte Arbeiten, wie z.B. Korrekturen, in der Schule in einem ruhigen Raum nach dem Unterricht zu erledigen. Das reduziert gleichzeitig den Transportaufwand, setzt allerdings voraus, dass Sie einen solchen Raum im Schulgebäude zur Verfügung haben und eine angemessene Ruhemöglichkeit nach Ihrer Unterrichtsverpflichtung finden.

Welche Störungen möchten Sie in Zukunft begrenzen? Welche Maßnahme könnte Ihnen weiterhelfen? Schreiben Sie diese auf und setzen Sie sich einen Zeitpunkt für die Erledigung.

## Aufschubtendenzen

*Herr Steinmann ist seit einem Jahr im Referendariat. Mit seinen zehn Wochenstunden am Gymnasium in Grund- und Leistungskursen der Fächer Französisch und Deutsch kommt er einigermaßen zurecht. Unterrichtsvorbereitungen und -korrekturen nehmen zwar noch sehr viel Zeit in Anspruch, aber sie motivieren ihn und er bringt sie bevorzugt in den ruhigen Abendstunden gut unter. Nur die etwa alle zwei bis drei Wochen anstehenden Vorführstunden bei den verschiedenen Seminarleitern kann er schwer in sein schon großes Arbeitspensum integrieren. Zwar beschäftigt er sich schon lange innerlich im Vorfeld mit dem möglichen Unterrichtsthema, aber er schafft es einfach nicht, seine Ideen rechtzeitig zu Papier zu bringen, obwohl er sich das immer wieder vornimmt. Viele andere, aktuelle Arbeiten wie das Erstellen von Arbeitsbögen und Tests drängen sich immer vor. So legt er eigentlich vor jeder Vorführstunde eine Nachtschicht ein, um den notwendigen schriftlichen Entwurf fertigzustellen. Oftmals dauern diese Vorbereitungen bis in den frühen Morgen hinein, sodass er stark übermüdet in die Stunde geht. Entsprechend unbefriedigend fällt dann teilweise sein Lehrerverhalten aus. Er reagiert wenig flexibel, genervt und ist einfach nicht auf der Höhe der Ereignisse. Hinterher ist Herr Steinmann dann stets extrem unzufrieden.*

Nun neigt jeder von uns bei gewissen Hürden zum Verschieben, was ganz normal ist. Die unangenehmen Arbeiten werden erst dann wirklich in Angriff genommen, wenn es offensichtliche Staus oder Endtermine gibt. Das Aufschieben und häufige Unterbrechen von besonders schwierigen Unterrichtskonzepten kann sogar sinnvoll sein, um über die notwendigen Umwege, Pausen und Reflexionen zum stimmigen Gesamtkonzept zu finden. Stressfördernd und damit energieraubend werden Aufschubarbeiten aber dann, wenn der Aufschiebende mit der Zeit ein belastendes schlechtes Gewissen gegenüber der Erledigung entwickelt und/oder echte Nachteile bzw. Konsequenzen daraus erwachsen. Denn es ist stressverstärkend, Arbeiten unter hohem Termindruck, eventuell noch in besonders energieraubender Nachtarbeit erledigen zu müssen. Hätte man die gleichen Arbeiten rechtzeitig und ohne großen Druck in Leistungshochs mit entsprechenden Pausen erledigen können, wären wertvolle Energien erhalten geblieben.

Da Lehrende über eine Reihe von frei verfügbaren Zeitkontingenten mit zumindest teilweise dehnbaren Terminarbeiten (wie beispielsweise die Rückgabe von Tests und Klausuren) verfügen, ist das Aufschieben in vielen Bereichen möglich. „Von daher laufen viele Lehrerinnen und Lehrer Gefahr, ein chronisch schlechtes Gewissen zu kultivieren" (Klippert 2006, S.48). Entsprechende Überlastungssituationen unterstützen dieses Verzögern.

**Aufschubtendenzen verbreitet:** Über ein Drittel der Lehrer stimmt der Aussage zu, mit den Vorbereitungen erst in letzter Minute fertigzuwerden (Kretschmann 1994, S.7; Schönwälder 1993, S.12).

Besonders belastend ist es zusätzlich, wenn trotz zunehmenden Drucks und beginnender Unannehmlichkeiten keine Veränderung des Aufschubverhaltens vorgenommen wird. Die herumliegenden, nicht erledigten Dinge werden dann zu ständigen Mahnern zur fortwährenden Belastung für das Unterbewusstsein, das die drohenden Stapel oder anstehenden Arbeiten immer aufs Neue registriert und mit einem unguten Gefühl quittiert. Dann wird Aufschieben zu einer echten Belastung für das Selbstbild, weil es die Selbstachtung untergräbt. „Tatsächlich ist chronisches Aufschieben einer der nachhaltigsten Wege, das eigene Selbstwertgefühl zu ruinieren …“ (Rückert 2004, S. 44).

Die bereits vorgestellten Instrumente der Zeitplanung über die Ordnungsschemata A-R-Q-Arbeiten mit den entsprechenden Tages- und Wochenplänen können diesen Tendenzen als Erstes sehr wirksam entgegenwirken. Sie werden durch eine angemessene Störungskontrolle unterstützt. Eine weitere grundlegende Hilfe können forcierte Entscheidungen bringen (vgl. Klippert 2006, S. 47).

**Schnelle Entscheidungen ohne Reue sparen viel Energie. Und fangen Sie einfach an!** Sorgen Sie für *schnelle* Entscheidungen. Oft vergeht sehr viel Zeit, wenn Sie lange über einen geeigneten Unterrichtseinstieg grübeln oder nachsinnen, ob das Thema nun besser im Stationenmodus oder in differenzierter Gruppenarbeit angegangen werden sollte. Sie können immer nur einen Teil der Kriterien überblicken, die für oder gegen eine Methode sprechen. Handeln Sie deshalb im Vertrauen auf sich, auf Ihre Erfahrungen und Ihre Möglichkeiten!

Beschränken Sie sich auf die Hauptinformationen als Entscheidungsbasis und *handeln* Sie. Risiken lassen sich grundsätzlich nie vermeiden, auch wenn Sie zögern. Fehler sind immer möglich. Aber Fehler sind auch Chancen und oft hilfreicher auf dem Weg zum Ziel, als man zuallererst denkt. Nur im Handeln erfahren Sie letztlich den Wert Ihres Vorgehens und sammeln wertvolle Erfahrungen für weitere Entscheidungsprozesse.

**Bei kleineren Entscheidungen das Direkt-Prinzip anwenden:** Stehen kleinere Entscheidungen z. B. für ein Unterrichtsmedium an oder ist ein kurzes Telefonat fällig, dann tun sie es sofort.

Hinausschieben erleichtert den Prozess meist nicht. Die Erleichterung, ihn bewältigt zu haben, ist viel größer, als die kurzfristige, dass Sie gegenwärtig erst einmal etwas anderes machen können.

Viele Aufschiebereien fördern Grübelprozesse. Das heißt, wenn Sie z. B. über ein anstehendes Telefonat nachdenken, ob Sie es nun jetzt oder später tun sollten, fällt Ihnen vielleicht ein, dass es möglicherweise negativ ausgehen könnte. Die Szenerie entsteht schnell in Ihrem Kopf und aktiviert die Erinnerung an weitere unangenehme Telefonate samt der entsprechenden Gefühlsgehalte. Haben Sie erst einmal in solch eine ‚Negativschublade‘ gegriffen, dann wird ein kleines Vorhaben, das ja gar nicht unbedingt negativ ausgehen muss, gleich von bösen Vorahnungen überschattet.

Diese bestärken Sie dann umso mehr, die Finger vom Telefon zu lassen.

Häufige und stärkere Aufschubtendenzen bei immer wiederkehrenden Abläufen müssen jedoch ernster genommen und hinterfragt werden. Sie beinhalten wichtige Hinweise, dass etwas im Ablauf, an der Arbeitsweise, an der Aufgabenstellung oder gar am Arbeitsziel selbst nicht stimmt. Sie dürfen nicht nur oberflächlich bereinigt werden, denn oft ermöglicht erst eine Bearbeitung der Hintergründe die dauerhafte Beseitigung oder Lösung.

Schreiben Sie zunächst auf, was Sie bevorzugt zurückstellen und womit Sie sich nur extrem widerwillig und unter größerem Druck befassen. Als nächsten Schritt notieren Sie Ihre Gründe für jede Aufschubarbeit: z. B. zu langweilig/eintönig, zeitraubend, zu schwierig (gewisse eigene Inkompetenz), frustrierend, sinnlose Tätigkeit, Angst vor Fehlern oder Versagen, grundsätzliche innere Abwehr.

Diese Analyse der Gründe gibt erste wichtige Hinweise auf bestimmte Möglichkeiten der Abhilfe.

**Eintönigkeit/Langeweile: Kurze Arbeitssequenzen!** Empfinden Sie die anstehenden Arbeiten als wenig interessant und anspruchslos, wie z. B. Listen erstellen, Ablagearbeiten, einfache Korrekturen, dann wählen Sie kurze, überschaubare Arbeitsabschnitte, sorgen Sie für angenehme Umgebungsbedingungen (Entspannungsmusik) und legen Sie eine kleine Belohnung zurecht (Lieblingskeks, Zeitungslektüre), wenn Sie den eingeteilten Abschnitt erledigt haben.

**Stillstand/Frust: Schöpferische Pause!** Sind Sie während einer Arbeit in einer Sackgasse angelangt, fällt Ihnen z.B. zu einer Unterrichtsstunde kein passender Einstieg oder kein gutes Medium ein, dann machen Sie am besten eine Kurzpause mit einer schönen Ablenkung. Legen Sie aber von vornherein einen verbindlichen Neubeginn fest (Klingelsignal), damit Sie die Ablenkung nicht allzu sehr ausdehnen. Beginnen Sie dann ggf. an einem anderen Teilstück der Gesamtarbeit, dann kommt Ihnen vielleicht eher die zündende Idee. Oder diese wird bereits durch die angenehme Unterbrechung stimuliert.

**Hoher Schwierigkeitsgrad/hoher Zeitbedarf: Motivation über Teilziele!** Viele Arbeiten werden verschoben, weil Sie von vornherein sehr langwierig (endlos) erscheinen oder als besonders kompliziert und damit schwer lösbar angesehen werden. Hier empfiehlt sich die sogenannte Salami-Taktik, das heißt, Sie beginnen an einem einfachen Teilstück der Gesamtaufgabe (vgl. Seiwert 2001b, S. 316 und Hansen 2004, S. 173). Bezogen auf die Planung einer größeren Unterrichtseinheit beginnen Sie also bei einer Stunde, die Sie sich vom Verlauf her bereits gut vorstellen können, und gruppieren dann die anderen notwendigen Themen darum herum. Sitzen Sie vor schier endlosen Korrekturaufgaben, dann empfiehlt sich ein klarer, aber realistischer Plan, wie viele Arbeiten Sie täglich korrigieren wollen. Unterteilen Sie ihre Arbeit also auch hier in überschaubare Teilabschnitte und freuen Sie sich hinterher an den geschafften Teilergebnissen. Wechseln Sie zwischen besonders beanspruchenden Aufgaben und leichteren Tätigkeiten, um wertvolle Energien zu sparen.

**Innere Abwehr wegen fehlender Relevanz: Terminvorgaben oder Selbstverpflichtungen!** Besonders schwierig sind Aufgaben zu bewältigen, von deren Sinn man einfach nicht überzeugt werden kann (z.B. Statistik, Verwaltungsaufgaben). Hier helfen oft nur strikte **Terminvorgaben mit zeitlichen Festlegungen.** Werden auch diese unterlaufen, empfehle ich Ihnen sogenannte Selbstverträge. Das heißt, Sie formulieren Ihr Arbeitsziel (Sitzungsprotokolle sollen bis Montag erledigt sein! Erledigung erfolgt Freitag in der Zeit von 16–19 Uhr!). Als Belohnung setzen Sie vielleicht einen attraktiven Kinobesuch an, als mögliche Sanktion bei Nichteinhaltung vielleicht Fenster putzen. Sie und ggf. ein selbst gewählter Coach (Familienmitglied, Kollege) unterschreiben diesen Selbstvertrag. Der Coach kann Sie kontrollieren. So binden Sie sich und sorgen auch für die Erfüllung unangenehmer und innerlich abgelehnter, aber notwendiger Arbeiten.

Das Eingehen von Selbstverpflichtungen mobilisiert oft heftige Widerstände in Menschen, denn keiner möchte seine persönliche Freiheit beeinträchtigt wissen, auch nicht durch sich selbst. Hier bleibt abzuwägen, ob die Unannehmlichkeiten und der innere Stress des Aufschiebens nicht langfristig unangenehmer sind als die Bindung an solch einen Selbstvertrag. Die Erleichterung und der dadurch bedingte schnellere Stressabbau, verbunden mit der Freude über etwas endlich Geschafftes, sind nicht zu unterschätzen gegenüber diesen kurzfristigen Einschränkungen.

**Starke, grundsätzliche Widerstände: Hintergründe analysieren!** Wenn Verzögerungen besonders intensiv und hartnäckig sind, muss schon tiefer geforscht werden. Vielfach ist es einfach die grundsätzliche Überforderung, die zur heftigen Abwehr von Arbeiten führt. Hier helfen nur effektive Regenerationsmaßnahmen oder die deutliche Anspruchssenkung, um das Problem zu mildern. Wenn Widerstände in der Angst begründet sind, ein schlechtes Ergebnis zu erzielen, also in Versagensangst, dann liegt es vielfach an zu hohen Ansprüchen gegenüber der Arbeit. Besonders perfektionistische Zielsetzungen unterstützen Aufschubtendenzen gewaltig.

„Viele Menschen fürchten die Erkenntnis, dass sie ihren eigenen, oft überhöhten Idealen an Leistungsfähigkeit und Qualität nicht entsprechen“ (Rückert 2004, S. 44). Hier verweise ich auf Kapitel 6, das sich intensiv mit realistischen Ziel- und Anspruchssetzungen beschäftigt. Wenn es zumindest teilweise Kompetenzmängel sind, die die Widerstände mitverursachen, können Fortbildungen und neue methodische Ansätze (vielleicht in Zusammenarbeit mit anderen Kollegen) helfen.

Häufig sind Versagensängste jedoch auch Anzeichen für ein sich verschlechterndes Selbstbild und erste Warnsignale für Überforderung, sodass Sie sich stärker selbst unterstützen sollten. Am problematischsten sind jedoch hartnäckige Widerstände, die sich gegen grundsätzliche, unbeeinflussbare Gegebenheiten im Schulleben stellen (z. B. eine wenig kooperative Schulleitung, ungeliebter fachfremder Unterricht, eine grundsätzlich schwierige Klasse oder ungünstige Unterrichtsbedingungen). Hier bleiben die Optionen: leidliches Arrangement, Teillösungen oder ein deutliches Nein, wenn die Bedingungen gänzlich inakzeptabel sind.

Vielleicht können Ihnen bei diesen tieferliegenden Gründen Ihrer Abwehr Teambildungen oder zumindest Kooperationen mit anderen Lehrern entscheidend weiterhelfen. So erhalten Sie vielleicht die für Sie fehlende Unterstützung oder Motivation, aber auch den hilfreichen Anschub zur Einhaltung von Terminen.

## 5.5 Anregungen für Ihre Schreibtisch- und Materialordnung

Zeitfallen mit manchmal erheblichen Zeitverlusten sind mitunter durch das Suchen von Unterlagen, Medien, Arbeitsbögen, vorgefertigten Tests oder Schriftstücken am PC bedingt.

Für eine innovative Unterrichtsgestaltung und eine korrekte Dokumentation und Verwaltung der Unterrichtstätigkeit ist eine Vielzahl von meist über viele Jahre hinweg archivierten Materialien und Unterlagen zu bewältigen. Zusätzliche Belastungen bringen die allgemein wachsende Informationsflut und viele aktuell hinzukommende Unterlagen zu Standards, Schulprogrammen, Evaluationsbögen, Materialien zum selbstständigen Erarbeiten für die Schüler usw. In den wenigsten Schulgebäuden stehen geeignete Bürotrakts zur Verfügung, wo wenigstens ein Teil dieser Unterlagen zentral oder auch für jeden Kollegen sortiert gelagert werden könnte. Nur in seltenen Fällen gibt es mehrere Fachsekretariate, die einen Teil der Verwaltungs- und Ablagearbeiten der Lehrer übernehmen. So obliegt es meist dem Einzelnen, in der Regel ohne jede Schulung im Laufe seiner Ausbildung, mit diesen Ablage-, Sortier- und Verwaltungsaufgaben zurechtzukommen. Lagerung und Pflege dieser Materialien finden deshalb in größerem Umfang im häuslichen Umfeld statt, wo nicht immer die notwendigen Räumlichkeiten und bürotechnischen Ausstattungen gegeben sind. Denn letztlich müssen Lehrende dies vielfach selbst finanzieren, da steuerliche Absatzmöglichkeiten z. B. für ein Arbeitszimmer zusätzlich immer weiter eingeschränkt wurden. Andererseits zwingen einen ungünstige und beengte Arbeitsbedingungen an der Schule (das unruhige Lehrerzimmer ohne ausreichende Ablagemöglichkeiten, zu wenig Computerarbeitsplätze und Internetzugänge) dazu, seine Arbeit nach Hause zu verlegen.

Mir bleibt unverständlich, warum Bildungsministerien nicht die in dieser Hinsicht basalen Arbeitsvoraussetzungen für Lehrer an den Schulen schaffen, vor allem an den im Ganztagsbetrieb arbeitenden. Viele Sachbearbeiter in anderen Branchen verfügen selbstverständlich über eine günstigere technische Ausstattung ihres Arbeitsplatzes, wie z.B. Schreibtisch, PC, Drucker, Ablageschränke, akzeptable Umgebungsbedingungen. Meist steht vergleichbaren akademischen Berufen wie Rechtsanwälten oder Ärzten Hilfspersonal zur Seite, das üblicherweise die einfachen Büroarbeiten übernimmt. Würden Lehrern in größerem Umfang einfache Verwaltungsarbeiten abgenommen, ergäben sich m.E. enorme Einsparpotenziale. Diese kämen der intensiveren und effektiveren Auseinandersetzung der Lehrenden mit neuen Unterrichtsansätzen und -inhalten zugute. Ebenso könnte die eigentliche, dringend notwendige pädagogische Arbeit mit zu fördernden und zu beratenden Schülern und Eltern intensiviert werden.

Da durchgreifende Veränderungen hier noch nicht in Sicht sind, bleibt dem einzelnen Lehrer nur, seine Unterlagen und Materialien unter den gegebenen Bedingungen so optimal wie möglich zu verwalten. Dazu gehört seine Schreibtischordnung genauso wie das Archivieren seiner naturgemäß zahlreichen Materialien für ihren effektiven Einsatz ohne Suchaktionen.

Viele Lehrer suchen auf diesem Gebiet verständlicherweise Hilfe. Aus meiner Arbeit weiß ich jedoch, wie schwierig es ist, hier liebgewordene und z.T. gerechtfertigte Gewohnheiten aufzugeben. Zudem gibt es, gerade was Ordnungssysteme anbelangt, sehr unterschiedliche Typen, die zu berücksichtigen sind: eher konvergent respektive divergent orientierte Denker. Die Konvergenten arbeiten bevorzugt über die linke Gehirnhälfte und können sich gut an vorgegebene Zeit- und Ordnungsstrukturen halten. Es sind die viel beneideten Leertischler. Der divergent Denkende, eher über die rechte Gehirnhälfte Agierende, ist ein bildhaft arbeitender Mensch, der meist vollere Schreibtische mit vielen bunten Papieren bevorzugt, aber Schwierigkeiten hat mit festen Ordnungs- und Zeitstrukturen. Er ist eher der kreative Teamarbeiter (vgl. Seiwert 2001c, S. 44 ff.).

Ordnungssysteme bleiben also immer sehr individuelle Angelegenheiten, sodass ich Sie nicht mit ausführlichen Hinweisen und Ratschlägen zur Schreibtischordnung überschütten möchte. Chancen und Notwendigkeiten der Veränderung sehe ich aber durchaus dort, wo Unzufriedenheiten mit bisherigen Abläufen bestehen, gehäuft deutliche Verzögerungen eintreten oder wachsende Papierberge ein beständig schlechtes Gewissen erzeugen.

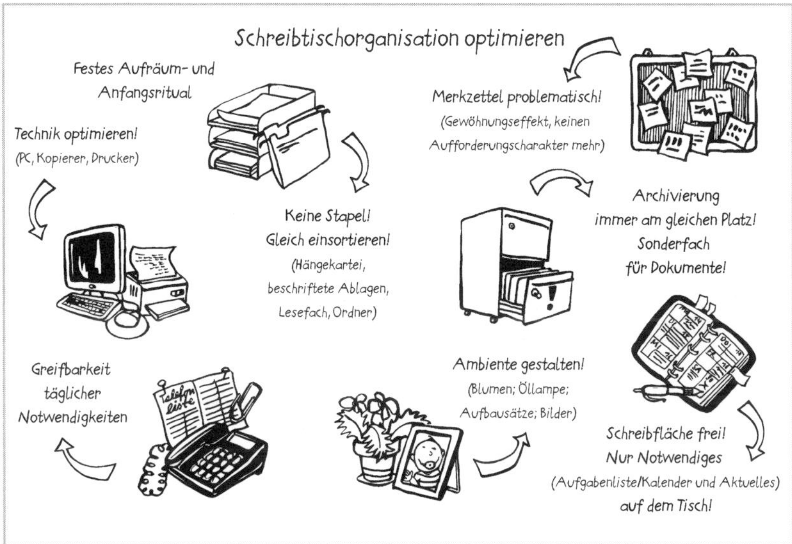


*Abb. 10: Schreibtischorganisation optimieren*

Konzentrieren Sie sich beim Durchlesen deshalb auf die Aspekte, die Sie auch wirklich verändern möchten. Die anderen Details können (erst einmal) ruhig beibehalten werden und Ihre individuelle Note betonen.

**Feste Orte einrichten, nicht mehr suchen:** Eine wichtige Hilfe gerade auch für eher divergent denkende Menschen ist es, wenn Sie sich zwingen, immer alles am gleichen Platz zu verstauen. Das bedeutet, gut beschriftete Kisten, Ordner, Hängekarteien oder Stehsammler einzurichten, die jeweils bestimmte Fächer, Klassenstufen, Korrekturen, Themen beherbergen. Stellen Sie die Ordner an immer den gleichen Platz und prägen Sie sich diese Ordnung quasi fotografisch ein. Widerstehen Sie der Versuchung, einen Zettel erst einmal irgendwohin zu legen, sondern ordnen Sie ihn seinem inhaltslogischen Platz zu. Seien Sie hier ganz streng und konsequent mit sich. Dulden Sie keinerlei Ausnahmen. Machen Sie es sich zum Ziel, höchstens eine Minute zum Suchen einer bestimmten Unterlage zu benötigen. Dann stimmt Ihr System!

Genauere Tipps für ein mögliches Ablagekonzept finden Sie etwa bei Skobranek (2001, S. 44–45). Er sortiert – sehr praktikabel – nach dem übergeordneten Kategorien Lehrtätigkeit (Unterrichtseinheiten nach Fächern und Klassenstufen, Unterrichts- und Schulprojekte), Administration (Dienstangelegenheiten, Schriftverkehr und Beschaffung) sowie Dokumentation (Schulrecht, Konferenzen, Schulereignisse, Personalakte). Erstellen Sie auf alle Fälle eine Liste Ihres Ordnungssystems, am besten im PC.

**Vorfahrt für wichtige Dokumente:** Richten Sie sich eine Abteilung für bedeutende Dokumentationen ein, wie Zensuren- und aktuelle Schülerlisten mit Einträgen zu mündlichen Leistungen, Tests, disziplinarischen Interventionen, Elterngesprächen. Diese aktuellen Unterlagen bedürfen der besonderen Sorgfalt, weil hierzu immer wieder administrative Nachfragen erfolgen können, die auch rechtlich von Bedeutung sind. Hier sind Nachlässigkeiten nicht erlaubt!
**Hängekartei statt Stapel:** In Stapeln verschwinden wichtige Papiere zu leicht. Und sie wirken allein aus dem Grund unangenehm anklagend, dass man sie überhaupt entstehen lassen konnte. Stapel verführen geradezu zu Vermeidungsprozessen, weil sie bei einer entsprechenden Höhe auf die Langwierigkeit des Abarbeitens nur zu deutlich aufmerksam machen. Deshalb kippen Sie Ihre Stapel besser um 90 Grad: Verwandeln Sie sie in Hängekarteien, sortiert nach bestimmten Oberthemen und versehen mit den entsprechenden Reitern. Ein effektives System, das die Chance des Auffindens um ein Vielfaches erhöht. Gerade bei der wachsenden Informationsflut und den immer vielfältigeren Unterrichtsmethoden und -themen sind diese Ordnungssysteme unbedingt empfehlenswert.

Meine Erfahrung mit vielen Seminarteilnehmern ist, dass es den meisten Mut erfordert, einfach anzufangen. Ist diese erste Hürde erst einmal überwunden, realisiert sich der Abbau eines Stapels in ein Hängekarteisystem in wenigen Stunden. Das vermittelt dem ‚Mutigen' ein sehr angenehmes Gefühl der Befreiung. Denn hinter den Stapeln, die das Unterbewusstsein stets registriert, verbergen sich das schlechte Gewissen, die eigene Demütigung, es nicht zu packen, aber auch die Sorge, manches Wichtige zu übersehen.

In Stapeln sammeln sich nicht nur unerledigte Aufgaben und Gewissensbisse; damit verbinden wir nicht selten auch unrealistische Forderungen an uns. „Was Sie neben Ihren Papierstapeln und Ihren chaotischen Schubladen ausmisten sollten, sind Ihre Erwartungen an sich selbst. Hier ist es meist am schrecklichsten überfüllt" (Hemphill bei Küstenmacher 2002, S. 69).
**Einsortieren bedeutet gleichzeitig Aussortieren.** Wahrscheinlich haben Sie sich beim Anblick wachsender Materialstapel auch schon oft geschworen, bei Gelegenheit mal richtig aufzuräumen. Schwierig daran ist aber eben die passende Gelegenheit, die manchmal nie kommt. Falls Ihnen solche Generalaufräumaktionen schwerfallen, dann ist es weit einfacher, sich beim Einsortieren neuer Materialien gleich von alten zu trennen. Auch schon das Aufräumen eines Minifaches befriedigt sehr. Und wenn Sie jede Woche nur eine kleine Ecke entrümpeln, dann ist das auf Dauer gesehen eine ganze Menge. Beschränken Sie sich also beim Aussortieren, aber tun Sie es regelmäßig und zwischendurch. Übertragen Sie dieses Prinzip auch auf Ihren PC. Wenn Sie in einem Ordner veraltete Daten aufspüren, dann schicken Sie diese gleich in den Papierkorb (und auch dieser sollte regelmäßig geleert werden).

Falls Ihr Arbeitszimmer in recht chaotischem Zustand ist (mir sind einige Lehrer bekannt, die wegen Überfüllung auf den Küchentisch ausweichen), dann kommen Sie um eine größer angelegte Aufräumaktion nicht herum. Setzen Sie dafür einige ungestörte Tage in den Ferien an und beginnen Sie mit Kisten, eine zum Wegwerfen, eine zur späteren Weiterverwendung und eine zum sofortigen Abheften. Werfen Sie sehr großzügig weg, denn die Mehrzahl der aufgehobenen Dinge brauchen Sie in der Regel niemals wieder. Wenn alle drei Kisten gefüllt sind, beschäftigen Sie sich nur mit der wichtigen Kiste: Sortieren Sie die dort enthaltenen Materialien sorgfältig gemäß den genannten Kriterien ein. Damit haben Sie das Wesentliche für sich geordnet und Sie werden sich wohler fühlen. Die Kiste zur späteren Verwendung lassen Sie zunächst unbearbeitet und stellen Sie abseits. Was Sie davon nach einem Jahr nicht gebraucht haben, können Sie in der Regel auch später nicht mehr verwenden und getrost entsorgen.

**Richten Sie sich ein Lesefach ein:** Sinnvoll ist es, interessante und wertvolle Artikel oder Hefte in einem Lesefach zu sammeln, das man dann beispielsweise in Ferienzeiten durchgehen kann, um sich inspirieren zu lassen (vgl. Mayer 1998, S. 33).

**Arbeitszimmer als besonderes Wertobjekt ansehen. Nur Wesentliches hat ein Recht auf diesen schönen Raum!** Wählen Sie äußerst kritisch aus, was in Ihrem wertvollen Arbeitsraum Platz finden darf. Für Lehrende ist die Versuchung ungeheuer groß, Unterlagen zu sammeln (Medien, Zitate, Videos, alte Unterrichtsentwürfe, Arbeitsbögen, Tests, Zensurenlisten, Vorschriften, Rahmenpläne usw. – die Liste ist sicher noch längst nicht vollständig). Problematisch ist jedoch das Sich-Erinnern und Auffinden der ‚Schätze' zum passenden Zeitpunkt. Viele von den mühsam archivierten und viele Schrankmeter fressenden Unterlagen werden Sie wahrscheinlich nie wieder nutzen, weil Sie sich schlichtweg nicht mehr daran erinnern, weil sie zwischenzeitlich überholt sind, Ihnen in der vorliegenden Form nicht mehr zusagen usw. „Nur rund vier Prozent aller abgelegten Informationen werden wirklich wieder benutzt" (Herwig 2005, S. 88). Deshalb seien Sie ruhig sehr streng mit allem, was Sie längerfristig aufheben wollen. Prüfen Sie es vor diesem Hintergrund genau und werfen Sie großzügig weg. Umso größer ist die Chance, dass Sie von dem Aufgehobenen wirklich viel verwenden und es Ihnen die Arbeit tatsächlich erleichtert. Entscheiden Sie immer nach den Kriterien Archivierungsaufwand und möglicher Nutzen. Geben Sie sich grundsätzlich viel Mühe, Ihr häusliches Arbeitsumfeld besonders angenehm und ansprechend für Sie selbst zu gestalten. Sie verbringen derart viel Zeit in diesem Raum, an diesem Tisch und auf diesem Stuhl, dass einfach alles stimmen sollte.

**Technische Voraussetzungen optimieren:** Neben einer funktionell ordentlichen Ausstattung (ergonomische Verhältnisse, Licht, Bestuhlung, Schreibmaterial) bis hin zu einem angemessenen technischen Standard (Computer, Drucker, Kopierer, Fax usw.) sollte alles nach Möglichkeit optimal sein.

**Funktionalität und Wohlfühlen gleichermaßen:** Für die konvergent Denkenden unter Ihnen sind das sicher aufgeräumte Schreibtischflächen, griffbereite Utensilien (einschließlich Telefon) sowie die Abwesenheit mahnender Zettel und Stapel! Für die stärker divergent orientierten Menschen können es ruhig ein paar bunte Zettel und Ablagen sein, die jedoch die freie Arbeitsfläche für das eigentliche Tagesgeschäft nicht stören. Wichtig sind auch persönliche Dinge, wie Fotos von Ihren Liebsten, schönen Reisen, wie Blumen, Öllampen usw. Sie selbst sollten das Ambiente als besonders schön und ansprechend empfinden.

**Vorsicht bei Klebezetteln und Erinnerungszeichen:** Viele Schreibtische sind bestückt mit Haftnotizen verschiedenster Art. Bitte bedenken Sie, dass Sie sich spätestens nach 2–3 Tagen daran gewöhnt haben, die Zettel also keinen Aufforderungscharakter mehr besitzen und die Wahrscheinlichkeit der Erledigung sehr gering geworden ist (vgl. Mayer 1998, S. 32). Und: „Je mehr Gegenstände sich im Wahrnehmungsfeld befinden, desto schwieriger wird die Konzentration" (Keller 2003, S. 29). Zwingen Sie sich, solche Einzelnotizen an gesammelte Orte/in Bücher/in Hefte/in Computerdateien zu schreiben. Hier ist die Wahrscheinlichkeit hoch, dass Sie auch wiederfinden, was Sie suchen. Wenn Sie eine Fülle dieser kleinen Zettel besitzen, kleben Sie sie gleich alle zusammen in ein Zettelbuch ein. So entsteht schnell Ordnung und Sie haben einen festen Ort zum Suchen.

**Schreibtischrituale einführen:** Wahrscheinlich benötigen Sie manchmal eine gewisse Überwindung, um sich der Arbeit zuzuwenden. Übergänge wirklich zu schaffen, erfordert Energie und die jeweils neue Fokussierung. Wenn Sie erst einmal mittendrin sind, geht es oft fast von allein. Um diese anfänglichen „Berge" schneller zu überwinden, eignen sich Einstiegsrituale, die Sie auf die Arbeit vorbereiten. Sie könnten beispielsweise immer mit einer Tagesliste beginnen, mit dem Ordnen Ihrer Utensilien, mit den Ablagen des Vortages, mit dem Eintragen von Terminen in Ihren Kalender.

**Feste Aufräumrituale mit sich selbst vereinbaren:** Haben Sie erst einmal eine feste Grundordnung etabliert, so etablieren Sie am besten eine feste Einräumzeit etwa am Ende eines Arbeitstages, parallel zum Zusammenstellen Ihrer Unterlagen für den nächsten Tag. Oder Sie erklären den Freitagabend zu einem festen Aufräumzeitpunkt für sich.

**Legen Sie alle Materialien für den nächsten Tag schon am Abend vorher transportfreundlich zurecht.** Dieses Ritual ermöglicht einen entspannten Abschluss, fördert das Abschalten und verhindert morgendliche Hektik (vgl. Keller 2003, S. 25).

# 6 Die realisierbarkeitsbezogene Neudefinition der eigenen Erwartungen

## 6.0 Größe und Anzahl der Früchte Ihres Lebensbaums

Die Ernte Ihres Tuns sind in Ihrem Bild des Lebensbaums die Früchte, die Zahl und Bedeutung Ihrer Erfolge symbolisieren. Je mehr und je größere Erfolge Sie erzielen möchten, also je reichlicher Ihre Ernte werden soll, umso bessere Bedingungen und solidere Kraftreserven brauchen Sie. Große Früchte sind also abhängig von gutem Nährboden, d.h. von reichlich Energie, Anerkennung durch andere und von einer starken eigenen Vision mit klaren Prioritäten.

So sollten sich Ihre Ansprüche immer auch nach Ihren Möglichkeiten und Bedingungen ausrichten. Nur eine den Voraussetzungen entsprechende Ernte können Sie schließlich einfahren. Bei einem schlechten Boden oder wenig Unterstützung bzw. Schutz durch andere Bäume sind auch nur mäßige Ergebnisse zu erwarten. Insofern soll Ihnen dieses Bild des Lebensbaumes mit seinen Wachstumsbedingungen verdeutlichen, dass Sie beim Formulieren Ihrer Ansprüche und Erwartungen stets die realen Möglichkeiten der Umsetzung im Blick behalten müssen. Es gilt, die Verhältnismäßigkeit zu wahren. Das heißt, bei schwierigen Wachstumsbedingungen kann es sogar große Freude über eine kleine Ernte geben.

## 6.1 Multidimensionale und wachsende Ansprüche

Gerade den Lehrberuf prägen eine Vielzahl von Ansprüchen auf fachlicher und menschlicher Ebene. Trotzdem fehlt bis heute eine klare Arbeitsplatzbeschreibung mit verbindlichen Tätigkeitseingrenzungen auf der Grundlage eines Berufsleitbildes für Lehrer, sodass dafür ein nach oben hin offenes Arbeitsaufkommen ohne klare Grenzen typisch ist (vgl. Heyse 2005, S. 41).

Drei Hauptansprüche unter dem Blickwinkel steigender Anforderungen sollen hier kurz zusammengefasst werden:

**Bildungsanspruch:** Er ist sicher für jeden Lehrer grundlegend und fachlich klar definiert, hat sich aber seit PISA noch einmal verstärkt und auch verändert. Zum einen sind Standards hinzugekommen, die je Altersstufe bis hin zum Abitur zu erreichen sind und in entsprechend konzipierten Vergleichsarbeiten überprüft werden. Es geht aber nicht mehr nur um die rein fachliche Leistung, sondern mehr noch um eine Vernetzung des Wissens verschiedener Bereiche, gestützt durch entsprechende methodische Kompetenzen. Hiermit stellen sich neue Anforderungen an fächerübergreifendes Arbeiten, intensivierte Kooperation und innovative Organisationsformen. Die Aneignung von Lerntechniken steht dabei immer mehr im Fokus.

**Erziehungsanspruch:** Die Erwartungen an die Entwicklung von Sozialkompetenzen (Hilfsbereitschaft, Konfliktfähigkeit, Teamfähigkeit) sind deutlich gewachsen – bei insgesamt schwach konturierten Wertvorstellungen und (teils intendierter, teils notgedrungener) Verlagerung der Erziehungsaufgaben vom Elternhaus in die Schule (Ganztagsschule, Nachmittagsbetreuung). Das erfordert von Lehrenden breitere Kompetenzen (Kommunikation, Mediation, soziale Integration, Erziehungsmaßnahmen), aber auch mehr Zeit für Gespräche mit den Beteiligten und für Kontakte mit externen Helfern. Dieser gewachsene Erziehungsanspruch geht jedoch nicht einher mit einer etwaigen Aufwertung der Rolle und Autorität Lehrender.

**Reparaturanspruch:** Gewachsene gesellschaftliche Probleme sollen bereits in der Schule berücksichtigt und sogar präventiv oder kurativ angegangen werden. Das betrifft beispielsweise den gesunden Umgang mit dem eigenen Körper (Ernährung, Gewicht, ADHS, Aidsprophylaxe), mit den Gefahren von Drogenkonsum (Rauchen, Alkohol), aber auch die Integration von Migranten und Behinderten.

Viele dieser heute erhöhten oder gänzlich neuen Ansprüche jedoch entbehren der adäquaten zeitlichen, finanziellen, organisatorischen oder qualifikationsbezogenen Voraussetzungen ihrer Erfüllbarkeit. Der Einzelne sieht sich also diesen erhöhten Anforderungen meist ohne dezidierte Vorbereitung bzw. ausreichende professionelle Begleitung gegenüber – und das bei gestiegenen Stundendeputaten. „Den Lehrerinnen und Lehrern werden für die von ihnen erwarteten Mehrarbeiten und Reformanstrengungen nicht Belohnungen, sondern verschlechterte finanzielle und sächliche Rahmenbedingungen geboten. Das verstehe, wer wolle!?“ (Klippert 2006, S. 54). Das alles zusammengenommen verlangt von Lehrenden – neben der Entwicklung neuer Qualifikationen – ein deutlich höheres zeitliches und kräftemäßiges Engagement.

„Im Lehrerberuf fallen Anspruch und Wirklichkeit stark auseinander. Damit ist psychisch schwer fertigzuwerden“ (Buhren/Rolff 2002, S. 64).

Mit diesen steigenden Anforderungen an die Schule als Institution spüren Lehrende zunehmend ein Missverhältnis zwischen den z.T. berechtigten Ansprüchen und der Möglichkeit zu ihrer Verwirklichung. Wegen der zunehmenden Belastung ist es ihnen in einigen Bereichen einfach nicht mehr möglich, neue und veränderte Aufgaben nebenbei in voll befriedigender Weise zu erfüllen. „Selbst bei grundsätzlicher Eignung können jedoch quantitativ und qualitativ überhöhte Anforderungen Menschen überfordern – insbesondere wenn soziale, organisatorische und zeitliche Belastungen erschwerend hinzu kommen“ (Heyse 2005, S. 44). Deshalb bin ich mit Fiedler (2004, S. 61) einer Meinung, dass sich die Bedingungsstrukturen am Arbeitsplatz Schule in den letzten 30 bis 40 Jahren mit hoher Dynamik zu Ungunsten der Position des Lehrers verändert haben und dass es „durchaus auch Situationen gibt, in denen sich Lehrer zu Recht als Opfer erleben“.

Die Diskrepanz zwischen Ansprüchen und Realisierungsmöglichkeiten belastet den einzelnen Lehrer vor Ort sicher am meisten (vgl. Hillert 2005, S. 17). Denn er sieht die negativen Auswirkungen dieser Entwicklung an den ihm anvertrauten Menschen und fühlt sich an vielen Stellen hilf- und machtlos, aber durchaus in der Verantwortung. Er sieht im Bewusstsein der pädagogischen Tragik, was eigentlich möglich wäre, wenn er nur mehr Kraft und Zeit hätte. Dabei geht es ja nicht um beliebige bürokratische Vorgänge, sondern um junge Menschen und ihre Zukunft. „Hier deutet sich die Wahrnehmung von Qualitätseinbußen an ... aufgrund zu großer Inanspruchnahme durch den normalen Schulbetrieb“ (Schönwälder u. a. 2003, S. 75).

Deshalb halte ich folgende Axiome des Lehrerberufs heute für problematisch: „Lehrer sind für die Schule und Schüler da und nicht umgekehrt die Schule und Schüler (als existenzsichernde Grundlage) für die Lehrer. Sie übernehmen mit dem Lehrauftrag Pflichten und haben in den Bildungs- und Lehrplänen definierte Dienstleistung zu bringen“ (Skobranek 2001, S. 17).

Die Zahlen zur überaus hohen Lehrerbelastung sprechen eine andere Sprache. „Es müssen auch in der Berufstätigkeit liegende Bedingungen sein, die die drastisch fortschreitende psychophysische Beeinträchtigung bewirken“ (Schaarschmidt 1998, S. 13). Hier geht es also auch um ein strukturelles und grundsätzliches Problem, mit dem Lehrende heute konfrontiert sind. Es kann nicht Aufgabe dieses Buches sein, das aufklären oder auflösen zu wollen. Hier geht es nur um Anregungen eines individuellen Umgangs mit dieser Anforderungsmasse. Denn nur über eigene Einstellungs- und Verhaltensmodifikationen kann teilweise ein persönlich angemessenes Verhältnis erreicht werden, „bis sich grundsätzliche Rahmenbedingungen ändern“ (Heyse 2005, S. 39).

Verstärkt wird dieses Problem der steigenden Anforderungen an die Institution Schule durch diverse Grundannahmen, die dem Lehrer das Erkennen seiner professionellen Grenzen erschweren.

**Semiprofessionalität des Lehrerberufs mit Selbstüberforderungstendenz:** Ähnlich wie der Beruf des Pfarrers, der Krankenschwester oder des Arztes wird der des Lehrers der Kategorie Helfer und Berater zugeordnet, die mit dem Anspruch der ständigen Verfügbarkeit für alle Schutzbefohlenen behaftet ist. Mit diesem Ideal im Nacken fällt es aber besonders schwer, grundsätzliche Begrenzungen und Abtrennungen des Privatbereichs in ausreichendem Maß zu finden (vgl. Baier 2002, S.17). 80% der befragten Lehrer stimmten der Feststellung zu, sie müssten eigentlich noch viel mehr Zeit investieren, um ihre Arbeit wirklich gut zu machen (Schönwälder bei Gudjons 1993, S.17). Auch die Freiburger Schulstudie ermittelte bei 67% der befragten Lehrer eine hohe bis sehr hohe Verausgabungsbereitschaft (Bauer 2004, S.4).

Denn wie in anderen Helferberufen kann man auch bei Lehrern beobachten, dass sie oft stark auf ihre Schüler ausgerichtet arbeiten und leben, sodass sie häufig sich selbst vergessen oder ihre persönlichen Bedürfnisse zumindest gering schätzen. Sie sind sehr auf Optimierungen für ihre Klientel fixiert, neigen aber dazu, sich zu übernehmen oder eigene Überforderungssituationen erst zu spät zu erkennen (vgl. Schönwälder u.a. 2003, S.45, 56). Das fördert eine eher idealistische als professionelle Herangehensweise an die beruflichen Aufgaben. – „Als Lehrerin muss man alles wissen, was mit dem Stoff zu tun hat …" (bei Hillert 2004, S.117).

„Lehrerinnen und Lehrern wächst Befriedigung nicht aus einem vermeintlichen Halbtagsjob zu, sondern aus der vollinhaltlichen Zuwendung zu ihrem persönlichen Auftrag. Das ist ein hohes Kapital, das durch Überforderung auch verspielt bzw. überstrapaziert werden kann. Deutliche Anzeichen, dass das geschieht, liegen vor" (Schönwälder u.a. 2003, S.56).

**Überforderungen (zu) lange durch hohes Engagement und Zufriedenheit überdeckt:** Lehrer arbeiten im Durchschnitt mit hoher Leistungsmotivation und viel Engagement. Viele zeigen trotz mancher Überbeanspruchungen eine recht große Zufriedenheit mit ihrer Tätigkeit (vgl. Schaarschmdit 1998, S.12, Gudjons 1998, S.126).

Verschärft wird also das Überforderungsproblem Lehrender durch die Tendenz zu idealistischer, wenig professionell abgrenzender Arbeitsweise, aber auch durch den Umstand, dass dieser Beruf für viele auch Berufung ist. Sie fühlen sich dieser eben nicht nur fachlich, sondern auch in hohem Maße pädagogisch verpflichtet. Eigentlich eine hoch wertzuschätzende Grundeinstellung, die aber mit den schwierigen Arbeitsbedingungen so nicht mehr kompatibel ist, wie die hohen Frühpensionierungzahlen unter besonders engagierten Kollegen zeigen. Tragisches Problem dieser hohen Selbstansprüche ist, dass viele Lehrer sie häufig bei den derzeitigen Schul- und Arbeitsbedingungen einfach nicht mehr erfüllen können und damit sich selbst gegenüber ein Gefühl der Unzulänglichkeit und des Scheiterns entwickeln (vgl. Hillert 2004, S.224). „Sie geraten durch die gängige Bildungspolitik in Konflikt mit ihrem pädagogischen Gewissen" (Schönwälder 2005a, S.9). Letztlich führt der Versuch, die widerständigen Arbeitsbedingungen durch noch mehr Anstrengung auszugleichen, zu einem Verlust an Sinngewissheit, zu Leere, Zynismus und innerer Distanz, also zum Burn-out (Heyse/Vedder 2003, S.18).

**Erkrankte Lehrer zeigen idealistischere Berufserwartungen als gesunde:** „Ein in erster Linie sich selber überfordernder Perfektionismus wird vielfach zur Falle“ (Hillert 2005, S.19). Zu diesen unkonkreten und idealistischen Erwartungen treten hinzu eine starke Verausgabungsbereitschaft, eine hohe Resignationsneigung und die geringe Tendenz, Probleme aktiv, offensiv und systematisch anzugehen (Hillert 2005, S, 19). Etwa. 30 % der Lehrerschaft neigen zum Perfektionsstreben mit hoher Verausgabungsbereitschaft (Klippert 2006, S.46).

Geschürt werden diese überzogenen Anspruchssetzungen oft bereits während des Referendariats. Hier geht es um „schulpraktisch illusorische Schaustunden“ (Schönwälder u.a. 2003, S.178, vgl. Klippert 2006, S.61) mit langen didaktischen Kommentaren und sehr umfangreichen Vorbereitungen z.B. hinsichtlich methodischer und medialer Mittel. Auch wegen der vielerorts schlechten Anstellungsbedingungen sind die Ansprüche besonders im Rahmen der Vorführstunden erheblich gestiegen. Dabei werden die späteren Bedingungen des Lehrerdaseins mit seinen vielfältigen und hohen Dauerbelastungen kaum angemessen berücksichtigt. Stattdessen wäre es weit sinnvoller, junge Pädagogen eine ökonomische und effektive Arbeitsweise zu lehren, die dann im Berufsalltag auch umsetzbar ist. Viele Lehrer entwickeln geradezu zwangsläufig nach ihrem Referendariat Gewissensbisse, wenn sie Stunden überblicksartig und bewusst grob planen, was ja vielfach kaum anders praktikabel ist.

Hinzu kommt, dass trotz all dieser Zusatzanstrengungen viele Lehrer das Gefühl haben, es nie allen recht machen zu können. Komplexität und Intensität pädagogischer Probleme, die oft akuten Handlungsdruck erzeugen, lassen bei Lehrern schnell das Gefühl aufkommen, sich vielleicht pädagogisch inadäquat zu verhalten, v. a. da sie auf immer weniger „richtige Antworten“ zurückgreifen können. Selbstzweifel stellen sich ein. Es fehlen die entsprechende Anerkennung ebenso wie Hilfsangebote von außen (vgl. Gudjons 1998, S.127). Verbreitet haben sich Lehrende zusätzlich gegenüber Vorgesetzten oder Eltern zu rechtfertigen und gegen ein allgemein schlechtes Image anzukämpfen. Der enorme Einsatz lohnt vielfach nicht, scheint oft ins Leere zu laufen und bleibt unrespektiert.

Nur bei der kleinen Gruppe der Gesunden (17 % der gesamten Lehrerschaft) findet man derzeit ein angemessenes, verträgliches Maß an Verausgabungsbereitschaft und Perfektionsstreben. Bei den 23 % der Gruppe Schonung liegt dagegen eine Tendenz zu geringerem beruflichen Einsatz mit großer Distanzierungsfähigkeit vor, was zwar die Burn-out-Gefahr bannt, aber die vielleicht wünschenswerte Identifikation behindert (bei Klippert 2006, S.25; Heyse 2005, S.45).

Deshalb sollen die folgenden Vorschläge zur Entwicklung der Fähigkeit beitragen, sich von unwichtigen und überzogenen Ansprüchen innerlich deutlicher zu distanzieren (also zwischen „gerechtfertigten und für Sie unerfüllbaren Ansprüchen zu unterscheiden", Gudjons 1998, S. 127, vgl. Hillert 2005, S. 23), aber andere wichtige und vor allem für Sie umsetzbare, attraktive Ziele mit hoher Effektivität durchaus in Angriff zu nehmen (vgl. Herrmann 2005, S. 4).

Denn Unzufriedenheiten sind vorprogrammiert, wenn eine Differenz zwischen Wollen und Können eintritt. Sie können nur inneren Frieden finden, wenn Ihre Erwartungen sich weitestgehend erfüllen (vgl. Covey 2003, S. 261).

## 6.2 Kriterium der Realisierbarkeit: Die Aufwand-Nutzen-Balance

„Wenn einer tut, was er kann, kann er nicht mehr tun als er tut" (Schönwälder 2005a, S. 10).

Das Herausfiltern und Definieren der angemessenen und persönlich umsetzbaren Ansprüche individuell oder im Team erfordert den notwendigen Realismus. Nur so können Sie endlich wieder das Gefühl der Kontrollierbarkeit und der Bewältigbarkeit der Anforderungen erfahren. Allein über das Gefühl der Selbstwirksamkeit sind Überforderung und Stress langfristig verhinderbar (Nuber 2002, S. 23).

**Arbeitsaufgaben grundsätzlich unter dem Aspekt der Ökonomie betrachten:** Begrenzen Sie idealisierte Vorstellungen! Gewöhnen Sie sich an, alle Ihre anstehenden Arbeiten zunächst einmal einem Ökonomie-Check zu unterziehen. Stellen Sie Ihren Aufwand immer dem möglichen Nutzen gegenüber, damit Sie nicht in Versuchung geraten, Energie und Zeit unnötig zu verbrauchen.

Deshalb möchte ich den Äußerungen von Skobranek (2001, S. 28) vehement widersprechen: „Der Erfolg im Unterricht ist auf Dauer nur über intensive Arbeit und Vorbereitung zu erreichen. Es zählt nur das Ergebnis und über die dazu notwendigen Anstrengungen sollte man schweigen." Sicher ist eine gründliche Vorbereitung stets wünschenswert, aber sie muss unbedingt im richtigen Verhältnis zum Effekt stehen und zu den eigenen Möglichkeiten passen, denn „je weniger Zeit man verwendet und dabei optimale Ergebnisse erzielt, desto effizienter wird eine Aufgabe erledigt" (Liebisch/Basten 99, S. 101).

**Orientieren Sie sich am Pareto-Prinzip.** Mit einem Aufwand von 20% der entscheidenden Schritte können Sie bereits einen Nutzungsgrad von 80% erreichen (Hütter 2004, S. 44). Das heißt, wenn Sie die grundlegenden Vorbereitungen des Ablaufs für eine Unterrichtsstunde getroffen haben, erreichen Sie bereits einen Ertrag von 80%, der für viele Stunden des Alltags sicher ausreicht. Intensivieren Sie Ihren Aufwand, also beziehen Sie besondere Medien oder Organisationsformen ein, bereiten vielleicht sogar eine Präsentation vor, dann erhöht sich Ihr Zeitbedarf enorm. Sie arbeiten also unökonomischer. Die letzten 20 % bis zu einem Niveau von 100 % perfekter Stundenvorbereitung würde Sie viermal so viel Zeit kosten wie der Aufwand von 80 %.

„Nicht jede Unterrichtsstunde lässt sich mit 100% vorbereiten. Deshalb muss und kann man es zulassen, bestimmte Unterrichtsstunden mit 20%, andere mit 50% oder 80% Zeitaufwand vorzubereiten und damit aber auch gleichzeitig – sich gut vorbereitet fühlend – einen guten Unterricht gestalten“ (Meis 1998, S. 47).

Geringer oder hoher Aufwand?

| 20 % Aufwand für: | 80 % und mehr Aufwand für: |
|---|---|
| Bekannte Unterrichtsinhalte<br>- Erprobte Unterrichtsmodule, bewährte Kopiervorlagen und Medien | Übergeordnete und neue Planungen<br>- Strukturierung größerer Einheiten und Projekte<br>- Planung von Klausuren |
| Eingeübte Schülerverantwortlichkeiten<br>- Selbstständiges Erarbeiten von Inhalten<br>- Übernahme von organisatorischen Aufgaben (Moderation, Zeitwächter, Dokumentation von Ergebnissen, Nachhilfe) | Methodische und organisatorische Grundregelungen<br>- Verhandeln und Einüben von zentralen Abläufen für das tägliche Miteinander und die konstruktive Zusammenarbeit |
| Tests und Korrekturen<br>- Multiple-choice-Verfahren, Schablonen, PC-Auswertung, Stichproben bei Hausaufgaben | Wichtige soziale Kontakte; Kooperation<br>- Planungen und Absprachen mit Kollegen, Konfliktklärungen<br>- zentrale Schüler- und Elterngespräche |
| Nebenarbeiten; Bürokratie<br>- Sammelaktionen, Verwaltung<br>- Checklisten für Aufbauten, Wandertage, Projekte, Elternversammlungen | Wichtige Dokumentationen<br>- Abiturarbeiten – Zeugnisse – Klassenbücher<br>- wichtige Gesprächsprotokolle |
| Unwichtige Kontakte<br>- Zeitliche Begrenzung, Verweis auf Sprechzeiten, Beschränkung privater Telefonate für schulischen Inhalt | Bereiche besonderen Eigeninteresses<br>- bei besonderer Verantwortlichkeit, z.B. für eigene Arbeitsgemeinschaft |

Denn nur mit dieser Aufwand-Nutzen-Analyse bzw. mit „zeitlich begrenzten und inhaltlich präzisierten Obergrenzen“ (Schönwälder u. a. 2003, S. 177) werden Sie angemessen in der Lage sein, bei der Fülle der Erwartungen die wesentlichsten Vorgaben zu erfüllen. Der Mut zur Lücke wird zum pädagogischen Gebot (Klippert 2006, S. 72).

**Flexibilisieren Sie Ihr Anspruchsniveau und Ihren Einsatz je nach Bedeutung:** Führen Sie beispielsweise ein Gespräch mit einem problematischen Schüler, mit dem Sie schon lange Sorgen haben, dann investieren Sie ruhig mehr Energie und Zeit. Geht es um das ein Protokoll einer Gremiensitzung, reicht es möglicherweise, nur die Hauptergebnisse aufzulisten.

**Einschränkende und spezifische Anspruchssetzungen bevorzugen:** Statt absoluter und durchgängiger Forderungen formulieren Sie für sich wirklich umsetzbare Ansprüche. Also statt: „Ich muss immer gut vorbereitet zum Unterricht erscheinen" – „Ich lege Wert auf eine gute Unterrichtsstruktur im Ganzen, bin aber flexibel und akzeptiere Überblicksplanungen, wenn das Thema es erlaubt oder wenn es mir kräftemäßig nicht anders möglich ist" (vgl. Keller 2003, S. 18). Neben festen Zielvorgaben könnten Sie noch eine Rubrik „Vielleicht-Ziele" formulieren, die Sie bei gegebenen Möglichkeiten in Angriff nehmen (vgl. Covey 2003, S. 137). Das entlastet Sie zusätzlich.

Legen Sie eine Tabelle mit vier Spalten an, über die Sie 20 %, 50 %, 80 % und 100 % schreiben.

Ordnen Sie Ihre regelmäßigen Berufsarbeiten den verschiedenen Aufwandniveaus zu. Die essentiellen Aufgaben gehören in die Spalte mit 100 %, die wichtigen unter 80 % und die unwichtigeren zu 50 % oder 20 %. Machen Sie diese Übersicht zur Grundlage für Ihren jeweiligen Energieeinsatz und die Reservierung von Zeitfenstern.

Vielleicht finden Sie es störend oder mühevoll, darüber nachzudenken, ob sich Ihr Einsatz auch lohnt. Diese Rechnung müssen Sie ja auch nicht ständig wiederholen, wenn Sie die einzelnen Tätigkeiten einmal entsprechend eingeordnet haben.

Aus meiner Seminartätigkeit weiß ich, dass gerade das ein sehr schwieriger Punkt ist. Vielen Kollegen fällt es unendlich schwer, bei manchen Ansprüchen „abzuspecken". Sie bedauern vermeintlich oberflächliche Ergebnisse, die ja letztlich die eigenen Schüler betreffen. Aber m. E. haben Sie keine andere Wahl als den „Mut zur Lücke" im Sinne einer professionellen Orientierung, die Ihnen bis zum Ende Ihrer Berufstätigkeit Ihre Gesundheit und Motivation erhält. Die Flexibilisierung Ihrer Anspruchsniveaus ermöglicht Ihnen effektivste Zeitersparnis und Selbstentlastung. Und: „Entlasten Sie sich dabei von Schuldgefühlen. Sie als Einzelperson können die Verantwortung für schulische und gesellschaftliche Veränderungen bzw. Fehlentwicklungen nicht übernehmen und bewältigen" (Rohnstock 2003, S. 11). Sie haben die Zusatzbelastungen, die die Qualität Ihrer Gesamtarbeit mindern, nicht selbst zu verantworten. Wenn Sie viel Mehrarbeit zu leisten haben, muss Ihr Arbeitgeber davon ausgehen, dass die Qualität auf Dauer nicht zu halten ist und Abstriche von vornherein impliziert sind. Sicher ist es schwer, mit anzusehen, wie diese Einsparungen letztlich die Betreuung junger Menschen beeinträchtigen. Aber auch Sie sind nur ein Mensch mit begrenzten Kraftreserven, die zu schützen es sich unbedingt lohnt. Denn wenn Sie an Kräften verlieren, wird Ihre Arbeit auf Dauer leiden, oder

Sie können sie irgendwann gar nicht mehr ausführen.

„Es ist Aufgabe der Gesellschaft und des Arbeitgebers – auch im Interesse der Schülerinnen und Schüler – für verträgliche Arbeitsbedingungen zu sorgen" (Kretschmann bei Keller 2003, S. 81). Allerdings sollten bestimmte, freie Bereiche nicht unter diesen Ökonomie-Check fallen.

**Besonders wertvolle Q-Arbeiten vom Ökonomie-Check ausnehmen:** Klammern Sie aus dieser Beurteilungsschiene jedoch solche Tätigkeiten aus, für die Sie ein besonderes Engagement entwickeln und die Ihnen sehr am Herzen liegen. Das können auch bestimmte Schüler sein, die Ihre Hilfe in vordringlicher Weise benötigen, ein faszinierendes Schulprojekt, aber natürlich auch die Unterstützung von Kollegen. Denn nur wenn Sie auch einige Zeitfenster den Maßstäben der Ökonomie und Effektivität entheben, können Sie Balance für sich selbst schaffen und empfinden.

## 6.3 Die Basis der Erwartungen: Möglichkeite vor Ort und konkrete Lerngruppen

„Der Lehrerberuf zählt zu den sinnhaftesten und verantwortungsvollsten in der Gesellschaft. Die Arbeitsbedingungen oft nicht" (Heyse/Vedder 2003, S. 5).

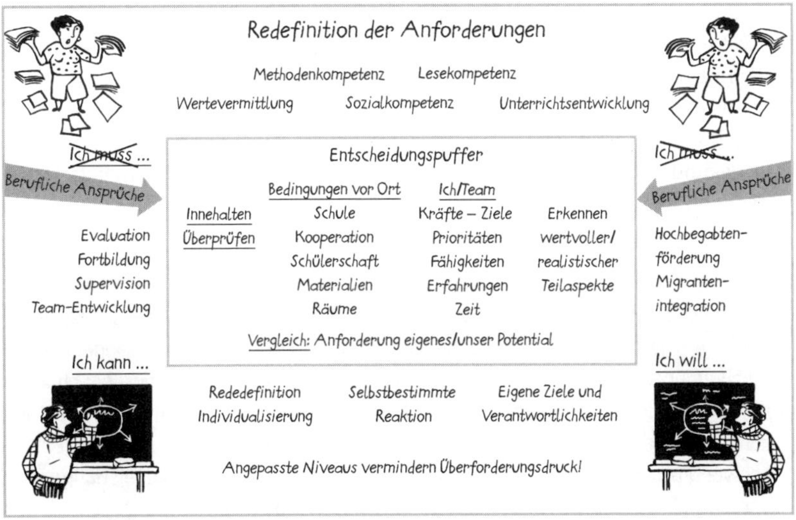


*Abb. 11: Redefinition der Anforderungen*

Da die tatsächlichen Möglichkeiten vor Ort von den Gesetzgebern und Außenstehenden bei der Formulierung allgemeiner Rahmenrichtlinien und Ausführungsvorschriften nicht in genügendem Umfang analysiert und berücksichtigt werden können, sollten Sie jeweils entscheiden, in welchem Maße Sie die gestellten Ansprüche wirklich an Ihrer Schule umsetzen können.

**Überprüfung auf Realisierbarkeit vor Ort und Anpassung an Ihre Schülerschaft:** Letztlich sind es die realen Bedingungen, die Ihnen Grenzen setzen. Die Zusammensetzung Ihrer Klasse, Ihre materiellen und räumlichen Voraussetzungen, die Unterstützung durch Eltern, Kollegen und Schulleitung sind maßgebliche Kriterien dafür, wie hoch Sie Ihre Erwartungen ansetzen können. Das Leistungsvermögen sowie die Voraussetzungen Ihrer Schüler und Lerngruppen bestimmen letztlich, was erwartbar ist. Deshalb ist es immer wieder notwendig, Ihre Unterrichtserwartungen mit den Möglichkeiten und Motivationen Ihrer oft recht bunten Schülerschaft abzugleichen.

**Berücksichtigen Sie vor diesem Hintergrund Ihre aktuellen Ressourcen.** Nicht nur Ihre aktuellen Arbeitsbedingungen setzen Ihnen Grenzen hinsichtlich Ihrer Ansprüche, sondern natürlich auch Ihre Kraftreserven. Nicht selten überschätzen wir die volle Tragweite von Projekten, seien es nun Vorführungen, Klassenfahrten oder Anti-Gewalt-Tage, die mit vielen unvorhersehbaren Entwicklungen einhergehen. Nebenbei muss ja trotzdem meist noch das übliche Pensum geschafft werden. Deshalb ist hier eine vorsichtige und realistische Prüfung eigener Ressourcen unbedingt erforderlich.

Erst eine vollständige Redefinition der Ansprüche von außen vor dem Hintergrund von Bedingungen und eigenen Ressourcen ermöglicht eine wirklich realistische Vorgehensweise, auch wenn diese oft auf „Schmalspurversionen“ hinausläuft, die nicht immer voll befriedigen. Sie sind aber dauerhaft leistbar und gesundheitsverträglich! Deshalb empfiehlt es sich grundsätzlich, einen Entscheidungspuffer einzubauen, bevor Sie Ansprüche und Vorgaben in vollem Umfang verbindlich akzeptieren.

> Nehmen Sie sich ein großes Blatt und teilen Sie es in zwei Hälften. Schreiben Sie auf die linke Seite alle Ansprüche, denen Sie sich persönlich als Lehrer besonders verpflichtet fühlen. Schreiben Sie auf die rechte Seite Ihre Hauptaufgaben in der Schule. Prüfen Sie nun auf der rechten Seite jede Hauptaufgabe hinsichtlich ihrer tatsächlichen Realisierbarkeit in Ihrem Umfeld. Streichen Sie Überflüssiges, reduzieren Sie schwer umsetzbare Ansprüche sinnvoll. Unterstreichen Sie Ihre ureigenen Hauptansprüche, die Sie auf alle Fälle umfänglich realisieren möchten.

„Und wer seine Arbeit – noch – so ernst nimmt, wie verlangt wird, gerät in Dilemmata“ (Schönwälder 2005 b, S. 22). Es wäre fatal, wenn Sie es sich als eigenes Manko anrechneten, etwa ihre Ziele in einer Klasse mit erheblichen, z.B. herkunftsbedingten Sprachdefiziten nicht voll zu erreichen.

Alle über Ihre Möglichkeiten weit hinausgehenden Zusatzansprüche können Sie nur oberflächlich bzw. gar nicht berücksichtigen (vgl. Gudjons 1998, S.128). Vielleicht könnte hier ein „Berufs-TÜV“ mit überforderungsbezogener Frühdiagnostik und entsprechender Laufbahnberatung langfristig helfen (Sieland 2000, S.88).

**Prüfen Sie den Ist-Zustand und formulieren Sie anschließend Ihre Erwartungen.** Bevor Sie Ihre Unterrichtsinhalte und -horizonte in einer Klasse oder einem Kurs festlegen, prüfen Sie zunächst eingehend über Fragebögen, Gespräche oder Tests den Leistungsstand, aber auch die allgemeine Bereitschaft sowie das soziale Gefüge und die Kompetenzen. Erst auf dieser Grundlage können Sie realistische Ziele für die einzelnen Einheiten bestimmen.

**Gehen Sie offen mit Ihren Erwartungen und Vorstellungen um.** Verhandeln Sie die wichtigsten Ziele und Regeln mit den Schülern! Je nach Alter sicher in unterschiedlichem Rahmen, sollten Sie die Schüler über Ihre Vorstellungen von vornherein klar in Kenntnis setzen und die wichtigsten Regelungen gemeinsam diskutieren und verabreden. Besprechen Sie die notwendigen Konsequenzen suboptimaler Leistungen und Verhaltensweisen, aber auch mögliche Belohnungen für das Erreichen oder Übererfüllen von Zielsetzungen. Formulieren sie vorab Ihren Erwartungshorizont bezüglich der Bewertung von schriftlichen, mündlichen und sozialen Leistungen.

Je mehr Klarheit und Mitwirkungsmöglichkeiten den Schülern ermöglicht werden, umso stärker steigt die Wahrscheinlichkeit, dass die Schüler mitziehen und dass sich Ihre Ansprüche auch erfüllen. Die Schüler werden Sie vielleicht in einigen Punkten bezüglich Ihres Erwartungshorizontes korrigieren, was für Sie selbst durchaus ein wichtiger Gradmesser sein kann. Das bedeutet natürlich nicht, dass Sie Ihre Erwartungen von den Schülern bestimmen und kontrollieren lassen. Sie haben die Autorität, Inhalte und Vorgaben zu setzen, was punktuelle, sinnvolle Ergänzungen oder Korrekturen nicht ausschließt.

## 6.4 Begrenzung und Profilierung eigener Berufsrollen

„Die Lehrertätigkeit gehört sicher zu den komplexesten Berufen, die denkbar sind“ (Hillert 2004, S.12). So haben Sie als Lehrer die verschiedensten Funktionen und Rollen auszufüllen: Wissensvermittler, Animateur, Erzieher, Lernberater, Therapeut, Organisator, Verwalter, Familienhelfer, Fachleiter, Teamer, Unterrichts- oder Schulentwickler, Gremienvertreter usw.

Neben diesen verschiedenen Berufsrollen leben Sie als Persönlichkeit natürlich noch weitere Rollen, wie z.B. als Ehemann, Vater, Sohn, Bruder, Freizeitjogger oder Vereinsvorsitzender. Jede dieser Rollen bedingt eine spezielle Anpassung, bestimmte Normen, Verhaltensmodifikationen und je angemessene Zeitinvestitionen. Trotzdem bleiben Sie natürlich eine Persönlichkeit mit festen Wertvorstellungen, die Sie in den Visionen (Wurzeln) formulieren. Diese Wurzeln mit den entsprechenden Grundprinzipien halten Ihre Persönlichkeit zusammen und vereinen sie zu einem stimmigen Ganzen. „Diese Synergie zwischen den Rollen spart sehr viel Zeit und Energie bei der Lösung von Problemen" (Covey 2003, S.112).

Es ist also für Ihre Privat- wie Berufsrollen wichtig, dass Sie sich mit den gelebten Rollen identifizieren, dass diese zueinander passen und in ihrer Gesamtheit überhaupt zu bewältigen sind.

**Hohe Rollenidentifikation ermöglicht Schulzufriedenheit und damit Kompensationschancen.** Da Belastungen immer von der subjektiven Wahrnehmung und damit Bewertung abhängen, wirkt sich eine hohe Identifikation mit der Schule stabilisierend aus und kann dem Burn-out entgegenwirken (Neuenschwander 2003, S.211).

Nehmen Sie ein großes Blatt zur Hand, zeichnen Sie in die Mitte ein großes Haus, das Ihr Schulhaus symbolisiert. Schreiben Sie in dieses Haus die Rollen, die Sie in der Schule hauptsächlich ausfüllen. Notieren Sie nun außerhalb des Schulhauses all die Rollen, die Sie im Außen leben. Wenn Sie so Ihre Rollen im Überblick betrachten können, malen Sie nun Smilys hinter jede Rolle, entweder mit lachendem, mit neutralem oder traurigen Mund, je nach Ihrer persönlichen Haltung zu den einzelnen Rollen. Reflektieren Sie Ihr Ergebnis. Welche Rollen passen zu Ihnen, welche leben Sie besonders gern, welche weniger? Woran liegt das jeweils? Sind vielleicht überflüssige Rollen dabei, die sie abgeben könnten? Wo lohnt ein stärkeres Engagement?

Konzentrieren Sie sich in jedem Fall auf Ihr zentrales Rollenfeld des Lehrgeschäfts und reduzieren Sie vor allem die Nebenrollen wie Therapeut, Familienhelfer usw. Diese Hintergrundarbeit müssen und sollen Spezialisten übernehmen, wenn sie auch nicht immer in der notwendigen Zahl zur Verfügung stehen. Aber das können Sie sicher nicht ausgleichen, sondern Sie sollten sich im Wesentlichen auf Ihre Unterrichts-, Lernentwicklungs- und Erziehungsziele beschränken (vgl. Klippert 2006, S.34, 68ff.).

**Reduzieren Sie ungeliebte und für Sie besonders anstrengende Rollen.** Wenn irgend möglich, verabschieden Sie sich von Rollen, die Ihnen eigentlich zu viel sind, wie z.B. ein Vereinsvorsitz, die Mitgliedschaft in einem wenig erfreulichen Gremium, die Sammlungsleitung für ein Fach, mit dem Sie vielleicht zur Zeit

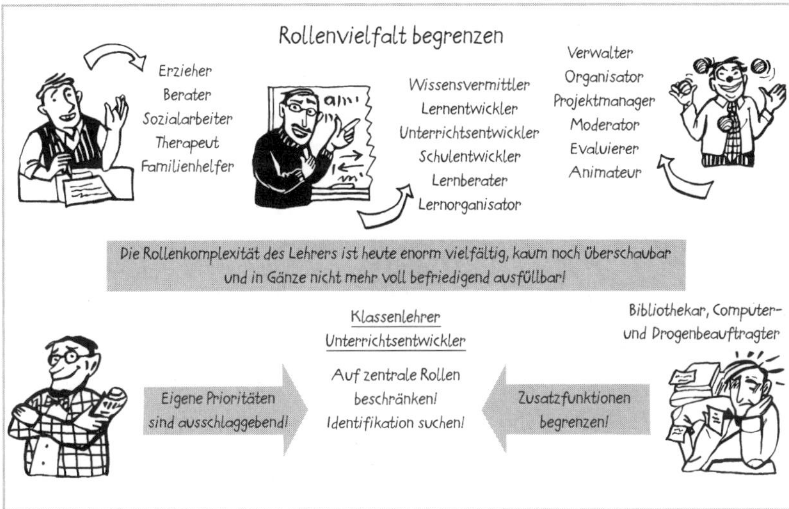


*Abb. 12: Rollenvielfalt begrenzen*

nicht mehr so viel zu tun haben, usw. Lassen Sie sich auch nicht zu Rollen überreden, die Ihnen eigentlich nicht so wichtig sind, für die sich nur gerade kein anderer bereitfindet.

**Tätigkeitsfelder mit hohem, selbstbestimmtem Engagement wählen:** Wichtig ist, dass Sie mindestens einen Bereich als Lehrer ausfüllen, der Ihnen besondere Befriedigung verschafft und mit dem Sie sich in ganz eigener Weise identifizieren können. Ob das nun eine Computer-AG ist, die Betreuung einer Basketballmannschaft, der Sammlungsraum der Biologie, die Kunstausstellung, die Kooperation mit einer umliegenden Firma oder Hilfsorganisation, ist im Prinzip nicht so entscheidend. Nur für Sie muss es den besonderen Kick geben. Sicher haben Sie schon einen solchen Bereich ausfindig gemacht oder leben ihn bereits. Dann reservieren Sie dafür ausreichende Zeitfenster und viel Energie, denn die gibt es hier schnell über Belohnungen wieder zurück. Und gönnen Sie sich in diesem Bereich ruhig ein hohes Anspruchsniveau.

So, wie Sie für wichtige Interessensbereiche bewusst viel Energie investieren (Schwerpunktsphäre), sollten Sie bewusst andere Bereiche auf geringerem Energieniveau betreiben. Das betrifft Felder, in denen Sie mit Ihrer Einflussnahme nur bedingt, nicht unmittelbar Effekte erzielen können, wie z.B. das Gesamtklima im Kollegium oder die räumlichen Arbeitsbedingungen an Ihrer Schule (Einfluss-Sphäre). Noch mehr gilt es, dieses Prinzip für übergeordnete schulpolitische oder schulorganisatorische Thematiken (Interessensphäre) zu beachten, wo Sie Ihre Energie sicher nur ganz gezielt, dosiert und gut überlegt einsetzen sollten (vgl. Covey 2003, S. 139).

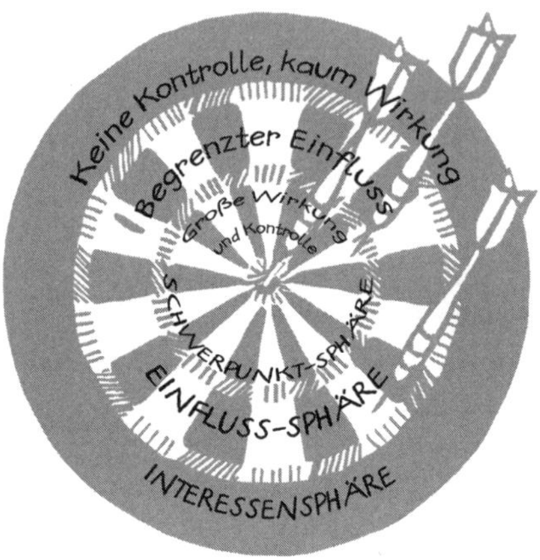


*Abb. 13: Insbesondere die Schwerpunktsphäre nutzen*

## 6.5 Aufbauender innerer Dialog und relativierte Einstellungsmuster

Selten sind Sie in der Lage, die Arbeitsbedingungen und die Sollwerte Ihres Berufes grundlegend zu ändern. Aber Ihre Einstellungen zu den Anforderungen können Sie immer beeinflussen. „Unser Augenmerk soll nicht in erster Linie darauf liegen, die Umstände zu ändern, sondern uns selbst“ (Klein 2004, S. 40).

Deshalb ist es für Ihre tagtägliche Auseinandersetzung besonders in Konflikt- und Drucksituationen wichtig, mit sich selbst fair, konstruktiv und aufbauend umzugehen.

Schreiben Sie eine für Sie belastende Situation auf. Was sagen Sie in dem Moment üblicherweise zu sich selbst? Schreiben Sie für Sie typische Sätze auf! Wie klingen diese, wenn Sie sie vorlesen? Aufmunternd oder eher abwertend? Wie ist Ihr innerer Tonfall? Hart und schroff oder freundlich und unterstützend? Machen Sie sich Notizen zu Ihren Überlegungen.

Da man zuerst im Kopf verliert und dann in der realen Situation, ist es für Ihre gesamte Anspruchssituation sehr wichtig, wie Sie mit sich selbst sprechen. Denn hier geht es um Ihr inneres Milieu, das Sie ständig beeinflusst. Nehmen Sie innerlich viele Negativimpulse wahr, besonders in Konfliktsituationen, dann wird das Ihre Handlungsfähigkeit weiter einschränken. Ebenso können negative innere Dialoge ganze Gedankenketten in Gang setzen, die wertvolle Energien, Ruhe- und Schlafzeiten kosten können, mal ganz abgesehen von der Negativwirkung auf Ihr Selbstbewusstsein.

**Achten Sie auf Ihren inneren Dialog und verbessern Sie ihn.** Streichen Sie harsche, ungerechtfertigte und anklagende Dialoge, erziehen Sie sich mit freundlicher Stimme zu einer respektvollen inneren Redeweise. Üben Sie dabei eine strenge Gedankendisziplin, bis Sie es zu einem unterstützenden und ermutigenden inneren Dialog gebracht haben, der faire Kritik nicht ausschließt (vgl. Miller bei Gudjons 1993, S. 105, Nuber 2002, S. 24).

Suchen Sie über schriftliche oder systematische Vorgehensweisen nach alternativen Handlungsmöglichkeiten. Stärken Sie sich dabei innerlich durch Unterstützungssätze.

**Entwerfen Sie persönliche Aufbausätze und konkrete Handlungsanweisungen.** Formulieren Sie Aufbauformeln oder spezielle Antwortsätze für schwierige Situationen vor und schreiben Sie sie auf Merkzettel oder auf Poster über Ihrem Schreibtisch. Neben allgemeinen Aufmunterungen – „Ich schaffe, was ich will! Ich vertraue mir und anderen!“ – können dort auch speziell ausgerichtete Sätze stehen wie: „Ich höre bis zu Ende zu und antworte dann kontrolliert! Wenn Schüler X mich provoziert, spiegele ich sein Anliegen und sage dann konkret, was ich von ihm erwarte!“ Vermeiden Sie Negativformulierungen innerhalb Ihrer Aufbausätze, weil Ihr Unterbewusstsein damit nichts anfangen kann. Reflektieren Sie die Wirkung.

Hüten Sie sich vor den Formulierungen mit *Müssen* und *Sollen*. Aus: „Ich muss mich besser abgrenzen!“ wird so „Ich schaffe mir Zeitinseln!“ Mithilfe dieser motivierenden Handlungsabsichten können sich neue Verschaltungen im Gehirn bilden, die die alten Muster verändern (Storch u. a. 2005, S. 37).

Einen ähnlichen Effekt können Sie über eine grundsätzlich positive Erwartungshaltung erzielen, die natürlich mit einem insgesamt positiven Selbstbild eng zusammenhängt.

Wir können ohnehin nur etwa 30 % der Wirklichkeit wahrnehmen, im Stress sind es durch den Tunnelblick sogar noch weniger, sodass wir letztlich immer das sehen, was wir sehen wollen. Gehen wir also mit Skepsis in eine vermeintlich schwierige Klasse, dann überakzentuieren wir leicht die negativen Wahrnehmungen und übersehen schnell die freundlichen und motivierten Schüler. Das bestärkt wiederum unser Urteil über eine „schwierige“ Klasse, der wir dann vielleicht mit verfestigten Vorbehalten begegnen.

**Machen Sie sich Mut durch positive Erwartungen und bewahren Sie Ihren pädagogischen Optimismus.** Nutzen Sie diesen Effekt auch in anderer Hinsicht. Gehen Sie erst einmal von positiven Entwicklungen aus, natürlich auf der Grundlage guter Vorbereitung und entsprechend notwendiger Vorkehrungen im Vorfeld. Aber wenn Sie alles Notwendige getan haben, dann erwarten Sie wenigstens einen normalen Verlauf auch in einer schwierigen Klasse. Wenn Ihre Erwartung negativ getönt ist, nehmen Sie sich die Chance, die hoffnungsvollen Ansätze zu erkennen. Sensibilisieren Sie sich für kleinste Vorwärtsschritte in Hinblick auf eine Besserung und versuchen Sie, diese auch aktiv und bewusst wertzuschätzen.

„Jeden einzelnen Moment, in dem wir etwas Friedvolles und Schönes wahrnehmen, bewässern wir die Samen für Frieden und Schönheit in uns. Während derselben Zeit werden andere Samen wie Angst und Schmerz nicht bewässert" (Klein 2004, S. 39).

Falls Ihnen die regelmäßigen Reflexionen nicht ausreichen, können Sie Ihre Gedanken und Gefühle vielleicht besser in einem Tagebuch verarbeiten und so Situationen aus der Distanz neu bewerten.

Erinnern Sie sich jetzt an eine Krisensituation bei Ihrer Lehrerarbeit, die Sie schon häufiger erlebt haben. Wenn Sie dazu einen inneren Film ablaufen lassen, welche Gefühle kommen in Ihnen hoch und was haben Sie in diesem Moment für Gedanken gehabt? Schreiben Sie diese inneren Sätze auf. Sind sie typisch für Sie? Haben Sie sie schon häufiger gehört? Wo? Sind diese inneren Anweisungen hilfreich oder überhaupt erfüllbar? Was könnten Sie stattdessen sagen, was Sie mehr unterstützt?

Beeinflusst werden unsere Gedanken und Erwartungen besonders von Glaubenssätzen, die uns häufig schon seit der Kindheit begleiten. Viele davon geben uns eine sinnvolle Orientierung. Darunter können aber auch sogenannte „Unglücksideen" oder innere Stressantreiber sein, die von den angesprochenen idealistischen Berufsvorstellungen oft stark geprägt sind (Heyse 2005, S. 44, Nuber 2002, S. 25). Sind einige dieser Stressantreiber als persönliche Grundeinstellung weitgehend internalisiert, ist es schwieriger, persönliche Begrenzungen hinsichtlich des Erwartungshorizontes vorzunehmen bzw. zu akzeptieren. Dennoch: „Glaubenssätze wurzeln zwar tief, sind fest in unser Unterbewusstsein einprogrammiert. Aber man kann sie löschen" (Seiwert 2002, S. 141).

Ich habe gute Ergebnisse mit sogenannten Erlaubnissätzen erzielt, die unrealistische Erwartungshaltungen entkräften, insbesondere als Impulsgeber in der Problemsituation. Die folgenden Erlaubnissätze könnten auch für Sie Leitsätze in Situationen werden, in denen Sie mit überzogenen Ansprüchen an sich selbst reagieren. In Verbindung mit anderen Maßnahmen wie gemeinsame Relativierungen im Team, aber auch Coaching und Supervision sollten Sie zusätzlich gezielt an diesen inneren Antreibern arbeiten, um sie Stück für Stück abzubauen.

**Perfektion:** *Ich muss immer bestens vorbereitet sein. Wenn der Direktor reinkäme, müsste es laufen wie am Schnürchen. Auf meinen Arbeitsbögen darf es keine Fehler geben.*
⇔ **Innere Erlaubnis:** „Es ist nicht tragisch, wenn ich Fehler mache. Daraus kann ich lernen." – „Ich erledige meine Arbeiten zügig und entscheide mich rasch." „Ich überlege mir nur den roten Faden, der Rest ergibt sich von selbst." „Bei Unwichtigem erlaube ich es mir, lockerzulassen und herumzuschludern." „Ich stürze mich einfach in meine Arbeit hinein, ohne lange nachzugrübeln".
**Gefälligkeit:** *Ich muss bei allen meinen Schülern gut ankommen. Mein Unterricht muss allen Spaß machen. Ich muss stets für Eltern und Kollegen erreichbar sein. Ich muss meinen Kollegen stets helfen, wenn sie Hilfe brauchen. Ich darf niemandem wehtun.*
⇔ **Innere Erlaubnis:** „Andere dürfen mit mir auch mal unzufrieden sein. Davon geht die Welt nicht unter." „Wenn ich Nein sage, dann sage ich Ja zu meinen Zielen" (Seiwert 2002, S. 142). „Ich akzeptiere es, wenn ich auch mal schlecht drauf bin und nicht mehr kann." „Es ist in Ordnung, wenn ich mit den meisten Klassen/Schülern ordentlich auskomme."
**Schnelligkeit:** *Nur unter Druck kann ich gut arbeiten. Bei mir muss es immer Ruck-zuck gehen. Ich muss immer effizient pro Zeiteinheit sein. Ich muss mit meinem Stoff schnell vorankommen.*
⇔ **Innere Erlaubnis:** „Ich darf mir die Zeit nehmen, die ich für die Aufgabe brauche." „Alles hat und braucht seine Zeit." „Wichtiges erledige ich bewusst ruhig und langsam." „Ich gönne mir jeden Tag eine Auszeit, in der ich gar nichts mache." „Ich gebe anderen die Zeit, die sie für die Aufgaben brauchen."
**Stärke:** *Schwächen zeigt man nicht. Ich muss es möglichst allein schaffen. Alle Lehrertätigkeiten muss ich unter einen Hut bekommen. Ich muss besser sein als meine Schüler. Ich muss sie immer alle gut im Griff haben. Ich lasse mir nichts gefallen.*
⇔ **Innere Erlaubnis:** „Ich darf mir Hilfe holen und meine Gefühle zeigen." „Ich höre meine eigenen Wünsche und formuliere sie als Bitten." „Ich nehme Hilfe an, die ich brauche." „Ich darf mir Lücken und Ausrutscher auch gegenüber meinen Schülern mal leisten."
**Anstrengung:** *Reiß' dich zusammen! Nur wenn ich mich anstrenge und etwas leiste, dann bin ich wer. Nur mit vollem Einsatz kann man als Lehrer wirklich gut sein. Man muss immer auf der Höhe der Ereignisse sein. Pausen kann ich mir bei der Fülle der Aufgaben kaum leisten.*

⇔ **Innere Erlaubnis:** „Weniger ist mehr. Ich entspanne mich, wenn ich müde bin." „Für Unwichtiges arbeite ich im Energiesparmodus; nur für Wichtiges arbeite ich intensiv." „Ich sehe meine Stärken als Lehrer, akzeptiere aber auch meine Schwächen."

> Welche Erlaubnis könnte Ihnen besonders helfen? Notieren Sie die gewählte Erlaubnis und wenden Sie sie in den entsprechenden Situationen an. Reflektieren Sie Ihr Verhalten. Was war befriedigend, was noch nicht entsprechend Ihrer Vorgaben? Trainieren Sie diese Situationen ruhig mental vor oder entwickeln Sie Handlungspläne. Überfordern Sie sich nicht, sondern freuen Sie sich auch an ganz kleinen Veränderungen.

„Loslassen hat zuerst mit Ihnen selbst zu tun. Wo finden Sie Glück und Wert? Fragen Sie sich, welche Erwartungen an Sie herangetragen werden, und versuchen Sie, sich von diesen Erwartungen ein Stück frei zu machen … Lassen Sie hohe Erwartungen an sich selbst los!" (Baier 2002, S. 40) Dann wird es Ihnen auch leichter fallen, Fehler anderer lockerer hinzunehmen und nicht als die Folge eigenen Versagens als Lehrer zu interpretieren.

Neben diesen Hauptstressantreibern für einen selbst als Person gibt es idealisierende Vorstellungen darüber, wie sich die anderen Personen mir gegenüber stets zu verhalten haben. Auch diese Vorgaben müssen besonders im Lehrerjob zu unablässigen Enttäuschungen führen.

Zu solchen zentralen Unglücksideen, wie Seiwert (2002, S. 100) sie treffend bezeichnet, oder auch irrationalen Glaubenssätzen (Ellis bei Seiwert 2002, S. 100), die Unzufriedenheiten auslösen, gehören: „Du musst lieb zu mir sein!" „Du musst mich glücklich machen!"

Auf überzogene Lehrererwartungen übertragen, hieße das: „Die Schüler müssen mich lieben und anerkennen!" „Sie haben meinen fachlich begründeten Strukturen und Anweisungen immer Folge zu leisten!" (vgl. Klippert 2006, S. 46 ff.)

**Relativieren Sie Ihre Erwartungen an Lernende:** Schule und eine bestimmte Klasse ist nie eine frei gewählte Gemeinschaft, es ist eine Zweck- oder Zwangsgemeinschaft mit vorgeschriebenen Unterrichtsinhalten und -zeiten. Berücksichtigen Sie immer auch bei Ihren Erwartungen, welcher soziale Kontext und welche Lebensphase Ihre Schüler gerade prägen und finden Sie zu realistischen Erwartungen gegenüber dem Einstellungshorizont Ihrer Schüler. Viele wissen es einfach nicht besser und konnten gar keine anderen Verhaltensgrundlagen entwickeln. Vergessen Sie dabei Ihren Humor nicht, der solche Situationen entscheidend entschärfen kann.

## 6.6 Selbstbewusstsein, Selbstwirksamkeit und Konfliktstärke unterstützen und ausbauen

Gerade für den Lehrer ist es „mit einem hohen Gehalt an sozialer Bedrohung überlebenswichtig, sich in diesem Gefahrenfeld mit einer psychologischen Schutzmaßnahme zu bewegen. Ziel dieser Schutzmaßnahme muss sein, den eigenen Selbstwert zu schützen bzw. gesund zu erhalten" (Storch 2005, S. 36).

Obwohl Lehrer heute eine umfangreiche akademische Ausbildung besitzen, mit zwei Staatsexamen wie die Juristen, können Sie mit dem allgemeinen Image vergleichbarer akademischer Berufe wenig konkurrieren.

**Lehrerimage allgemein gering:** Laut Allensbach-Umfrage rangieren Ärzte (mit 74 %) sehr weit oben in der allgemeinen Imageskala, während besonders Studienräte mit ähnlicher Qualifikation ausgesprochen schlecht abschneiden. Von 26 % noch 1975 ging es steil abwärts auf 12 % im Jahr 2001 – der heftigste Einbruch unter allen erfassten Berufsgruppen (bei Hillert 2004, S. 30). Bei den neuesten Befragungen scheinen sich die Werte allerdings zu verbessern (Klippert 2006, S. 43).

Auch im allgemeinen Sprachgebrauch kursieren belastende Verallgemeinerungen wie „Faule Säcke", „Jammerer der Nation" u.Ä. Besonders verletzend wird von Lehrern die Verunglimpfung „Halbtagsjob mit vielen Ferien" oder „kann jeder" erlebt. „Schuld war nur der Lehrer: Ob Pisa-Schock, Rechtsradikalismus oder Ellenbogenmentalität – unsere Pauker müssen für alles den Kopf hinhalten" (Lenzen 2002 bei Hillert 2004, S. 28, vgl. auch S. 249; Schefer 1969, S. 179). Auf uns lastet die „Sündenbockrolle für die erzieherische Selbstunsicherheit unseres Zeitalters" (Hofstätter bei Gudjons 1993, S. 155).

Alles andere als ausgeglichen wird diese problematische Anerkennungssituation durch äußere Verstärker, wie etwaige gute Aufstiegschancen oder angenehme Arbeitsbedingungen. Die Ausstattung der wenigsten Schulen lässt auf besondere Wertschätzung des Arbeitsfeldes Lehrender schließen, jedenfalls was die materiellen und technischen Notwendigkeiten angeht.

**Ungerechtfertigte Kritik an ihrer Leistungsfähigkeit und fehlende Anerkennung für ihre Arbeit belastet Lehrende:** Dabei liegt die übermäßige Kritik auf Platz neun, die fehlende Anerkennung auf dem 20. Rang der belastenden Faktoren (Schönwälder 2005a, S. 5).

Imageverluste, übermäßige Kritik an der Lehrerarbeit allgemein und fehlende persönliche wie äußere Anerkennung sind für das Selbstbewusstsein gerade engagierter Lehrender alles andere als förderlich, sondern rauben ihnen „... die letzten Reste eines positiven beruflichen Selbstbildes" (Schaarschmidt bei Klippert 2006, S. 43). Hinzugekommen sind ohne Zweifel noch die grundsätzlichen Autoritätsverluste des Lehrers in den letzten Jahrzehnten. So fallen auch die Einschätzungen bezüglich sozialer Unterstützung in der Risiko- und Burn-out-Gruppe der Lehrer nur verhalten aus. Sie sind nur bei den Gesunden optimistisch und bei den Schonungsbedachten zufriedenstellend. – Lehrerarbeit erfolgt oft nach dem Prinzip: „Alle wollen etwas von mir, und niemand gibt mir etwas zurück“ (Becker/Gonschorek bei Gudjons 1993, S. 73).

Fließen diese Anerkennungsquellen also nur mäßig, treten Unzufriedenheit und Motivationsverluste auf, die das Arbeitsergebnis beeinträchtigen, aber auch die gesamte Persönlichkeit schwächen. Oder sie führen dazu, dass sich Menschen über ihre Kräfte hinaus engagieren, um wenigstens einen gewissen Grad an Anerkennung zu bekommen. „Nicht das großzügige Geben ist das Problematische am Helfersyndrom, sondern abhängig zu sein, mitunter sogar süchtig zu werden nach Anerkennung oder Sympathiebeweisen“ (Kretschmann 2000, S. 99).

Um das Selbstbild des Lehrers zu stabilisieren, benötigt er deshalb – im Rahmen der eigenen Kräfte – gezielte Anstrengungen und die Entwicklung von Kompetenzen, damit er seine Selbstwirksamkeit und Effektivität in Schule und Unterricht kontinuierlich und realitätsnah bestimmen kann.

Grundlage eines stabilen Selbstbildes ist sicher Ihre Authentizität als Lehrer, also Ihre Identifikation mit dem, was sie in Ihren verschiedenen Schulrollen tun. Außer von einem klaren und begrenzten Rollenverständnis wird Ihr Selbstbild von dem Erreichten bzw. den Fortschritten getragen, die sich weitestgehend mit Ihren Erwartungen, sprich Ansprüchen, decken sollten. Hier helfen Ihnen sicher Ihre Reflexionen über den Grad Ihrer Zielerreichung, unterstützt durch das Feedback anderer Beteiligter. Den wertvollsten Rückhalt bekommen Sie sicher über Ihre Beziehungen zu den Schülern, zu Ihren kooperierenden Kollegen und natürlich zu Ihrem privaten Umfeld.

Neben den genannten grundlegenden und regelmäßigen Analysen helfen Ihnen vielleicht noch folgende Anregungen, sich selbst stabilisierend zu managen.

**Erwartungen bezüglich äußerer Anerkennung minimieren:** Obwohl es nicht gerade befriedigend ist, mit der vielerorts geringen Anerkennungsquote zu leben, hilft es Ihnen vielleicht, wenn Sie diese Situation antizipieren und akzeptieren, wie sie nun mal ist. Das bedeutet, dass Sie generell weniger Erwartungen in die Wertschätzung durch Außenstehende setzen und Ihre Anerkennung aus der eigenen Wahrnehmung aktueller Erfolge Ihrer Arbeit gewinnen. Das bedeutet auch, dass Sie sich vielleicht weniger in kraftraubenden und oftmals sinnlosen Rechtfertigungen verlieren, die gegenüber manifestierten Vorurteilen ohnehin wenig ausrichten.

*Abb. 14: Selbststabilisierung unterstützen*

Eine weitere „innere" Möglichkeit, kleinere Berufserfolge für sich selbst als aufbauend und anerkennend zu erleben, ist die Eigensensibilisierung dafür. Mitunter verdeutlicht erst genaueres Aufmerken Positives wie die Fortschritte Ihrer Schüler, die Kooperationsbereitschaft bestimmter Kollegen oder der Leitung.

**Glückserleben hängt mit intensivierter Wahrnehmung zusammen.** Nach Klein (2004, S. 119) bedeutet Glück oft nur, „… der Wahrnehmung im Augenblick selbst mehr Beachtung zu schenken, als wir es gewohnt sind". Das gilt es angemessen auszukosten. Dabei macht gerade die Summe der kleinen Erfolge das große Glück aus – nicht etwa die äußerlich erkennbaren Riesenereignisse oder massiven Veränderungen. „Hören Sie auf Ihre eigenen Erfahrungen und beobachten Sie, wann und wie oft Sie sich bei der Arbeit glücklich fühlen" (Baier 2002, S. 15).

Gerade für Lehrende mit dieser Vielzahl von Kontakten und Ereignissen pro Zeiteinheit ist es keine einfache Aufgabe, die selbst ausgelösten fachlichen und menschlichen Erfolge herauszufiltern und wirklich innerlich für sich zu verbuchen. Sie werden schnell überlagert von Konflikten und Problemen. Gönnen Sie sich also diese bewusste Pause für Ihre eigenen Erfolge; sie sind es wert, erlebt und wertgeschätzt zu werden. Oder halten Sie diese besonders positiven Ereignisse in Ihrer Tagesrückschau fest. Belohnen Sie sich für Erfolge oder feiern Sie sie bewusst gemeinsam mit den Beteiligten. „Wer Buch führt über seine guten Momente, richtet seine Aufmerksamkeit wie einen Scheinwerfer auf alles, was für ihn angenehm ist" (Klein 2004, S. 120).

Beginnen Sie mit folgender Überschrift: „Meine Erfolge als Lehrer". Schreiben Sie nun Ereignisse und Situationen auf, die Ihnen spontan einfallen, die Sie als Erfolge erlebt haben. Merken Sie sich Ihre Erfolgssituationen und versuchen Sie, diese im Alltag stärker zu beachten und für sich selbst zu verbuchen. Erinnern Sie sich an diese Schlüsselsituationen als Unterstützung, wenn ähnlich schwierige Aufgaben zu bewältigen sind.

Vielleicht kommt Ihnen das Registrieren persönlicher Erfolge überzogen vor oder gar als Selbstbeweihräucherung. Sicherlich, nur mit positivem oder gar rosarotem Denken können Sie die vielfältigen Berufsprobleme, die letztlich auch strukturell bedingt sind, nicht beseitigen (vgl. Klippert 2006, S. 63). Aber es gehört unbedingt zu einem gesunden Ego, das zu schätzen und zu lieben, was man selbst an Positivem initiiert. Und das zu erkennen und zu benennen, vermögen Lehrende im Vergleich zu anderen Berufsgruppen besonders schlecht, wie ich in vielen Veranstaltungen beobachten konnte.

Deshalb gilt ohne Vorbehalte auch für Lehrer: „... du kannst deinen Nächsten nicht lieben, wenn du dich selbst nicht liebst. Nur wer sich selbst annimmt, kann mit seiner Umwelt zurechtkommen" (Baier 2002, S. 70). Ihre eigene Berufsfreude wirkt sich dabei auch auf Ihre Schüler und Kollegen aus und kehrt so wieder zu Ihnen zurück.

Die Imageverluste des Lehrers schlagen sich leider auch nieder in der oftmals schwierigeren Auseinandersetzung mit Schülern und Eltern. „Schüler und Eltern stehen dem Bildungs- und Erziehungsgeschehen nicht immer aufgeschlossen konstruktiv gegenüber. Dies birgt ein hohes Konflikt- und Störungsrisiko auf der Arbeits- und Beziehungsebene" (Heyse 2005, S. 42).

**Massive Unterrichtsbeeinträchtigungen durch destruktives Verhalten Lernender:** An der Spitze steht dabei das verbale Störverhalten, aber auch die Beeinträchtigungen durch aggressives Verhalten, motorische Unruhe und mangelnde Konzentrationsfähigkeit sind erheblich (Klippert 2006, S. 45).

Dieses schwierige „Beziehungsgeschäft", eingeschlossen die Penetranz mancher Eltern (Klippert 2006, S. 36), führt zu starker Belastung der Lehrenden, heute besonders verschärft durch die hohen Klassenfrequenzen. Die überwiegend fachlich-theoretische Ausbildung bereitet hier kaum in adäquater Weise vor (vgl. Klippert 2006, S. 59). Es fehlt an praktikablen Kompetenzen zur konstruktiven Auseinandersetzung mithilfe gewaltfreier Kommunikation, Mediation und Deeskalationsverfahren. Solche Kompetenzen zu entwickeln, ist eine zentrale Aufgabe der Lehrerfortbildung, um konstruktive, aber auch distanzierte Handlungsmöglichkeiten zu erarbeiten und für den oft harten Alltag einzuüben. Diese könnten den Lehrern dann Sicherheit und Schutz im täglichen Umgang gewähren und vielleicht der hohen Resignationstendenz entgegenwirken. Denn ist die Resignation einmal manifest, fällt es betroffenen Kollegen äußerst schwer, über veränderte Wahrnehmungs- und Handlungsweisen eigene Fortschritte und Anerkennung (wieder) zu spüren (Klippert 2005, S. 26).

Im Folgenden finden Sie überblicksartig Anregungen, die Selbstwirksamkeit des Lehrers zu unterstützen, die aber von weiteren Schulungen und Reflexionen begleitet sein sollten.

**Distanzieren Sie sich von pauschalisierenden, negativen Denkmustern gegenüber Schülern und Schule allgemein.** Nachvollziehbar führen die allgemeine Überforderung oder auch Verzweiflung über bestimmte Schülerpersönlichkeiten oder Klassen dazu, Schule, Bildungspolitik, Leitungen pauschal abzuurteilen. Etwa: „Mit den Schülern von heute kann man sowieso nichts anfangen." – Suchen Sie nach einer differenzierten Sicht der Dinge, denn es gibt viele Wahrheiten, wenn man aus verschiedenen Perspektiven schaut.

**Meiden oder unterbrechen Sie das Jammern über Schulbeteiligte und Schulsituationen.** Es ist verständlich, dass sich Kollegen manchmal Luft machen über belastende Situationen, indem sie sich beklagen und jammern. In angemessenem Umfang ist das sicher befreiend, letztlich aber nicht ungefährlich. Denn längeres Vergegenwärtigen solcher Negativsituationen assoziiert weitere Erinnerungen an ähnlich Unangenehmes und aktiviert sehr viel negativen Gefühlsgehalt. Deshalb ist es deutlich effektiver, hier lösungsorientiert zu denken und gleich zu möglichen Handlungsalternativen zu finden, statt im Negativen zu verharren. Verändern Sie Gespräche, indem sie die Beteiligten auch auf das Positive der Erfahrungen lenken oder aber neue Möglichkeiten ins Spiel bringen. Motivieren Sie sie zu aktiven Veränderungen und Fortschritten!

**Handeln Sie in Problemsituationen proaktiv.** Packen Sie für Sie belastende Konflikte oder Probleme immer vorausschauend und initiativ handelnd, am besten in Kooperation mit anderen, an. Nur in der Aktion, nicht im Vermeiden und Hinausschieben, können Sie – trotz des Risikos möglicher Irrwege – sich als selbstwirksam erleben und Situationen wirklich verändern.

**Verbessern Sie Ihre kommunikativen Kompetenzen.** Lernen Sie unter Anleitung die Grundtechniken wie *Aktives Zuhören, Spiegeln, positiv Umformulieren, weich Spiegeln,* aber auch das *Hören mit den vier verschiedenen Ohren,* um Ihre jeweiligen Gesprächspartner wirklich zu verstehen, aber auch um verstanden zu werden.

In allen Tätigkeitsfeldern des Lehrens und Erziehens, ob in Ihren Bezügen zu Schülern, Eltern und im Kollegenkreis, egal ob bei vermeintlich simplen Absprachen oder komplexen Streitsituationen, sind Sie auf diese Kompetenzen im höchsten Maße angewiesen. Kommunikative Qualitäten bringen langfristig erhebliche Zeitvorteile, sodass gelungene Kommunikation heute als absoluter Tempomacher gilt. Denn etwa nur 50% des Gesagten kommt überhaupt beim Gegenüber an, in Stress- oder Konfliktsituationen erheblich weniger. Nur wenn Sie gelernt haben, sich intensiv auf Ihr Gegenüber einzulassen, das Wesentliche zu paraphrasieren und die entscheidenden Hintergrundfragen stellen zu können, werden Sie verstehen und adäquat reagieren können. Wie oft stehen Sie vielleicht verständnislos vor dem Verhalten so manchen Schülers, ärgern sich maßlos über seine „Null-Bock-Haltung" und seine frechen Bemerkungen. Wenn Sie sich aber einmal die Mühe machen, mit diesem Schüler intensiv zu sprechen, wirklich nachzuhaken, was seine Lernunlust ausmacht, dann stoßen Sie vielleicht auf sehr triftige Gründe (z.B. hoher Erwartungsdruck von zu Hause, gepaart mit großer Versagensangst). Erst dieses Hintergrundwissen ermöglicht es Ihnen, angemessen auf Fehlverhalten zu reagieren. Sie haben zwar Gesprächszeit investiert, aber letztlich viel Zeit in der Zukunft gewonnen, weil zielgerichtetes Agieren möglich wird.

Und Sie wissen sicher auch sehr gut, wie manch kleines Missverständnis zwischen Kollegen, das etwa durch eines dieser unglücklichen Zwischen-Tür-und-Angel-Gespräche ausgelöst wurde, weite Kreise ziehen und sehr viel Ärger und Zeitverluste mit sich bringen kann.

**Lassen Sie sich in praktikablen Deeskalations- und Konfliktlösungstechniken schulen.** Sie haben täglich wahrscheinlich eine Reihe von Konflikten zu schlichten, aufgeregte, mitunter wütende und aggressive Schüler zu trennen, zu beruhigen und mit ihnen schließlich Regelungen zu finden. Hier über hilfreiche Techniken und vielfältige Handlungsmuster zu verfügen, ist Gold wert und auch zeit- und energiesparend. Die zunächst zu erbringende Zeitinvestition für entsprechende Fortbildungen amortisiert sich reichlich.

# 7 Ihre Grundintentionen und persönliche Lehrervision aufspüren und in erfüllbare Zielvorstellungen übersetzen

## 7.0 Wurzeln Ihres Lebensbaums

Bezogen auf Ihren Lebensbaum bilden die ‚großen' Visionen die Wurzeln Ihrer Lehrertätigkeit. Was treibt Sie an, was motiviert Sie zum Lehrersein, wofür steht Ihr Engagement? Hinter allem Tun steckt ein tieferer Sinn. Was nun suchen Sie speziell in Ihrem Leben, in Ihrem Beruf? Was möchten Sie umsetzen? Diese motivationalen Wurzeln mögen Ihnen mehr oder weniger bewusst sein – sie nähren Ihre berufliche und persönliche Existenz. Den persönlich definierten Sinn in die konkrete Realität umzusetzen, erfüllt Sie, bedingt Ihre Lebensprioritäten (wandert den Stamm hinauf), durchdringt Ihre Lebensrollen (die dicken Äste) und zeigt sich schließlich in Ihren einzelnen Tagesaktivitäten (den dünne Zweigen und Blättern). Kommt viel von Ihrer Auffassung des tieferen Sinns und von Ihren Visionen in den Verästelungen an, dann trägt Ihr Lebensbaum für Sie wertvolle Früchte.

## 7.1 Grundlegende Vorüberlegungen

Zeitmanagement ist in erster Linie Sinnmanagement. Die besten Zeitplansysteme sind wertlos, wenn Sie in der Arbeitszeit zwar schnell und gut vorankommen, aber letztlich nicht das tun, was Sie befriedigt und was Sie vom Leben erwarten. Ausgeklügelte Planungsstrukturen und Listen können Ihnen nur dann weiterhelfen, wenn Sie sie mit den Inhalten füllen, die Sie insgesamt als wertvolle Lebensinhalte empfinden. Planungsinstrumente nutzen Ihnen wenig, wenn Sie zwar viel und geordnet arbeiten, aber letztlich nicht am für Sie Richtigen. Es ist schließlich wichtiger, das Richtige zu tun, als (irgend)etwas richtig zu tun. Ein entsprechendes planerisches Fundament zu schaffen, ist Ziel dieses Kapitels (vgl. Hansen 2004, S. 145). „Im Hinblick auf das Zeitmanagement erscheint es uns lächerlich, vor der Richtung an die Geschwindigkeit zu denken und Minuten zu sparen, wenn wir vielleicht Jahre verschwenden" (Covey 2003, S. 107).

Vielleicht geht Ihnen durch den Kopf, dass dieses Kapitel doch eigentlich an den Anfang dieses Buches gehörte. Damit haben Sie in gewisser Weise recht. Nur ist es nicht gerade einfach, herauszufinden, was man wirklich braucht und will. Deshalb habe ich das grundlegende Zeitempfinden und einige praktische Überlegungen zur Zeitnutzung vorangestellt, die Sie vorbereiten sollten für die nun folgende komplexe und grundlegende Arbeit. Ihre Überlegungen zu den für Sie grundlegenden Q-Arbeiten und deren Verteilung haben Ihnen dabei bereits Hinweise zur Erarbeitung Ihrer Lehrer- und Lebensvision gegeben.

Wenn Sie stark auf die Funktionalität Ihrer zeitlichen Abläufe eingestellt sind und hauptsächlich versuchen, den Anforderungen des vielfältigen Lehrerlebens und den zahlreichen Bedürfnissen Ihrer Schüler, Kollegen usw. gerecht zu werden, kann dies leicht zur Vernachlässigung dessen führen, was Ihnen selbst an der Zeit wichtig ist. Die Folge sind sich unweigerlich einschleichende Unzufriedenheiten. Wenn Ihre Arbeit immer mehr den Sinn verliert, kommt es zur inneren Kündigung, die einen abschneidet „... vom Sinn stiftenden Austausch zwischen Geben und Nehmen ...“ (Hillert 2004, S. 94).

Damit Sie nun möglichst viel *in* Ihrer Zeit sind, in der Sie sich selbst finden, aber sich auch durch das Geben in anderen wiederfinden, ist es natürlich grundlegend, zu fragen: Was ist eigentlich Ihre Zeit? Für jeden bedeutet dies etwas ganz Spezifisches – entsprechend seiner Gaben und Intentionen. Somit wird es erforderlich, dass Sie sich auf eine Reise nach innen begeben und sich ehrlich fragen, was für Sie zählt. Wenn Sie zu dem Ergebnis gelangen, das wirklich Entscheidende in Ihrem Leben zu tun, werden Sie kein „Zeitkrieger“ mehr sein, stets im Kampf gegen Uhr und Kalender, sondern ein „Zeitfreund“: Dieser erkennt und nutzt seine Zeit als wertvolle Ressource, sich persönlich weiterzuentwickeln und etwas Wichtiges für die Gemeinschaft zu tun.

Vielleicht ist diese grundlegende Klarheit für den einzelnen Lehrenden ein fruchtbarer Ausgangspunkt, für die persönlichen Intentionen unter Berücksichtigung der eigenen Gesundheit wieder einzutreten und zu kämpfen, um wirklich etwas im Schulsystem zu bewegen – im Sinne der Berufszufriedenheit aller Lehrer (Hermann 2005, S. 7).

Eine besondere Schwierigkeit bei der Annäherung an die eigenen Leitlinien rührt daher, dass sie großenteils fremdgeprägt sind: durch die Werte Ihrer Eltern, verschiedener Vorbilder und durch Ihre bisherigen Erfahrungen mit der Institution Schule. Diese Prägungen sind für die eigene Orientierung unentbehrlich, erschweren jedoch die Abgrenzung von Ansprüchen und Vorgaben der anderen. Sie können den Blick auf das blockieren, was einem selbst besonders am Herzen liegt. „Es erfordert Mut, ehrlich unsere tiefsten Motive zu erforschen und die Ausreden und Rechtfertigungen aufzugeben, die uns den Zugang zu unserem Innersten verstellen“ (Covey 2003, S. 164).

Also begeben Sie sich mutig auf die Suche nach dem, was Sie antreibt, was Sie an persönlichen Werten zusammen mit den Schülern und Kollegen in dieser Welt umsetzen möchten und worauf Sie später vielleicht mit Genugtuung, Freude und sogar Stolz zurückblicken können.

## 7.2 Ihre Intentionen als Lehrer

*Herr Schwarz arbeitet schon seit fast 30 Jahren an einer großstädtischen Brennpunktschule mit Multikulti-Struktur. Er stammt selbst aus diesem Arbeiterbezirk, hat sich über den zweiten Bildungsweg zu seinem Traumberuf hochgearbeitet. Als er an dieser Schule begann, gab es dort nur wenige Migrantenkinder, die Lehrerautorität war unangefochten; und vor allem hatten die Schulabgänger Berufsperspektiven: Meist fanden sie in den umliegenden Handwerksbetrieben gute Arbeit.*
*Obwohl er mittlerweile ab und zu seine Grenzen spürt, fühlt sich Herr Schwarz an seiner Schule zu Hause und möchte nicht mehr wechseln. Er hat auch mit einigen ausländischen Jugendlichen Probleme, deren Mentalität er stellenweise nicht nachvollziehen kann, aber er versteht ansonsten den rauen Ton dieser Kids und kann entsprechend humorvoll dagegenhalten. Er will vor allem deshalb an der Schule bleiben, weil er aus eigener Lebenserfahrung weiß, wie wichtig es ist, positive Leitfiguren im Umfeld zu haben, die einen möglicherweise auffangen. Denn auch er hatte als Jugendlicher eine sehr kritische Drogenphase, die ohne den Sozialarbeiter seines Jugendheims wohl anders ausgegangen wäre. So fühlt er sich nach wie vor berufen, seine Jungs und Mädels auf den richtigen Weg zu bringen, auch wenn das heute sehr viel schwieriger geworden ist. Rein leistungsmäßig drückt er schon mal ein Auge zu, denn da ist bei seinen Kandidaten nicht so viel rauszuholen, aber er geht Anzeichen persönlicher Krisen sehr genau nach. Er bestellt die Jugendlichen zu Einzelgesprächen, besucht die Eltern, kooperiert mit Therapeuten und Sozialarbeitern. Wenn er es dann immer mal wieder schafft, seine Schüler zu motivieren und ihnen Zuversicht zu vermitteln, geht er sehr befriedigt nach Hause und genießt diese Erfolge in vollen Zügen, trotz der wachsenden Probleme.*

Welche Grundintentionen helfen Ihnen, den schwierigen Berufsalltag immer wieder in Angriff zu nehmen und zu meistern?

Was wollen Sie säen, um was zu ernten? Was verbinden Sie mit Ihrem Beruf im Innersten? Was wollen Sie weitergeben? Wozu wollen Sie die Lernenden bringen, was Ihnen anerziehen, welche Überzeugungen weitergeben? Welche zentralen Werte möchten Sie verwirklichen?

Da so grundlegende Fragen recht schwer zu beantworten sind, schließt sich hier eine Auswahlliste möglicherweise für Sie bedeutsamer Werte an.

Bitte gehen Sie diese Liste aufmerksam durch, unterstreichen Sie die fünf für Sie wichtigsten Intentionen und bringen Sie sie in eine persönliche Prioritätenreihenfolge.

Ich möchte Vertrauen und Wertschätzung säen.
Ich möchte Handlungsfähigkeit und Handlungsbereitschaft säen.
Ich möchte Verlässlichkeit und Charakterstärke säen.
Ich möchte Neugier und Motivation säen.
Ich möchte Mut, Zuversicht und Experimentierfreude säen.
Ich möchte Kritikfähigkeit und Fragebereitschaft säen.
Ich möchte Durchhaltevermögen und Konsequenz säen.
Ich möchte Zielstrebigkeit säen.
Ich möchte Lebensfreude und Humor säen.
Ich möchte Distanzierungsfähigkeit und Unabhängigkeit säen.
Ich möchte Rücksichtnahme und Hilfsbereitschaft säen.
Ich möchte Kooperations- und Teamfähigkeit säen.
Ich möchte Kommunikationsfähigkeit und Ausdrucksfähigkeit säen.
Ich möchte Verantwortungsbewusstsein säen.
Ich möchte Fachinteresse und Wissensdurst säen.
Ich möchte Lernfreude säen.
Ich möchte Selbstständigkeit und Entwicklungsfreude säen.
Ich möchte Kontrollfähigkeit und Problemlösefähigkeit säen.
Ich möchte Ehrlichkeit, Offenheit und Integrität säen.
Ich möchte Liebe, Nächstenliebe säen.
Ich möchte Empathie und Einfühlungsvermögen säen.

Reflektieren Sie Ihre Prioritätenreihenfolge. Was davon konnten Sie teilweise umsetzen, was gelang Ihnen weniger gut? Was wünschen Sie sich nach wie vor? Was strahlen Sie selbst als Persönlichkeit aus? Fühlen Sie sich durch diese Grundintentionen in Ihrem Lehrerleben getragen? Möchten Sie etwas verändern, etwas verstärken oder abschwächen? Wie könnte das konkret aussehen?

Damit Sie diese Intentionen umsetzen können, sollten Sie die entsprechenden Werte nicht nur vertreten, sondern als Pädagoge auch wirklich vorleben. Das bedeutet, dass Sie hinter ihnen voll stehen sollten und dass Sie an ihre Kraft glauben. Erst dann sind Sie in der Lage, authentisch zu wirken und Ihre Schüler entsprechend zu beeinflussen.

Wenn Sie Ihren Schülern Vertrauen schenken, indem Sie ihnen altersgemäß in Eigenverantwortung etwas zutrauen, dann wächst ihre Motivation zur Lösung selbstbestimmter Aufgaben, aber auch ihr Vertrauen in sich selbst. Damit wird Weiterentwicklung, Lernen und Veränderung initiiert. „Veränderung im persönlichen Bereich ist nur möglich, wenn ich sie mir zutraue" (Knoblauch u.a. 2005, S.235). Vertrauen ist also das Schmieröl für Beziehungen, für synergetische Effekte, für das wirkliche Einlassen aufeinander. „Einer Studie der Firma Hoechst zufolge ist effektives Lernen nur möglich, wo Vertrauen zwischen Lehrenden und Lernenden existiert" (Knoblauch u.a. 2005, S.235). Damit avanciert Vertrauen vielleicht zum wichtigsten Grundbeschleuniger, aber auch Entlastungsmoment in künftigen Bildungsprozessen, weil es ein Sich-Trauen, ein neues Erfahren und Erleben in der lebendigen Auseinandersetzung zwischen Lehrenden und Lernenden, also den gemeinsamen Entwicklungsprozess wesentlich befördern kann (vgl. Klippert 2006, S.97). Ein solcher kommt aber nur dann ins Rollen, wenn Sie dieses Vertrauen säen bzw. „vorschießen", indem Sie entsprechend positive Erwartungen vermitteln (verbunden natürlich mit angemessener Kontrolle). Erst dann können Sie ernten: in Form von reichlich Früchten, also auch Vertrauensvorschüssen und -beweisen für Sie. Diese zeigen sich beispielsweise in einer besonders intensiven Mitarbeit in Ihrem Unterricht, aber auch, indem Sie als menschlicher Berater und Unterstützer geschätzt und gebraucht werden. Ein unglaublich wertvolles Geschenk! Aber zuerst heißt es investieren bzw. säen.

Nehmen Sie nun die von Ihnen favorisierten innersten Werte und Intentionen als Ausgangspunkt, um sich Ihrer persönlichen Lehrervision zuzuwenden.

## 7.3 Ihre persönliche Lehrervision

Ihre zeitlichen Prioritäten und viele Q-Inhalte entstehen auf der Grundlage Ihrer Vorstellungen, wie Sie als Lehrer und Gesamtpersönlichkeit sein wollen. Dahinter verbergen sich eine Vielzahl von Werten und Zielen, die Sie in Ihren Grundintentionen bereits geordnet haben. Das sind recht stabile innere Programme, die ähnlich wie beim PC als „Betriebssystem" angesehen werden könnten, indem sie Sie weitgehend leiten und bestimmen.

Im täglichen Leben werden wir nur selten dazu veranlasst, über diese Hintergründe nachzudenken, weil sie uns unbewusst steuern. Erst in Krisenzeiten überprüfen wir die Programme und führen gegebenenfalls notwendige Veränderungen durch.

Für eine ausbalancierte Zeitnutzung ist es jedoch grundlegend, sich der eigenen Wurzeln für wichtige Entscheidungen und Verhaltensweisen bewusst zu sein, um das notwendige Maß an Übereinstimmung zwischen den eigenen Werten und der tatsächlichen Zeitverwendung zu erzielen. Erst im Rahmen einer Vision sind Einzelaufgaben nicht mehr separate, abzuarbeitende Dinge, sondern Teile eines Gesamtprozesses (vgl. Covey 2003, S.248). Auf dieser Basis spüren Sie Ihre ureigene Aufgabe viel intensiver, Ihren Sinn oder sogar Ihre Passion, von Covey (2003, S.96) auch als „DNS unseres Lebens" bezeichnet.

Um eventuelle Dysbalancen oder Veränderungsnotwendigkeiten feststellen zu können, ist es deshalb sinnvoll, die eigenen Grundlagen in regelmäßigen Abständen intensiv zu reflektieren. Denn Veränderungen fangen im Kopf an, über „eine pädagogische Wegweisung“ (Herrmann 2005, S. 7).

Notieren Sie nun einige grundlegende Gedanken zu Ihren Intentionen und Motivationen als Lehrer früher und heute, die im Folgenden erläutert werden.

**Auszeit nehmen:** Ziehen Sie sich für eine Weile aus dem Alltagstrubel zurück, z.B. in die Sauna, oder machen Sie einen Wochenendtrip, begeben Sie sich auf eine lange Wanderung. Legen Sie sich einen Stift und Ihr Notizbuch zurecht.
**Grundlagen Ihrer Berufsfindung:** Wandern Sie mit Ihren Gedanken zunächst zu Ihrer Berufsfindung zurück. Was hat Sie bewogen, Lehrer zu werden. Was gab den Ausschlag? Was genau wollten Sie unbedingt als Lehrer realisieren? Was wollten Sie anders machen als Ihre eigenen Lehrer, oder gab es Vorbilder in Ihrer Schulzeit, wie sie später als Lehrer agieren wollten? Machen Sie sich dazu Notizen oder schreiben sie eine eigene kleine Geschichte (vgl. Hillert 2004, S. 106).
**Vorstellungen als Junglehrer – Referendar?** Welche Ideale begleiteten Sie in Ihrer ersten Praxiszeit? Was war Ihnen in dieser Phase besonders wichtig? Was waren Ihre ersten Erfolge bzw. Höhenflüge? Was begeisterte Sie? Was frustrierte Sie? Was genau wollten Sie verwirklichen?
**Ihre Erfahrungen als Lehrer heute:** Was begeistert Sie nach wie vor? Was haben Sie inzwischen fallenlassen? Was ist Ihnen weniger wichtig als früher? Wo sehen Sie Ihre besonderen Stärken? Wo engagieren Sie sich nach wie vor und sind mit dem Herzen dabei? Was wollen Sie unbedingt noch erreichen? Welche Situationen beflügeln Sie, geben Ihnen das Gefühl, an der richtigen Stelle zu sein? Für wen sind Sie besonders bedeutsam? Was treibt Sie an, was frustriert oder behindert Sie? Was motiviert Sie und gibt Ihnen Halt?

Am besten, Sie gönnen sich jetzt erst einmal eine längere Pause, um diese Überlegungen ihre Wirkung entfalten zu lassen. Dann legen Sie sich bitte ein größeres Blatt und bunte Stifte zurecht, denn nun möchte ich Ihnen eine Zeichnung empfehlen, die keinerlei künstlerischen Kriterien genügen muss, dafür aber Ihre Vision für Sie selbst verdeutlicht.

Zeichnen Sie sich nun als Lehrer und gruppieren Sie um sich selbst all das, was Sie brauchen, um ein zufriedener, erfolgreicher und glücklicher Lehrer zu sein.

**Zeichnen Sie sich in die Mitte des Blattes.** Dafür reicht ein Strichmännchen. Denken Sie nun darüber nach, was Sie noch um sich herum brauchen, um als Lehrer zufrieden zu sein: interessierte Schüler, Kollegen, gut ausgestattete Klassenräume, einen ruhigen Arbeitsplatz usw.
**Versuchen Sie auch, das Wie zu zeichnen.** So soll ihr Schulleiter lächeln, ein Herz für Sie haben, Ihnen nahe sein oder lieber fern? Wie stehen die Schüler und Kollegen zu Ihnen? Sollen die Kollegen Ihnen ganz nahe sein, also wollen Sie bevorzugt im Team arbeiten? Welche Klassenstufen und Fächer sollen es bevorzugt sein? Welche Projekte, Inhalte sind Ihnen wichtig? Verwenden Sie Kürzel und Zeichen für Gruppenarbeit, Kontakte zu Firmen usw. Zeichnen Sie gute Bezüge mit deutlichen Verbindungslinien zwischen den Personen, wenn Sie sich diese Vernetzungen wünschen.

Gönnen Sie sich nun wiederum eine Pause. Betrachten Sie dann Ihr Bild aus der Entfernung und komplettieren Sie es gegebenenfalls. Nun haben Sie wahrscheinlich genügend Informationen gesammelt, um die persönlichen Grundlagen Ihrer Vorstellung vom Lehrerberuf aufzuschreiben.

> Formulieren Sie nun ihre persönliche Lehrervision bzw. Ihre Lehrerphilosophie auf der Grundlage Ihrer Aufzeichnungen und Ihres Bildes.

**Persönliche Lehrerwerte bestimmen:** Was sind die bedeutenden Grundlagen für meine Arbeit? Was brauche ich? Was genau möchte ich umsetzen? Was ist mir besonders wichtig? Was erfüllt mich? Orientieren Sie sich dabei an Ihren Grundintentionen.
**Persönliches Lehrerumfeld beschreiben:** Welche Bedingungen brauche ich unbedingt, um meine Werte und Ziele zu leben? Welche Bedeutung haben für mich interessierte Schüler, der Kontakt zu Fachkollegen, ein guter Draht zum Schulleiter? In welchen Gremien möchte ich mich engagieren?
**Einschätzung persönlicher Zufriedenheit:** Vergleichen Sie nun Ihre jetzige Zufriedenheit mit Ihrem Bild und Ihrer Beschreibung. Was ist so, wie Sie es sich vorstellen? Wo gibt es deutliche Abweichungen?
**Vorstellungen zu möglichen Veränderungen:** Was möchten Sie in Zukunft unbedingt verändern? Was sind erste mögliche Schritte dazu?
**Wie soll Ihre Arbeit in fünf Jahren aussehen?** Wo möchten Sie sich bevorzugt engagieren? Schwebt Ihnen eine Leitungsposition vor? Oder wollen Sie Ihr Engagement irgendwo reduzieren, um für neue Möglichkeiten oder in soziale Aufgaben mehr Zeit investieren zu können? Möchten Sie innovative Unterrichtsprojekte leiten? Wollen Sie eine stärker beratende Tätigkeit ausfüllen? Möchten Sie sich des sozialen Umfeldes oder mehr der Konfliktbewältigung annehmen? Welche Fortbildungen brauchen Sie dafür in nächster Zeit?

Sie haben nun hoffentlich ein genaueres Bild von dem, was Sie als Lehrer ausmacht und wo Ihre Prioritäten auch für die Zukunft liegen.

> Ihre Zukunft wird von vielen kleinen Schritten, die Sie in der Gegenwart machen, geformt. Wenn Sie klare Ziele haben, brauchen Sie sich vor Entscheidungen nicht mehr zu fürchten. Ihr Weg zu Freude und Glück ist einzigartig. Er kann von niemand anderem gegangen werden als von Ihnen, und auch Sie haben die Möglichkeit ganz allein in der Hand, ein glücklicher Lehrer zu sein. (Baier 2002, S. 23)

Vielleicht empfinden Sie diese visionären Überlegungen unterschwellig als etwas versponnen und zu euphorisch, da sie ja doch in der harten und immer schwierigeren Schulrealität nicht umsetzbar sein werden. Sicherlich wird es viele Hemmnisse bei der Umsetzung geben, aber das soll Sie jetzt noch nicht beeinflussen. Um ein innerlich wirklich zugkräftiges Bild vor sich zu haben, sollten Sie es zu diesem Zeitpunkt bitte nicht in Frage stellen, sondern erst einmal als realisierbar ansehen.

Formulieren Sie zum Abschluss der Übung drei Hauptziele bzw. Ihre persönlichen Lehrerprioritäten als Schlagworte. Schreiben Sie diese anschließend auf ein großes Blatt, das Sie in Ihrem Arbeitszimmer aushängen. Suchen Sie sich zu jeder Lehrerleitlinie ein passendes Bild oder eine Postkarte, die Ihre Prioritäten versinnbildlicht. Nehmen Sie dann dieses Bild als Ihr Leitbild.

An Ihre Hauptintentionen können Sie sich über diese optische Hilfe immer wieder erinnern, wenn Sie wieder einmal der Alltag überschütten sollte.
Ein angeschlossenes Beispiel soll zum Schluss der Illustration dienen. Jede Vision wird aber immer ein sehr individuelles Werk bleiben. Deshalb ist es nicht als Nachahmungshilfe gedacht. Ihre Vision kann durchaus einen ganz anderen Charakter haben (vgl. Keller 2003, S. 15, Herwig 2005, S. 49).

*Ich bin Lehrerin geworden, um kleineren Kindern eine Orientierung zu geben und ihnen in ihrer Klasse ein zweites Zuhause zu bieten. So fühle ich mich auch als „Klassenmutti", wobei mir diese Rolle sehr gut gefällt. Mir ist wichtig, dass die Lernatmosphäre für jedes einzelne Kind stimmt und die Jungen und Mädchen gute Kontakte zueinander haben, sich auch untereinander helfen. Mir geht es nicht um herausragende Einzelleistungen, sondern mehr um das soziale Lernen. Dabei möchte ich meinen Kindern ein Vorbild sein und sie als Einzelpersonen ernst nehmen und entsprechend respektieren. Guten Kontakt brauche ich zu den Kollegen, die in meiner Klasse arbeiten. Denn nach meiner Auffassung ziehen wir alle am gleichen Strang. Dabei sind mir regelmäßige pädagogische Gespräche über die Schüler sehr wichtig, um sie alle erzieherisch zu erreichen. Auch die Kontakte zu den Eltern interessieren mich sehr. Ich telefoniere deshalb viel, organisiere gemeinsame Feste und mache sogar Elternfortbildungen zu pädagogischen Themen. Größere Probleme bereiten mir die Kinder, die nicht so gut lernen können und sich im Schulablauf schwerer zurechtfinden. Ich habe zurzeit einige ADHS-Kinder, die mir das Unterrichten erschweren. Deshalb habe ich mit Freiarbeit und offeneren Unterrichtsformen begonnen. Dabei bin ich mir jedoch noch sehr unsicher, weil ich als ältere Kollegin damit bisher keinen Kontakt hatte. Hier will ich in den nächsten Jahren weiterarbeiten. Trotzdem möchte ich aber auch bei diesen Formen das soziale Miteinander weiter betonen, weil es mir einfach das Wichtigste ist.*

**Meine drei Lehrerprioritäten:**

1. Über spezielle Lerneinheiten mit Frei- und Gruppenarbeitsphasen möchte ich das soziale Klima und die sozialen Kompetenzen meiner Klassen verbessern.
2. Ich möchte die Erziehungskompetenz der Eltern fördern und unterstützen, indem ich viele gemeinsame Aktivitäten arrangiere, wie z.B. Feste, Projekte und Elternfortbildungen.
3. Ich möchte Fortbildungen zu ADHS und offenem Unterricht belegen, um insgesamt weniger lehrerzentriert arbeiten zu können.

## 7.4 Festlegung auf Ihre Lehrerjahresziele

„Ohne Ziel kein Weg, ohne Weg keine Schritte, ohne Schritte kein Ankommen" (Herwig 2005, S. 52). Zwischen Vorstellungen, auch konkreten Leitbildern und deren tatsächlicher Umsetzung liegen oft größere Differenzen, über die nur klar formulierte Ziele hinweghelfen.

**Zielperspektiven geben klare Leitlinien für erfolgreiche Arbeit.** Bei einer zehnjährigen Untersuchung der Abgänger der Harvard-Universität ergab sich ein eindeutiger Zusammenhang zwischen Zielgewissheit und späterem Verdienst: 83 % hatten keine klare Zielsetzung, 14 % hatten einen klaren Plan und verdienten das Dreifache, und 3 %, die ihre Ziele schriftlich formuliert hatten, verdienten das Zehnfache (Seiwert 2002, S. 109)!

Nutzen Sie unbedingt Ihre klaren Vorstellungen zur Formulierung von einigen Jahreszielen für Ihren Lehrerberuf. Gehen Sie dabei so konkret wie möglich vor, und zwar nach dem bewährten SMART-Schema (vgl. Seiwert 2002, S. 117 ff):

**S = spezifisch:** *Ich möchte die Grundlagen der Klippert-Methode …*

**M = messbar:** *… in einer Wochenendfortbildung erlernen und für mindestens drei Unterrichtseinheiten verwenden,*

**A = aktional:** *und zwar zunächst für mein Fach Deutsch in der 7. Klassenstufe.*

**R = realistisch:** *Dabei verbessern die Schüler ihre Methodenkompetenz im Bereich Teamarbeit und bringen sich alle sichtbar in das Ergebnis ein.*

**T = terminiert:** *Die Fortbildung soll im 1. Halbjahr liegen; die drei Einheiten sollten am Ende des Schuljahres abgeschlossen sein.*

Formulieren Sie nun möglichst konkrete und genaue Jahresziele für Ihre zukünftige Lehrerarbeit.

> Eigene Ziele bedeuten eine gute Stressprophylaxe, weil nur dann das Tagesgeschäft als Minifortschritt auf dem Weg zu einem größeren Ganzen erlebt werden kann. Es bekommt sozusagen einen höheren Sinn: Ziele beinhalten eine positive innere Kraft weg vom Alltagsstress. (Rohnstock 2003c).

Wenn auch in diesem Buch die persönlichen Leitlinien und Ziele im Vordergrund stehen, ist es auf der Grundlage der eigenen Prioritäten sinnvoll, diese mit dem Leitbild der Schule und dem gemeinsamen Schulprogramm in Verbindung zu bringen, um sie in möglichst großem Umfang auch verwirklichen zu können.

**Verbindungen zum Schulprogramm und zu den Realisierungsmöglichkeiten vor Ort herstellen:** Wo finden Sie Übereinstimmungen? Was ist sehr verschieden von Ihren eigenen Vorstellungen? Wie wollen Sie damit umgehen? Welche Realisierungschancen ergeben sich vor Ort? Welche Maßnahmen und Entscheidungen stehen dafür an? In welchen konkreten Aufgaben sehen Sie Ihre Prioritäten am besten umgesetzt? Wo genau wollen Sie sich stärker engagieren, wo eher beschränken?

**Finden Sie entsprechende Kollegen und Gremien zur Unterstützung:** Mit wem lassen sich Ihre Prioritäten am besten gemeinsam verwirklichen? Wer hat ähnliche Interessen und liegt auf Ihrer Linie? In welchen Gremien könnten Sie Unterstützung finden?

## 7.5 Lebensbalance: Leitlinien für weitere Hauptlebensbereiche

Wenn auch hier in diesem Buch das Lehrerleitbild im Vordergrund steht, so bestehen natürlich enge Verbindungen zu unserer Persönlichkeit und den Leitlinien anderer Hauptlebensbereiche, die hier aber nur überblicksartig behandelt werden können (vgl. Hansen 2004, S. 51).

Hier möchte ich wieder auf das bereits besprochene Lebensbalancekonzept von Seiwert (2001a, S. 24) verweisen, das vier Hauptlebensbereiche unterscheidet: Arbeit/Leistung – Familie/Kontakt – Körper/Gesundheit – Sinn/Kultur.

Für Ihre Lebensvorstellung ist es im Hinblick auf die inhaltliche und zeitliche Ausgestaltung im Einzelnen erst einmal wichtig zu ergründen, welche Lebensprioritäten die einzelnen Bereichen bestimmen.

Schreiben Sie Vorstellungen, Leitlinien und Wünsche zu den anderen drei Hauptlebensbereichen außerhalb Ihrer Arbeit (Familie/Kontakt – Körper/Gesundheit – Sinn/Kultur) auf.

**Wünsche und Prioritäten zu den anderen Lebensbereichen notieren:** Nehmen Sie wieder Ihr Notizbuch mit Ihrer Lehrervision zur Hand und reservieren Sie nun jeweils eine Seite für die Bereiche Familie/Kontakt, für Körper/Gesundheit und für Sinn/Kultur. Schreiben Sie auf, was Ihnen in den einzelnen Bereichen wichtig ist, was Sie vielleicht sogar besonders vermissen und was Sie deshalb in Zukunft unbedingt umsetzen möchten. Assoziieren Sie frei. Wenn Sie Spaß an einem Bild haben, dann können Sie auch wieder ein Bild zu jedem Lebensbereich entwerfen.

Ergibt sich Stimmigkeit unter Ihren formulierten Leitlinien?
Bleiben wichtige Wünsche dabei offen? Suchen Sie insgesamt nach einem Gleichgewicht und nach Synergien zwischen den privaten und beruflichen Hauptlebensbereichen.

Formulieren Sie nun zu jedem Hauptlebensbereich mindestens ein überprüfbares Jahresziel, um Ihre Vorstellungen zu konkretisieren.

## 7.6 Überblicksplanungen

Auf der Grundlage Ihrer übergeordneten Lehrervision und Ihrer formulierten Prioritäten für den Arbeitsbereich und die anderen Hauptlebensbereiche sollten Sie ihre Erkenntnisse nun in Überblicksplanungen für das gesamte Schuljahr übertragen. Beginnen Sie unter der Vorgabe Ihrer Jahresprioritäten zunächst mit der Grobplanung Ihres Schuljahres unter Zuhilfenahme eines Kalenders mit Schuljahresübersicht.
**Feste Jahrestermine zuerst berücksichtigen:** Tragen Sie nun die für Sie bindenden, festen Schultermine wie Konferenzen, Schulfeste, Projekttage zuerst ein. Fügen Sie nun gleich Ihre Fortbildungsaktivitäten hinzu, auch feste Teamsitzungen. Berücksichtigen Sie ebenso wichtige private Termine, die über das Jahr hin festzusetzen möglich und nötig ist.

**Sechs Wochen schularbeitsfreie reine Ferienzeit:** Verteilen Sie in grober Vorplanung sechs Wochen reine Urlaubszeit. Überlegen Sie dabei, wann Sie Urlaub besonders nötig haben und splitten Sie die Gesamturlaubszeit. Denn auch kürzere Urlaubszeiten bringen wertvolle Zwischenerholung.

Leisten Sie sich aber auch einen längeren reinen Regenerationsabschnitt.

**Feste Zeiten für Privates und Regeneratives auch während der Schulzeit:** Legen Sie im zweiten Schritt gleich bestimmte Wochentage oder -zeiten fest, die Sie regelmäßig für Zweisamkeit, für die Familie oder sportliche Aktivitäten nutzen wollen.

**Verteilen Sie nun die Hauptarbeitslast sinnvoll auf das ganze Jahr:** Bedenken Sie dabei unbedingt die Stoßzeiten jeweils vor den Zeugnissen und entlasten Sie diese Zeiten von vornherein. Verteilen Sie nun die nötigen Klassenarbeiten und Tests bzw. die anstehenden festen Projekte, Klassenfahrten, Außentermine oder Ausflüge. Berücksichtigen Sie besondere Vorbereitungs- oder Korrekturzeiten, die Sie auch in die offiziellen Ferienzeiten verlegen können, nicht aber in die sechs Wochen fest verplante Urlaubszeit. Wählen Sie jeweils Kürzel oder bestimmte Farben zur klaren Markierung für die unterschiedlichen Aktivitäten.

**Fahnden Sie nach Lücken für besondere persönliche Projekte:** Gehen Sie Ihren Überblick daraufhin durch, wann im Schuljahresablauf, eingeschlossen offizielle Ferienzeiten, am ehesten Freiräume für persönliche Schwerpunkte und Fortentwicklungen bestehen. Reservieren Sie sich nun einige Ausstiegstage oder -zeiten, die Sie besonders markieren. Schreiben Sie auch entsprechend Ihren Prioritäten private oder berufliche Interessen hinein, seien es ein Wellnesstag, einige Fitnesstage mit dem Rad, ein Tag zum Verfassen eines Artikels, die Durchsicht interessanter Literatur, ein Klosterbesuch, Entwicklungstage für das Team an einem schönen Ort, ein besonderer Fortbildungswunsch, ruhige Vorplanung des Unterrichts für die nächsten Wochen usw., usw. Geben Sie jeder Q-Zeit ein individuelles Motto.

Nehmen Sie sich für diese Jahresplanung unbedingt Zeit, noch bevor das Schuljahr wieder richtig losgeht. Denn dann werden Sie wahrscheinlich wie jedes Jahr von den Ereignissen nur so überrollt. Und es erscheint bald immer weniger möglich, Freiräume für sich zu reservieren. Aber wenn Sie diese von vornherein eingeplant haben, fällt es schwerer, solche Zeiten umzustoßen, die Sie unbedingt für ein befriedigendes und ausbalanciertes Lehrerleben benötigen.

**Verschaffen Sie sich nun den thematischen und methodischen Überblick für Ihre Fächer und speziellen Aufgaben:** Diese Vorplanungen können Ihnen und Ihren Schüler helfen, innerhalb des Jahresverlaufs gut nachzuvollziehen, ob Sie noch im Plan sind. Sie unterstützen Sie auch, realistischer vorzugehen und sich nicht zu viel vorzunehmen. Sie verhindern, dass Sie zum Schluss des

Schuljahres unter noch größeren Druck geraten. Vergessen Sie auch nicht, die schrittweise Entwicklung der methodischen Schwerpunktkompetenzen Ihrer Schüler einzuteilen, damit die Fortschritte deutlicher werden können.

**Fertigen Sie für besondere Projekte eine separate Planung an:** Unterrichtsprojekte über einen längeren Zeitraum, Schulfeste, Theatertage oder Klassenfahrten benötigen einen „Sonderfahrplan" mit den notwendigen Maßnahmen. Hier empfiehlt sich eine gemeinsame Planung mit allen Beteiligten, um die notwendigen Termine zu koordinieren.

**Verabreden und reservieren Sie sich ausreichende Kooperationszeiten für Ihre Klassenteams und Gremien.** Zusätzliche Gremienarbeit beinhaltet nicht nur die Zeiten der Zusammenkünfte, sondern erfordert auch das Vorsehen entsprechender Zeitfenster zur Vorbereitung (Recherche, Einzelthemen vorstrukturieren) und Nachbereitung (Protokolle, Übertragen und Vervielfältigen der Ergebnisse).

# 8 Kooperationszeiten vorbereiten und effektiv nutzen

## 8.0 Die Umgebung Ihres Gartens: andere Bäume und Gärten

Stellen Sie sich Ihren eigenen Garten, den Sie mit einem Zaun von anderen abgrenzen können, bitte umgeben von einer Kooperationszone vor, symbolisiert durch viele weitere Lebensbäume, die in Gruppen zusammenstehen, also Ihre Kollegen, Ihre Familie, Ihre wichtigen Freunde und Bekannten. Sie haben durch Türen und Öffnungen im „Zaun" die Möglichkeit, mit Ihnen zu kooperieren, sich aber auch immer wieder abzugrenzen.

## 8.1 Kooperation als Zukunftsaufgabe und -chance

Lehrer kennt man traditionell als klassische Einzelkämpfer. Schon die Arbeitsbedingungen mit den vielen Einzelstunden machen ihn über viele Arbeitsphasen hinweg zwangsläufig zu einem Alleingestalter und Alleinentscheider mit höchster Verantwortung (vgl. Hillert 2004, S. 124). Genauso einsam erfolgen in der Regel seine Planungen und Korrekturen. So ist verständlich, dass viele, besonders ältere Kollegen, Vorbehalte haben gegenüber möglicher verstärkter Zusammenarbeit, zumal sie in ihrem Lehrerleben Konferenzen und Sitzungen oft als außengesteuert und informationsüberlastet erlebt haben, als sogenannte „Verkündigungskonferenzen" (Klippert 2006, S. 37). In vielen Lehrerkonferenzen erlebt man deshalb Kollegen, die versuchen, über Korrekturarbeiten während dieser Veranstaltungen Zeit einzusparen. Befürchtungen, dass weitere Kooperationen viel ineffektive Zeit verschlingen und wenig „bringen", sind aus diesen Vorerfahrungen heraus verständlich. Außerdem waren es viele Kollegen im Laufe ihres bisherigen Lehrerlebens nicht gewöhnt, Klassen- oder Unterrichtsprobleme offen zu diskutieren und gemeinsame Lösungen zu finden. Noch größere Vorbehalte bestehen dagegen, eigene disziplinarische oder grundlegende Konflikte zu besprechen. Dies aus Sorge, Offenheit könnte sich negativ auswirken auf den eigenen Ruf bei der Leitung (Bewertungsträgern), den Eltern oder gar im Kollegium. Diese Zurückhaltung ist im Rahmen eines sehr traditionellen Lehrerkollegiums sicher ganz verständlich.

Trotz aller Vorbehalte, die natürlich ernst zu nehmen sind und berücksichtigt werden müssen, können die gestiegenen Ansprüche und die Umstrukturierung des Bildungsauftrages vom Einzelnen in Zukunft bestimmt nicht mehr gänzlich allein bewältigt werden (vgl. Klippert 2006, S. 132). Allein die Zahlen zu den Überlastungsphänomenen von Lehrern sprechen Bände und rufen nach verkraftbaren Alternativen.

*Abb. 15: Entlastende Kooperation*

**Entlastung von Alleinverantwortung und Schuldgefühlen:** Schon die Erkenntnis und Erfahrung, dass man nicht allein mit den vielfältigen Problemen und Umstellungen im Bildungssystem fertigwerden muss, entlastet ungemein. Sobald man in der Kooperation erfährt, dass ein anderer Kollege beispielsweise mit denselben schwierigen Schülern ähnliche Probleme und Konflikte durchläuft, wird vieles leichter. „Schuld" und „Ursache" werden nicht mehr vorrangig in dem Verhalten der eigenen Person erlebt (insbesondere Frauen; bei Klippert 2005, S. 20), sondern vielmehr als generelle pädagogische Probleme gesehen, bei deren Lösung man nun auch auf Ansätze und Ideen von Kollegen zurückgreifen kann. Also sind geteilte Aufgaben nur noch halbe oder höchstens Dreivierteläufgaben (vgl. Hillert 2004, S. 129)!

**Abbau von möglichen Ressentiments:** Durch die Vereinzelung und den selten offen geführten fachlichen Austausch ergeben sich unnötige Anlässe für Missverständnisse untereinander, die bei einem geregelten und regelmäßigen Austausch schnell aus der Welt geschafft werden können.

**Motivationsunterstützung und Würdigung bzw. Feedback möglich:** Gerade für den Einzelkämpfer Lehrer ist im Hinblick auf die Aufgabenvielfalt die Motivation über kollegiale Unterstützung oder kollegialen Austausch immens wichtig. Hier kann er für seinen Arbeitseinsatz und für seine Interventionen den Rückhalt bekommen, den er in der gesellschaftlichen Würdigung oft nicht erfährt. Im kollegialen Austausch ist es eher möglich, Mut und Zuversicht zu tanken, um die vielen anstehenden Aufgaben überhaupt noch anzugehen und zu bewältigen. Und wo sonst bekommt ein Lehrer fachlich fundierte Rückmeldungen zu seinen Konzepten, seinen Ideen und seinem Verhalten?

**Lebendigeres Unterrichten wird erleichtert. Arbeitsteilungen sparen Zeit.** Unterrichten erfordert ständige Innovationen, soll es motivierend für alle bleiben. Nicht immer kann ein einzelner Kollege diese Ideenvielfalt über neue Medien, spannende Geschichten, Theaterstücke, Videoclips oder einfach gute Präsentationen leisten. Die eigenen Möglichkeiten sind begrenzt und bei 28 Wochenstunden ist manchmal der Einfallsreichtum schlichtweg erschöpft. Hier können ergänzende Einfälle und Materialien von Fachkollegen erheblich weiterhelfen. Über Arbeitsteilungen ist es möglich, bestimmte Unterrichtsmodule auszutauschen, sodass die komplette Neuerarbeitung entfällt.

**Wirksamere pädagogische Interventionen möglich:** Am meisten belastet unumstritten der Umgang mit verhaltensauffälligen oder konzentrationsschwachen Schülern, die immer wieder Unterstützung und Regulierungen erfordern und damit viele Kräfte binden. Hier ist die Unterstützung durch beteiligte Kollegen oftmals Gold wert, weil damit viel effektivere, weil einheitliche Lösungskonzepte möglich werden.

**Mut zu neuen methodischen und fachlichen Schritten:** Besonders bei methodisch-didaktischen Neuorientierungen fühlt sich der Einzelne oft zu unsicher, die damit verbundenen Wagnisse einzugehen. Hier können andere Kollegen, die vielleicht schon positive Erfahrungen gesammelt haben, Mut machen, sich mit unbekannten Inhalten und Unterrichtsformen auseinanderzusetzen, vielleicht erst einmal im Teamteaching.

**Zeiteinsparung über geleitete und strukturierte Gespräche mit Lösungsorientierung:** Ein geregelter Austausch, der konsequent an den entscheidenden Themen mit Ergebnisfixierung geführt wird, ist wesentlich effektiver und zeitsparender als der unstrukturierte, allgemeine Austausch zwischen Tür und Angel, in zufälligen Zwischendurchgesprächen am Kopierer oder langen Abendtelefonaten. Denn selten resultieren aus diesen zufälligen Begegnungen fest verabredete und geplante Lösungsschritte, die zielorientiert und praktikabel sind.

**Ansprüche von außen gemeinsam redefinieren:** Bei den zahlreichen neuen und erweiterten gesellschaftlichen Aufgaben im Rahmen der Umstrukturierungen in Schule und Bildung sind vielfältige Auseinandersetzungen und Absprachen in den Kollegien und einzelnen Teams notwendig, um diese Vielzahl von Anforderungen auf die einzelnen Schul- und Arbeitsbedingungen vor Ort zu übertragen. Nicht zuletzt aber auch, um sie sinnvoll zu begrenzen.

Neben den anstehenden Umstrukturierungen können wahrscheinlich nur noch gemeinsame Anstrengungen die Lehrerarbeits- und Bildungsbedingungen entscheidend verbessern helfen. Einzig im Rahmen dezidiert gemeinsamer Interessenvertretung – ähnlich der professionellen Lobbyarbeit, wie sie beispielsweise die Ärzteschaft betreibt, können den Verantwortlichen heute noch Entlastungen und Verbesserungen insbesondere finanzieller Natur abgerungen werden.

## 8.2 Notwendige Voraussetzungen für effektive Kooperationszeiten

Für den schulischen Reformprozess, der in das Gesamtsystem Schule stark eingreifen wird, sind konsensfähige Strukturen und Einzelmaßnahmen nur unter Beteiligung aller zu entwerfen, was auch viele Widerstände und notwendige Konflikte mit sich bringt.

Aber in diesem Prozess können sich überhaupt erst einmal offizielle Foren für den strukturierten beruflichen Austausch entwickeln. Solche regelmäßigen Besprechungszeiten sind im Lehrerberuf bisher kaum etabliert – fast unverständlich für andere Berufsgruppen, aber wahr.

„Es gibt in Schulen keine Zeiten und Räume, in denen über Dinge, die die Gesamtheit betreffen, kommuniziert werden kann. Konferenzen verlaufen meist ritualisiert und sind überdies mit Informationen über organisatorische Dinge überfrachtet" (Krainz-Dürr 1999, bei Buhren/Rolff 2002, S.63).

Aber das Bedürfnis danach ist augenscheinlich, wenn sogar in kurzen Pausenmomenten Erlebnisse schnell zwischen Tür und Angel ausgetauscht werden. Selbst bei privaten Feiern erlebt man es häufiger, dass Lehrergruppen sofort auf das Thema Schule verfallen und dem großen Drang nachgeben, sich endlich einmal auszusprechen.

**Fehlende Aussprachemöglichkeiten besonders belastend:** Wie in der Untersuchung von Schaarschmidt und Fischer von 1998 (bei Stück/Rigotti/Mohr 2004, S.235) deutlich wird, sind die Unzufriedenheit mit dem sozialen Klima und fehlende Aussprachemöglichkeiten neben mangelnden Entspannungsmöglichkeiten die gesundheitsgefährdenden Faktoren im Lehrerberuf! Dagegen haben Lehrende, die sich in der Schule wohlfühlen, vermehrte Kontakte zu Kollegen und Eltern (Keller/Laeger/Sauerland/Wetjen 1993).

Allerdings ist dieser vermehrte Austausch bzw. die Kooperation, soll sie wirklich ein entscheidendes Entlastungsmoment werden, an eine Reihe von schulorganisatorischen, aber auch persönlichen und zeitlichen Voraussetzungen gebunden. Nur wenn das Schulprogramm, Schulleitungen und der überwiegende Teil des Kollegiums zumindest für intensivierte Zusammenarbeit zu gewinnen ist, können die dazu notwendigen internen Bedingungen vorbereitet werden, wie z.B. Stundenplanblockungen für Teams, entsprechende Workshops zum gemeinsamen Erarbeiten von Unterrichtsmaterialien, Hospitationsmöglichkeiten untereinander, Doppelbelegungen oder Parallelunterricht für bestimmte Kollegen, pädagogisch orientierte Konferenzen, gezielte Fortbildungsangebote an der Schule, entsprechende Räumlichkeiten für Teammeetings, Lagerungsmöglichkeiten oder Werkstätten für Materialsammlungen usw. Im Ausgleich könnten zur Zeitersparnis die Mitteilungen unter Berücksichtigung der jeweiligen Dringlichkeit weitestgehend schriftlich über die Fächer – also nicht über Gesamtkonferenzen – geregelt werden. Sind solche organisatorischen Voraussetzungen von der Planung her kaum oder gar nicht möglich, schränkt das die kooperativen Möglichkeiten schon deutlich ein. „Wer nicht investiert und ‚Lernzeit' für die betreffenden Lehrerinnen und Lehrer organisiert, der muss sich nicht wundern, wenn die hehren Reformziele und -projekte unserer Tage folgenlose Absichtserklärungen bleiben" (Klippert 2006, S. 173–174).

Für das Erzielen langfristiger Effektivitätssteigerungen ist entscheidend, dass die Kollegen breite Mitwirkungsmöglichkeiten hinsichtlich der Kooperationsformen bekommen, und auch, dass sie das Tempo dieses Prozesses mitbestimmen können. Sie müssen einen deutlichen Gewinn im Hinblick auf die eigene Vorbereitung und die Umsetzung ihrer Stunden wahrnehmen, der die zusätzlichen Kooperationszeiten rechtfertigt. Letztlich geht es wiederum um das grundlegende Verhältnis von Aufwand und Nutzen, das auch hier stimmig sein sollte (vgl. Klippert 2006, S. 145). Dafür ist die Bereitschaft der Einzelnen entscheidend, ihr Wissen, ihre Materialien, ihre Erfahrung und damit ihre Zeit den anderen zur Verfügung zu stellen und offen damit umzugehen (vgl. Meier 2005, S. 13). Erst wenn viele den Eindruck haben, wirklich voneinander und miteinander zu profitieren, wird eine Entlastung eintreten können. Allerdings wird es wohl noch viel Überzeugungsarbeit und Zeit in Anspruch nehmen, bis die Mehrzahl der Kollegen sich vom gewohnten Einzelkämpfertum verabschiedet und zur Team- bzw. Gruppenarbeitskultur übergeht.

Aus gutem Grund gibt es für diesen Prozess in der Wirtschaft meist recht aufwändige Fortbildungssequenzen zu Teambuildings und zusätzliche Moderatorenausbildungen. Man weiß um die Komplexität und die Schwierigkeit, untereinander zu produktiven Strukturen und Abläufen zu gelangen. Von außen verordnete Kooperationen dürften dabei stets auf größere Vorbehalte stoßen als Prozesse, die sich langsam, auf der Basis guter Vorbereitung und des aktiven Einverständnisses der Beteiligten, entwickeln können.

## 8.3 Kooperationsmöglichkeiten und Effektivitätshilfen im Einzelnen

Entscheiden Sie selbst vor dem Hintergrund Ihrer Erfahrungen und Ihrer Bedingungen vor Ort, wie Sie diesen Prozess der beginnenden verstärkten Zusammenarbeit erleben und gestalten möchten.
Bilden Sie beispielsweise Lernpartnerschaften zur gegenseitigen Unterstützung und Beratung! Suchen Sie sich Kollegen, mit denen Sie fachlich und vom Unterrichtsstil her gut kooperieren können. Oder bilden Sie passende Teams nach Fächern, Klassen bzw. speziellen Interessen.
Nutzen Sie Ihre gewählte Kooperationsform:

- für regelmäßigen **Austausch** über fachliche und pädagogische Vorgehensweisen,
- für Teamteachings, **Projekte** oder gemeinsame Aktionen wie Ausflüge oder Besichtigungen,
- **interne und gegenseitige Fortbildungen** über bestimmte Spezialthemen eines Teilnehmers; oder laden Sie Experten aus dem Kollegium oder von außerhalb zur Unterstützung in speziellen Fachfragen ein,
- zur **gemeinsamen Erstellung** und zum **Austausch von Materialien,** eventuell mit einem gemeinsamen Materialpool,
- für **gegenseitige Hospitationen/Coaching** mit Beobachtungsschwerpunkten und viel unterstützendem und weiterführendem Feedback, gemeinsamer Auswertung und Analyse mit neuen Zielsetzungen (vgl. Buhren/Rolff 2002, S. 113 ff.).

> Supervision, gemeinsame Professionalisierung, realistische Einschätzung objektiver und eigener Möglichkeiten in pädagogischer Kommunikation können einen aktiven und kommunikativ befriedigenden Beitrag zum Wohlfühlen von Lehrerinnen und Schülerinnen im Schulalltag leisten, damit einen Schritt zu einer weiteren Humanisierung der Schule. (Wehr 1993, S. 433)

Damit es wirklich zu einem für Sie ersichtlichen (Zeit-)Gewinn innerhalb der kooperativen Zeit kommt, achten Sie auf verlässliche und ökonomische Arbeitsstrukturen, die Sie von vornherein mit Ihren Kollegen fest vereinbaren sollten:

- Achten Sie auf eine überschaubare, **arbeitsfähige Gruppengröße** von etwa drei bis fünf Kollegen.
- Verabreden Sie feste, am besten **wöchentliche Treffen** mit fester Anfangs- und Endzeit.
- **Beginnen Sie die Sitzungen mit einem positiven Impuls** von jedem Teilnehmer: Erfolge beschreiben oder Wertschätzendes ausdrücken.

- Bestimmen Sie für jede Sitzung eine **(rotierende) Moderation,** die die Themen vorstrukturiert, visualisiert, Zeitvorgaben für die einzelnen Punkte, Gruppenarbeits- und Redezeiten festsetzt und kontrolliert. Verhindern Sie auf diese Weise, dass es zu Monologen oder langen Diskussionsteilen ohne Entscheidungen kommt, da die Zeitverluste sonst für alle Beteiligten enorm hoch und kaum verkraftbar sind.
- Sorgen Sie für **optimale Arbeitsvoraussetzungen,** zugewandte Sitzordnung, methodische Wechsel zwischen Plenum und Gruppenarbeit, Störungsfreiheit (Handys aus); stellen Sie Plakate, Moderationskarten, Flip-charts und Stifte zur Verfügung; Laptops oder PCs mit Drucker und Kopierer sollten in der Nähe sein.
- Halten Sie diese Voraussetzungen auch schriftlich für alle fest, damit eine gewisse Bindung und innere Verantwortung gegenüber der Gruppe entsteht.
- **Fixieren Sie jeweils die Ergebnisse** für alle. Bestimmen Sie dafür wechselnde Verantwortliche, damit die erarbeiteten Arbeitsbögen, Tests, Unterlagen für die Gruppenarbeit, Medien, oder was sonst an Entscheidungen gefallen ist, nicht verlorengehen. Am besten wäre sicher ein sofortiger Ausdruck für alle, aber manchmal wird auch eine spätere Nach- bzw. Weiterbearbeitung nötig sein, die dann zu vervielfältigen ist.
- Schließen Sie die Sitzungen mit einer **kurzen Reflexion** ab, vielleicht ein Blitzlicht oder eine visualisierte Form der Votierung. Bieten Sie einen Ausblick auf die nächste Veranstaltung und legen Sie die Aufgaben und/oder die Moderation schon für das nächste Mal fest (Haeske 2002, S. 68).
- Verabreden Sie vielleicht im monatlichen Turnus eine Reflexion über die **Gruppe und Ihre Prozesse (Metakommunikation),** bei Bedarf auch öfter. Nur so können beginnende Unstimmigkeiten aufgefangen und ordentlich bearbeitet werden.
- Sorgen Sie auch einmal für **Zusammenkünfte außerhalb des Schulkontextes,** also Arbeits- oder Freizeit gemeinsam an einem schönen Ort, um sich zu belohnen oder einfach mal zwanglos privat auszutauschen.

Sehr wichtig ist die inhaltliche Stringenz. Dafür sind genaue Absprachen im Vorfeld erforderlich, welche Schwerpunkte Sie sich gemeinsam geben wollen. Auf jeden Fall sollten Sie sich durch das Ergebnis entlastet fühlen, das heißt Vorbereitungszeit zu Hause einsparen, Recherchen verkürzen, methodische und didaktische Schritte klären und entsprechend stufenweise vorbereiten. Nur wenn jeder Beteiligte den Eindruck gewinnt, das für ihn persönlich etwas Praktisches dabei herauskommt, das ihn selbst weiterbringt und entlastet, kann die Gruppe langfristig funktionieren (vgl. Klippert 2006, S. 139). Deshalb sind immer wieder neue Absprachen über die Vorgehensweise, aber auch über entstehende Probleme innerhalb der Gruppe erforderlich.

Unbedingt empfehlenswert wäre eine auf diese Arbeitsform vorbereitende Fortbildung, eine professionelle Moderation oder eine supervisorische Begleitung. Denn gerade Gruppenprozesse unterliegen immer einer dynamischen Entwicklung. Bevor eine effektive Arbeitsfähigkeit erreicht wird, gibt es die schwierige Anfangsphase, Haug nennt sie „Nahkampfphase“ (2003, S.65), in der die Rollenklärungen erfolgen müssen. Das ist ein äußerst kritischer Abschnitt, in dessen Verlauf Gruppen leicht wieder auseinanderbrechen. So wäre wenigstens anfänglich eine sporadische professionelle Prozessbegleitung von außen notwendig, die der Arbeitgeber unbedingt gewährleisten müsste, will er Kooperationen gewinnbringend im Bildungssystem installieren. Es bleibt zu hoffen, dass dafür auch in den zuständigen Ministerien endlich entsprechende Erkenntnisprozesse beginnen, wie sie in vielen Wirtschaftsunternehmen bereits seit Jahren und unter z.T. recht hohen Investitionen umgesetzt werden. Das Ankündigen, Empfehlen oder gar Verordnen entsprechender Umstrukturierungen ergeben noch keine gesteigerte Produktivität. Gerade Teams sind anfällig für schädigende Auseinandersetzungen und Machtspiele zwischen oft sehr unterschiedlichen Temperamenten, sofern sie nicht durch entsprechende Rahmenkonstellationen gefördert werden. Außerdem ist diese labile Team-Einarbeitungsphase unbedingt und spürbar zeitlich abzufedern, z.B. über Entlastungen und Befreiungen, damit sich Lehrende wirklich intensiv dort hineinbegeben können. Dann sind als Resultate hoffnungsvolle und die Bildungsarbeit insgesamt unterstützende Impulse und Effizenzsteigerungen zu erwarten.

Gerade in der professionellen Zusammenarbeit von Lehrern liegt ein bisher relativ ungenutztes Potenzial, sich gegenseitig zu stützen, sich fachlich gemeinsam weiterzuentwickeln und vor allem Krisen, von denen es recht viele im Lehrerberuf gibt, gemeinsam zu meistern.

## 8.4 Gemeinsam Handlungsalternativen finden

„Entscheidend für die Lebensqualität ist das Vermögen, zusammenzuarbeiten, voneinander zu lernen und sich gegenseitig in der Entwicklung zu stützen“ (Covey 2003, S.182).

Da Unterricht und Lernen getragen werden und qualitativ vor allem abhängig sind von den zwischenmenschlichen Beziehungen Lehrender und Lernender, drücken sich Belastungsempfindungen von Lehrern zuallererst im Umgang mit schwierigen Schülern aus. Dabei geht es hier nicht um fehlgeschlagene Einzelrelationen, in denen die „pädagogische Chemie“ nicht stimmt. Vielmehr ist es an manchen Brennpunktschulen kaum noch möglich, überhaupt akzeptable Unterrichtsbedingungen herzustellen.

**Unmotivierte und widerspenstige Schüler – Problem Nr. 1:** „Das Problem der Schule liegt nicht im Fehlen von Standards, sondern in der Unmöglichkeit, im Unterricht eine Situation herzustellen, die Lernen möglich macht oder begünstigt" (Bauer 2004, S. 1, vgl Klippert 2005, S. 17). Dabei leiden Männer mehr unter der Schulunlust der Schüler, Frauen mehr unter dem Mangel an intakten sozialen Beziehungen und dem Konkurrenzdruck im Kollegium (Dauber/Vollstädt bei Klippert 2005, S. 18).

Um überhaupt fertigzuwerden mit diesen teilweise massiven Unterrichtsstörungen, die oftmals einhergehen mit persönlichen Angriffen auf Lehrende, ist gerade der kollegiale Zusammenhalt und das „An-einem-Strang-ziehen" von überlebenswichtiger Bedeutung. Denn die notwendigen personellen und strukturellen Veränderungen, wie die Einstellung von Sozialarbeitern und Schulpsychologen für jede Schule, kann der einzelne betroffene Kollege nicht abwarten.

**Offensive Problembewältigung und soziale Unterstützung bilden Puffer gegen das Burn-out:** Das beweist die Gruppe der gesunden Lehrer, die eben nicht zur Resignation neigen, sondern aus der notwendigen Distanz aktiv ihre Probleme angehen. Als weitere stabilisierende Größe kann die soziale Unterstützung angesehen werden, die bei der Risikogruppe defizitär ist (Klippert 2005, S. 24 ff.).

Als wertvolle Hilfe bleibt hier nur intensive Kooperation der Lehrerschaft besonders in den Klassenteams, um zu neuen Handlungsalternativen zu finden und diese auch durchzusetzen. Das bringt nicht nur eine enorme emotionale Unterstützung für den Einzelnen mit sich, sondern kann ihm viel mehr Kraft und Mut geben, auch eigene Veränderungen in Gang zu setzen. Letztlich sind diese Hilfen und Absprachen natürlich auch zeitintensiv, weil viele Alternativen zu diskutieren sind und viel innere Beteiligung im Spiel ist. Aber sie sind unbedingt Q-Arbeiten, langfristig zeit- und energiesparend, da die Effektivität von gemeinsamen Maßnahmen bedeutend größer ist.

Nicht zuletzt können neben den disziplinarischen Regelungen und den Hilfestellungen für die Schüler auch immer wieder eigene Ängste und Verhaltensnöte angesprochen werden, die in der Runde vertrauter Kollegen auf Verständnis stoßen. Im gemeinsamen Brainstorming oder in Rollenspielen können neue Verhaltensalternativen besprochen, eingeübt und beschlossen werden, die zu einem Abbau des psychischen Drucks führen. Das entspricht dem Bedürfnis vieler Lehrender mit Schulproblemen (vgl. Hillert 2005, S. 22). Sie können und müssen natürlich von eigenen regelmäßigen Reflexionen begleitet werden (vgl. Kapitel 5, insbesondere S. 72 ff.).

Gerade die hohe Anzahl von Frühpensionierungen infolge psychischer Beeinträchtigungen legt kooperative Formen nahe. Erst mit gemeinsamen lösungsorientierten Anstrengungen, die den Kreis der Reproduktion ungeeigneter Muster durchbrechen (Fidler 2004, S.60), wird es möglich sein, zu angemessenen Verhaltensänderungen und neuen Einstellungsmustern zu finden. Nur so können Lehrer heute langfristig dem Druck standhalten, der von den vielen verhaltensauffälligen Schülern ausgeht (gegenwärtig sind gemäß einer Untersuchung der Universitätsklinik Aachen mehr als 15 % der Kinder und Jugendlichen als psychiatrisch auffällig einzuschätzen, vgl. Bauer 2004, S.7).

Am effektivsten und sicher zwingend wäre eine regelmäßige professionelle Begleitung und Supervision innerhalb des Zeitkontingents der Lehrer, die für jeden Pädagogen an jeder Schule selbstverständlich zur Verfügung stehen müsste. – Leider immer noch Zukunftsmusik ...

## 8.5 Kooperation mit Ihren Schülern

Es bleibt stärker diaktisch-methodisch orientierten Ratgebern vorbehalten, Ihnen hier vielfältige Möglichkeiten aufzuzeigen, die die Selbstständigkeit und vor allem die Selbstverantwortung Ihrer Schüler altersgemäß und kontinuierlich fördern. Dennoch möchte ich hier vor allem mit Blick auf die zeitliche Dimension betonen, dass gerade der Weg des selbstgeleiteten Lernens und der Erweiterung des Verantwortungsbereichs Lernender langfristig auch für den Lehrenden sehr zeit- und kräftesparend ist.

Allerdings erfordern besonders das Erstellen des umfangreicheren Materials und die Einübung der organisatorischen Grundlagen erst einmal viel Vorbereitungsaufwand, den Sie nicht sofort für alle Fächer und Themen leisten können. Darüber hinaus werden z.B. methodische Fortbildungen notwendig. Auch der Zeitbedarf, den die unentbehrliche Kooperation mit Kollegen mit sich bringt, ist zu gewärtigen.

Ist aber diese Arbeitsweise erst einmal bei Ihren Schülern mit den entsprechenden Grundkompetenzen entwickelt und stehen Ihre Lernspiralen oder Arbeitsanweisungen vielfältig zur Verfügung, dann werden Sie sich enorm entlastet fühlen. Denn Sie werden dann nicht mehr als Strukturgeber, Kontrolleur und Hauptwissensträger wie im frontalen Unterricht ständig gefordert sein, sondern Ihre Schüler vollziehen die einzelnen Lernschritte selbstständig, wobei sie einander auch Hilfestellungen geben können. Sie selbst agieren dann eher als Lernmoderator, der Impulse und kurze Präsentationen leistet. Eine langfristig ökonomische Arbeitsweise, die besonders dann sehr viel einfacher zu realisieren ist, wenn alle Kollegen in dieser Art mit den Schülern arbeiten. Sie setzt auch voraus, dass Sie Ihre Lehrerrolle weg von der starken Helferorientierung hin zum Prinzip der Selbsthilfe der Lernenden ausrichten, eine nicht immer einfache Umorientierung besonders für ältere Kollegen (vgl. Klippert 2006, S.50).

Abgesehen davon, gibt es neben diesen groß angelegten Umstellungen hinsichtlich der Unterrichtsgestaltung sicher eine ganze Menge kleinerer Möglichkeiten, Schüler verantwortlich einzubeziehen. Trotz des Aufwandes der Einweisung und Kontrolle der jeweiligen Tätigkeiten ergibt sich meist ein Entlastungseffekt, auch und gerade in zeitlicher Hinsicht.
Einige Anregungen im Überblick:

- Mitverantwortung bei der Aufstellung und Umsetzung der Klassenregeln
- Übernahme von ritualisierten Teilfunktionen wie Aufräumen, Gestalten und Ausschmücken der Räume, Bildung oder Auslosen von Teilarbeitsgruppen usw.
- Helferteams und Mitgestalter für Aufbauten, Musikanlagen, Entspannungsecken
- Funktionen verteilen: Zeitwächter für die Erarbeitungsschritte beispielsweise bei der Gruppenarbeit, Protokollant der Ergebnisse, Vortragender
- Ausbildung von Konfliktlotsen oder Streitschlichtern zur Klärung von kleineren Streitigkeiten im Gruppenverband, Erstellen verbindlicher schriftlicher Vereinbarungen untereinander
- Mitorganisation oder Alleinorganisation von Klassenfesten, Wandertagen, Begehungen und Klassenfahrten
- selbstständiges Erarbeiten von Unterrichtsthemen über vielfältige Informationen in Stationen, mithilfe mitgebrachter Bücher und Broschüren, des Internets oder durch Konsultation von Experten
- Festigung und Erklärung von Unterrichtsinhalten durch die Schüler untereinander in sogenannten Fragestunden, gegenseitige Förderung und ggf. Nachhilfe
- selbst erarbeitete Präsentationen neuen Wissens durch Rollenspiele, Theaterstücke, Visualisierungen, Computerpräsentationen, Collagen
- selbst zusammengestellte Unterrichtsstunden oder Einzelsequenzen
- Entwicklung von Lernpatenschaften zwischen älteren und jüngeren Schülern
- differenziertes Feedback untereinander über Lernergebnisse, aber auch über das Sozial- oder Teamverhalten

Indem Sie Ihre Schüler verstärkt die Unterrichtsprozesse mitgestalten und mitbestimmen lassen, übernehmen diese verstärkt die Rolle des „Miterziehers“ (Klippert 2006, S. 102). Umso mehr Möglichkeiten haben Sie, Lernende individuell zu unterstützen und zu beraten. Auch im erzieherischen Bereich finden Sie so mehr Gelegenheiten, Ihre Zugänge zu all den kleinen Persönlichkeiten zu vertiefen, als wenn Sie vorwiegend frontal-lehrerzentriert arbeiten. Da letztlich die Beziehung zu Ihren Schülern eine wichtige Grundlage darstellt – Ihr Kapital für den Unterrichts-, Lern- und Erziehungserfolg – sollten Sie bewusst Zeitfenster und Gelegenheiten suchen und schaffen, weitere intensive Kontakte besonders in Krisen- oder Problemsituationen herzustellen. Dies insbesondere, da für 27% aller Lehrenden (Barth bei Ulich 1996, S.26) der Umgang mit den jungen Menschen zu den schönsten Seiten des Lehrerberufs zählt.

Ich selbst habe gute Erfahrungen mit Schülersprechstunden gemacht, aber auch mit Jahresgesprächen. Hier ist eine ruhige Gelegenheit für gegenseitiges Feedback, aber auch, um die Ziele und Erwartungen für das nächste Schuljahr festzulegen. Ich verbuche diese sicher etwas aufwändigen Gespräche unter den Qualitätszeiten – also vertrauensbildenden Maßnahmen, weil sie sich nach meinen Erfahrungen als erhebliche Erleichterungen im Schuljahr auszahlen. Sie reduzieren die Zahl der Ermahnungen und Korrekturen späterhin spürbar.

Werten Sie intensive Schülerbegegnungen auch als wertvolle Zeit für sich selbst, weil Sie losgelöst vom Zeit- und Unterrichtsdruck oft Ihre Lehrerpersönlichkeit viel stärker und direkter entfalten können. Vielleicht helfen Ihnen solche entspannten Schülerbegegnungen auch, Ihre ganz persönliche Authentizität zu finden und sie dann auch auf den Unterricht zu übertragen – anstelle der „identitätslosen Unangreifbarkeit" manchen Frontalunterrichts (Bauer 2004, S.11). Denn für viele Lehrer ist es heute bei der hohen Zahl von verhaltensauffälligen Schülern immer schwerer, ihr „wahres Gesicht" zu zeigen; sie bauen eine Schutzmauer um Ihre Persönlichkeit herum.

## 8.6 Kooperation mit ‚Ihren' Eltern

Eine intensive Elternarbeit kann zusätzlich sehr viel Kommunikationszeit kosten und sehr mühevoll, manchmal auch belastend und wenig effektiv sein. Das können Klassenlehrer bestimmt bestätigen, die meist ein hohes Zeitkontingent für die Elternarbeit bereitstellen müssen, das übrigens nirgendwo angemessen verbucht oder gutgeschrieben wird. Oft haben Sie es auch noch mit einer nicht immer nachvollziehbaren intensiven Kritikneigung mancher Eltern zu tun, die Ihnen das Leben alles andere als erleichtert.

Häufig gibt es auch Querelen innerhalb der Elternschaft, die der Klassenlehrer gewärtigen und mitbewältigen muss. All das bindet Kräfte und Zeit, die nicht mehr produktiv nutzbar sind für das Lernen und Zusammenleben in der Klassengemeinschaft.

Aber gerade die Zusammenarbeit mit den Eltern birgt m.E. wertvolles qualitatives Potenzial, das bisher von den Bildungsträgern zu wenig genutzt wird. Sie erschöpfen sich nicht in der Mitorganisation von Schulcafés und Schulfesten. Eltern können wertvolle Mitverantwortung und kooperative erzieherische Arbeit leisten, wie es in jüngster Zeit erfreulicherweise an manchen Schulen geschieht.

Zu Ihrer Anregung folgt ein Überblick zu einfachen Entlastungshilfen durch Eltern, aber auch zu Möglichkeiten der stärkeren elterlichen Erziehungsverantwortung für die Lernenden:

- **Einbeziehung von Eltern in Unterrichtsprojekte als Experten,** aber auch als mögliche Lernhelfer mit eingegrenzten, spezifischen Aufgaben
- **Einbeziehung in die Schulorganisation** als Aufsichtshilfe, Unterstützung der Schülerbibliothek, der Cafeteria, als Helfer bei Feiern und Ausflügen sowie Klassenfahrten
- **Elternhilfe bei der Streitschlichtung**
- **Hausarbeitshilfen an der Schule**
- **Erweiterung der Kursangebote** mit auch außergewöhnlichen Bereichen z.B. Töpfern, Raumfahrt, Kampftechniken, Selbstverteidigung, Kalligraphie, Aquarellmalen, Komponieren usw.
- **(verpflichtende) Workshops über Erziehungsfragen,** Elternversammlungen oder regelmäßige Informationsveranstaltungen über pädagogische Themen, vor allem mit Blick auf den konsequenten erzieherischen Umgang und die Regelhaftigkeit
- **gemeinsames Aushandeln und Festlegen von Erziehungsvereinbarungen zwischen Eltern und Lehrern** (unter Einbeziehung der betreffenden Schüler) und zwischen Eltern und dem Schulträger; Klärung, welche Aufgaben die Schule, welche die Eltern zu übernehmen haben, Verabredungen zu möglichen Sanktionen, aber auch Würdigungen
- **Regelmäßige Beratungsgespräche mit „Zielvereinbarungen"** zu bestimmten Erziehungsnotwendigkeiten, mit Vorschlägen zu begleitenden Therapien oder Unterstützungsmaßnahmen
- **Beteiligung der Elternvertreter am gesamten Schulentwicklungsprozess**

## 8.7 Pflege Ihres privaten sozialen Umfelds

Bei aller Belastungsfülle und dem verständlichen Wunsch nach Ruhe und Abgeschiedenheit, der sicher auch im notwendigen Umfang gelebt werden soll und muss, ist für einen vielfach beanspruchten Lehrer der Austausch mit Kollegen und mit Freunden eine Notwendigkeit und damit auch Lebensaufgabe.

Wir ziehen 70% unseres persönlichen Glücks aus unseren sozialen Bindungen. Sie erlauben uns, in tiefere Beziehungen einzutauchen, die viele unserer Grundbedürfnisse nach Liebe, Zugehörigkeit, Vertrauen, Zuwendung, Unterstützung in schwierigen Situationen, Austausch usw. erfüllen. Zu wenig Gelegenheit oder Zeit für unser Privatleben und die Kontaktpflege vermittelt uns das Gefühl des Unausgefülltseins. Uns zugewandte Menschen sind tragende Säulen unseres Lebens. Sie werden zum unersetzlichen Auffangnetz, wenn uns größere Schwierigkeiten heimsuchen wie Krankheit, Scheidung, Tod, finanzielle Verluste, Arbeitslosigkeit. Soziale Netzwerke geben uns erst die Sicherheit zum selbstbewussten und kraftvollen Agieren nach außen.

Besonders im Lehrerberuf ist die Tendenz stark, soziale Beziehungen bei beruflicher Überforderung zu vernachlässigen. Tragisch, da diese Kontakte gerade dann eine wichtige Funktion erfüllen könnten.

„Vordergründig sind Sie kontaktgesättigt. Langfristig entbehren Sie eines freundschaftlichen Austauschs" (Kretschmann 2000, S. 109).

Nehmen sie ein großes Blatt zur Hand, zeichnen Sie sich selbst als kleinen Kreis in die Mitte. Gruppieren Sie nun Ihre sozialen Bindungen mit Namen um sich herum, und zwar in dem Abstand, wie Sie selbst zu ihnen stehen. Schreiben Sie Freunde, Verwandte und Kollegen auf, einfach die wichtigsten Menschen in Ihrem Umfeld. Kennzeichnen Sie die Beziehungen zu ihnen jeweils durch dicke beidseitige Pfeile, wenn sie besonders eng und gleichgewichtig sind, durch dünnere Striche oder einseitige Pfeile bei ungleichgewichtigeren Relationen.

Betrachten Sie nun das entstandenene Netz kritisch. Was ist für Sie stimmig, wo wünschen Sie sich Veränderungen? Die möglichen zukünftigen Interventionen können Sie am besten gleich an die Pfeile schreiben, z. B. in Form von Bemerkungen wie „anrufen, einladen, Hilfe anbieten" usw.

Lehrende haben den ganzen Tag mit einer Vielzahl von Menschen zu tun, wobei auch immer wieder kontroverse Auseinanderzusetzen zu bewältigen sind. So ist ihr Wunsch mehr als verständlich, im privaten Umfeld eine ruhige, „heile" Welt aufzubauen, die keinen Konfliktstoff beinhaltet. Hinzu kommen verbreitet die überaus hohen Belastungen durch die Unterrichts- und Korrekturarbeiten, die tagtäglich einen hohen Regenerationsbedarf nach sich ziehen. Damit sind die zeitlichen wie kräftemäßigen Räume für soziale Kontakte verständlicherweise eingeschränkt. Viele haben einfach schon große Mühe, ihre unmittelbaren sozialen Bindungen an die Kinder und den Partner befriedigend aufrechtzuerhalten, ohne ein dauerhaft schlechtes Gewissen zu entwickeln.

**Individuelle soziale Netzwerke sind ein wichtiges Bollwerk gegen das Burn-out:** Da die schulischen Belastungen die zentralen Burn-out-Faktoren darstellen, so sind außerschulische soziale Ressourcen als Puffer sehr wichtig (Neuenschwander 2003, S. 217). Die Wahrscheinlichkeit psychosomatischer Erkrankungen ist unter alleinstehenden Lehrpersonen deutlich erhöht (Hillert 2005, S. 19). „Getrennt lebende oder geschiedene Lehrerinnen und Lehrer zeigen eine deutlich höhere Burn-out-Rate (55 %) als Singles (45 %) oder in der Partnerschaft bzw. Ehe lebende Lehrkräfte (30 %)" (Bauer 2004, S. 5).

Ein intaktes soziales Netzwerk, bestehend aus familiären und gleichsam freundschaftlichen Kontakten, ist ein gutes Fundament, um auch mit größeren Schwierigkeiten und Stressbelastungen aus dem persönlichen und beruflichen Umfeld klarzukommen (vgl. Herrmann 2005, S. 5). Es bildet den Boden für eine stabile gesundheitliche Verfassung und persönliches Glücksempfinden.

Der Wert der direkten Begegnung und Auseinandersetzung, also nicht vermittelt über Handy und E-Mail, wird vielfach unterschätzt. Wir brauchen diese wertvollen Kontakte und Auseinandersetzungen, um unsere eigene Situation zu begreifen. Nur uns nahestehende Menschen können uns ehrliche Rückmeldungen und Hilfen bieten, die unentbehrlich für unsere Selbstbildentwicklung sind, aber auch grundlegend, um unseren Egoismus einzudämmen und unsere Hilfsbereitschaft zu aktivieren.

Die verbreitet zu konstatierende Verarmung der Gesellschaft gerade in sozialen Bezügen hemmt das Wachsen einzelner Persönlichkeiten, aber auch das der gesamten Gesellschaft als Wertegemeinschaft.

**Sorgen Sie für funktionierende soziale Auffangnetze im privaten Bereich und pflegen Sie sie.** Neben Ihren familiären Verpflichtungen ist es wichtig, dass Sie Freundschaften im Außen pflegen. Das gibt nicht nur Ihnen selbst Halt, sondern gemeinsame Freunde festigen auch die Partnerschaft. Machen Sie zunächst eine Liste Ihrer wichtigeren Freunde. Laden Sie einmal im Jahr alle Ihre guten Freunde zu einer gemeinsamen Party ein und organisieren Sie weitere kleinere Treffen mindestens monatlich. Rufen Sie wichtige Freunde häufiger, etwas unwichtigere in größerem Abstand an. Nutzen Sie Geburtstage oder Festtage zur Kontaktpflege. Vernachlässigen Sie diese Kontakte längere Zeit, werden Sie bald feststellen, dass Ihr Freundeskreis schnell schrumpft.

Solch ein System bedarf also der ständigen Pflege, auch eines gewissen zeitlichen Engagements, damit es lebt und funktioniert. Möchten Sie also in Notzeiten, die jeder von uns in seinem Leben durchmacht, auf ein solches Netz zurückgreifen, dann ist es notwendig, dass Sie es sich in guten Zeiten aufgebaut und durch Ihre Hilfeleistungen und Ihren Einsatz gehegt haben. Haben Sie die Pflege Ihres sozialen Netzwerks aus Zeitgründen vernachlässigt oder weil sie es in guten Zeiten nicht so dringend brauchten, ist es in Notzeiten umso schwerer bis unmöglich, dies nachzuholen. Deshalb verwenden Sie stets Zeit und Sorgfalt darauf, Ihr persönliches Umfeld in Ordnung zu halten. Es ist der Ausgangspunkt, um Sinn und Harmonie sowie Glück außerhalb der Schule zu finden, was sich wiederum positiv auf die Atmosphäre der Schule auswirkt. Denn nur, wenn Sie selbst gut gefestigt sind und genügend Zeit für sich und Ihre Liebsten investiert haben, können Sie genügend Kraft, Sinn und Freude für Ihre Schüler entwickeln. Und: Ihr Lebenssinn wird nicht grundlegend infragegestellt, wenn die schulische Arbeit phasenweise frustrierend verläuft oder mit Erreichen des Ruhestands als Existenzmittelpunkt entfällt.

# 9 Das Gleichgewicht zwischen Anspruchswelten und eigenen Bedürfnissen halten

## 9.0 Ihr Garten und Ihre Umgebung

Zum Reflektieren Ihrer Balance können Sie wieder auf das Gartenbild mit Lebensbaum zurückgreifen. In Ihrem Garten – um Ihrem Lebensbaum herum – sind Ihre Bedürfnisse, Ansprüche und Prioritäten zu Hause, also Ihr Wollen und Können. Wenn Sie viele davon leben und erfüllen, wird Ihr Garten wahrscheinlich grünen und blühen und Ihr Baum viele Früchte tragen. Gesäumt wird Ihr Garten von der Kooperationszone mit den anderen Bäumen, sprich Familie, Kollegen und Freunde. Umgeben ist Ihr Garten mit der Kooperationszone von einem weiteren Umfeld der äußeren Anforderungen, die die Größe Ihres Gartens einschränken. Zu den Ansprüchen von außen zählen beispielsweise die beruflichen Pflichten, der Haushalt, das Kümmern um die Kinder und Verwandten bzw. eine zusätzliche Tätigkeit oder feste Aufgabe im Außen.

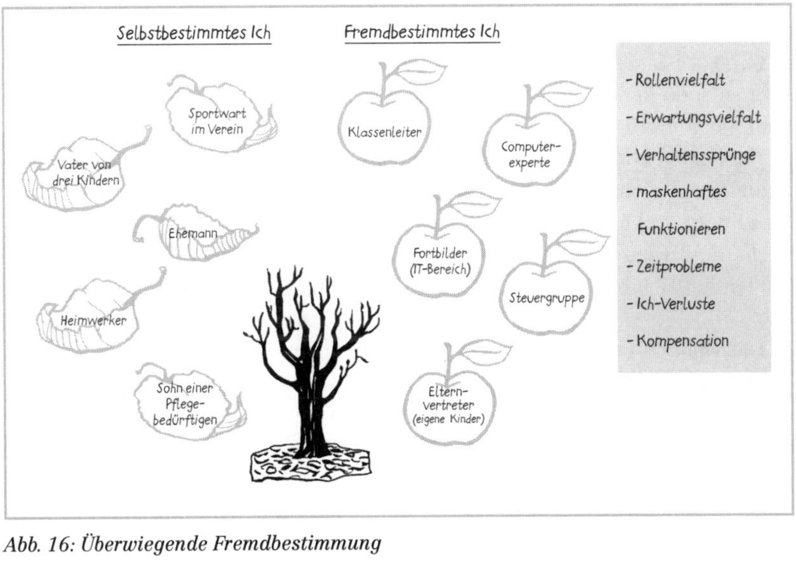


*Abb. 16: Überwiegende Fremdbestimmung*

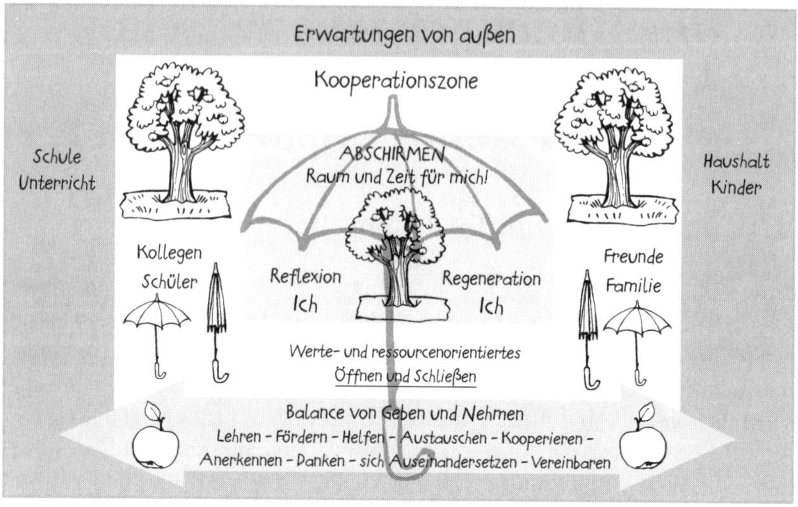


*Abb. 17: Gleichgewicht zwischen Anspruchswelten und eigenen Bedürfnissen*

Damit es Ihnen langfristig gut geht, sollte die Balance von Innen und Außen stimmen. Wenn Sie beispielsweise nur sehr wenige eigene Bedürfnisse leben dürfen und deren Erfüllung stets hintenan stellen, wird Ihr Garten kaum gedeihen. Er kann bei diesem starken Ungleichgewicht gegenüber dem starken Außen nur noch sehr klein ausfallen. Sie fühlen sich dementsprechend eingeengt, gestresst und unbefriedigt (vgl. Abb. 18). Können Sie ohne Einschränkung Ihre eigenen Bedürfnisse umsetzen und haben Sie wenige oder kaum Funktionen für andere – leben also nur für Wellness und eigenes Vergnügen – dann ist Ihr Garten zwar sehr groß, aber arm an Früchten. Sie werden wenig ernten können, weil sich Erfolge und Anerkennung nur ergeben, wenn Sie auch etwas für andere und mit anderen tun können. Auch hier stimmt also das Gleichgewicht nicht. Eine angemessene Balance finden Sie nur, wenn Sie Ihren eigenen Garten hegen, aber auch im richtigen Maß mit für andere Gärten sorgen (vgl. Abb. 19).

Das Gelingen der Balance zwischen dem eigenen Garten und dem ‚Außen' wird sich sehr individuell gestalten. Manche kommen zurecht mit relativ kleinen Gärten, umgeben von einem dominanten Außenbereich, und sie sind mit diesem Verhältnis auch zufrieden. Andere brauchen einen größeren Eigenbereich, sodass Sie sich mehr gegenüber den Anforderungen von außen abschirmen müssen. Ihre persönlich stimmige Balance können nur Sie selbst herausfinden und bestimmen, wofür ich Ihnen nun einige Möglichkeiten vorschlage.

## 9.1 Beobachtungsschwerpunkte längerfristiger Reflexionen

Am Ende jedes längeren Schulabschnittes ist eine intensive Rückschau unbedingt erforderlich. Dabei geht es nicht nur um eine tiefer gehende Einzelreflexion, sondern auch die Beobachtungen und das Feedback der Kollegen, Eltern und Schüler sind wichtig. Erst vor diesem Hintergrund kann dann mit einigem Abstand eine fundierte Neuplanung der nächsten Schuljahresabschnitte unter Berücksichtigung der gewonnenen Erkenntnisse erfolgen. Dabei gilt es nicht nur, auf die möglichen Fehlentwicklungen und Probleme zu schauen, sondern auch besonders auf das Erreichte und die Fortschritte in Teilbereichen.

Damit Sie eine Orientierung für Ihre Analyse bekommen, schlage ich Ihnen eine Erweiterung der Fünf-Finger-Methode für Ihre Tagesreflexionen (vgl. S. 73 ff.) auf eine **Zehn-Finger-Methode** vor. Sie sollten zunächst die bekannten fünf Kriterien (Ziele, Mentalität, Rhythmus, Kooperation, Durchführung) Ihrer üblichen Tages- bzw. Wochenreflexion über den entsprechend längeren Beobachtungszeitraum beleuchten. Dabei geht es nun um die Beurteilung Ihrer längerfristigen Zielsetzungen und Lehrerprioritäten, die Balance zwischen Regeneration und Belastung, um die Fortschritte in der Kooperation mit Kollegen und Schülern und um die Einhaltung Ihrer Gesamtplanung.

Um Ihre langfristigen Rückblicke aber noch intensiver zu gestalten, schlage ich Ihnen zusätzlich vor, zu weiteren fünf Punkten jeweils schriftlich Stellung zu nehmen, die jeweils die Finger der anderen Hand symbolisieren:

Zeigefinger = **Zufriedenheit:** Wie hoch ist Ihre Zufriedenheit mit diesem Schuljahr? Welche Ergebnisse oder Ereignisse waren besonders befriedigend? Was war eher enttäuschend?

Mittelfinger = **Mängel:** Wo gab es einschneidende Mängel oder Fehlentwicklungen? Wie haben Sie darauf reagiert? Hatten Sie Einfluss auf eine Änderung? Was würden Sie in Zukunft anders machen?

Ringfinger = **Resonanz:** Konnten Sie Ihre Schüler häufiger begeistern? Wurden Sie als Fachautorität und als Person entsprechend akzeptiert? Wo konnten Sie helfend und unterstützend wirken? Wo waren Sie eher erfolglos? Wie war das Verhältnis zu Ihren Kollegen und Eltern oder der Leitung?

Kleiner Finger = **Konsequenz:** Wie konnten Sie Ihre Vorgaben umsetzen? Haben Sie den roten Faden oft beibehalten können? Wo gab es Unterbrechungen? Konnten die Schüler Ihre konsequenten Maßnahmen ausreichend verstehen und annehmen? Waren sie nützlich? Konnten Sie auch flexibel sein und Dinge loslassen? Wo wären Sie gern konsequenter, wo gern flexibler gewesen?

Daumen = **Dankbarkeit:** Welche Fortschritte bzw. Erfolge bei den Schülern oder auch in Bezug auf Ihre Entwicklungen erfüllen Sie mit Dankbarkeit? Worauf sind Sie stolz? Was schenkte Ihnen besondere Erfüllung?

> Schreiben Sie zu jedem Reflexionspunkt ausführliche Notizen. Überdenken Sie das Geschriebene. Würdigen Sie das Geschaffte anschließend noch einmal aus der Distanz. Suchen Sie aber auch nach nötigen Konsequenzen oder Alternativen für das neue Schuljahr.

## 9.2 Ihre Zeitbalance für Ihre Hauptlebensbereiche

*Frau Schmidtke ist eine schon über 20 Jahre am örtlichen Gymnasium beschäftige Lehrerin. Sie deckt vornehmlich die Fächer Deutsch und Englisch in der Sekundarstufe I ab. Meistens ist Sie auch Klassenlehrerin. Sie ist eine stets sehr exakt arbeitende Kollegin, die sich zusätzlich gern bei Wettbewerben beteiligt und sich für Ihre schon immer geliebte Theater-AG engagiert, welche sie inzwischen unentgeltlich am Samstag abhält. Hier kann sie dann auch in Ruhe für die halbjährlichen Schulaufführungen proben. Trotz der viel höheren Klassenfrequenzen besonders im 7. Schuljahr (hier wird häufig mit 35 Schülern begonnen), der hinzugekommenen Unterrichtsstunden, der vermehrten Fachkonferenzen usw. hat sie in den letzten fünf Jahren versucht, ihr vielfältiges Engagement außerhalb des Unterrichts weiter aufrechtzuerhalten. Probleme hat sie besonders im letzten Jahr mit Ihrem Rücken bekommen. Den Schmerzen ist mit Spritzen und Massagen immer weniger beizukommen. Frau Schmidtkes pubertierende Tochter leidet offenbar auch mehr und mehr darunter, dass ihre Mutter immer weniger Zeit für sie erübrigen kann. Sie ist in letzter Zeit unzugänglicher geworden und neulich nachts ist sie sogar ganz weggeblieben. Das bereitet Frau Schmidtke viele Sorgen und ein permanent schlechtes Gewissen, da sie seit einigen Jahren alleinerziehend ist und die gesamte Verantwortung für ihre Tochter trägt.*

Um eine dauerhafte Balance in Ihrem Lehrer-Leben zu erhalten, ist es notwendig, die aktuell gewählte Balance in regelmäßigen Abständen immer wieder zu überdenken, um ungünstige Verschiebungen schnell korrigieren zu können. Nehmen Sie sich zuerst Ihre Zeitbalance vor.

> Beschriften Sie vier große Blätter mit den vier Hauptlebensbereichen und legen Sie sie trapezartig auf den Boden, oben das Schild Beruf/Leistung, rechts Familie/Kontakte, unten Sinn/Kultur und links Körper/Gesundheit. Beantworten Sie die folgenden Fragen, indem Sie sich in die Nähe des betreffenden Feldes stellen, bei zwei gleichwertigen Antworten am besten zwischen die am Boden liegenden Blätter.

1. Wo verbringen Sie am meisten Lebenszeit?
2. Wo verbringen Sie am wenigsten Lebenszeit?
3. Wo verbringen Sie die wertvollste Zeit?
4. Welcher Bereich kostet Sie am meisten Energie?
5. Zu welchem Bereich müssen Sie sich am meisten zwingen, um dort Zeit zu verbringen?
6. In welchem Bereich haben Sie früher mehr Zeit verbracht, als Sie noch nicht so viel gearbeitet haben?
7. Wo möchten Sie unbedingt mehr Zeit verbringen? Wo vermissen Sie etwas wirklich Bedeutsames?

Reflektieren Sie diese Übung. Ist Ihre Zeitverteilung zurzeit in Ordnung? Oder bleiben Bedürfnisse auf der Strecke? Ist das schon längere Zeit so? Wollen Sie an der Verteilung etwas ändern, andere Schwerpunkte setzen?

Entwickeln Sie zu Ihren Überlegungen langsam Entscheidungen mit möglichem Handlungsplan und klaren Zeitvorgaben, damit Sie sich in Ihrem Leben wieder ausgeglichen fühlen können. „Nur durch Abschiednehmen kann man sich neue – auch zeitliche – Freiräume erschließen" (Herwig 2005, S. 41).

Wenn Sie über längere Zeiten hinweg wichtige Bedürfnisse in einem Lebensbereich zugunsten anderer unberücksichtigt lassen, entstehen unweigerlich Unzufriedenheiten. Hier gilt es vorher zu intervenieren. Manchmal sind die Abstriche auf finanziellem Gebiet weniger einschneidend, also eine Reduzierung Ihrer Pflichtstundenzahl oder auch von schulischen Zusatzverpflichtungen (wie im obigen Beispiel), als wenn die Kontakte zu Ihren Kindern oder Ihr wertvolles Hobby, die Entfaltung Ihrer eigenen Talente, leiden. Bedenken Sie, dass nagende Bedürfnisse, auch wenn sie noch so vernünftig begründet unterdrückt werden, sich immer bemerkbar machen werden, sei es als ständige Nörgeleien, depressive Verstimmungen oder wiederkehrende Kopf- oder andere Schmerzen. Dann spätestens müssen Sie etwas verändern. Tun Sie es rechtzeitig. Sie können nie längerfristig gegen sich selbst und Ihre ureigensten Wünsche leben. Denken Sie daran, dass Sie niemals Zeiten zurückbekommen. Manchmal haben Sie auch in der Zukunft nicht die Zeit oder die Möglichkeiten für aufgeschobene Bedürfnisse. Die einzige Zeit, die Sie wirklich gestalten können, ist die Gegenwart. Deshalb muss Ihre Balance auch im *Jetzt* stimmig sein!

## 9.3 Ihre Gesamtbalance

Neben der immer wieder notwendigen Gesamtzeitanalyse möchte ich Sie noch zu einer weiteren Betrachtung Ihrer Gesamtbalance ermuntern, die Ihnen helfen soll, Ihre Wünsche und die Anforderungen der Schule langfristig ins Gleichgewicht zu bringen.

„Wie schaffe ich einen Ausgleich zwischen der berechtigten Fürsorge für mich selber und den Ansprüchen, Bedürfnissen und Forderungen, die von meinen Schülern, meinen Kollegen und der Schulleitung und Schulaufsicht auf mich einstürmen?“ (Langos-Luca bei Gudjons 1993, S. 112)

Beide Anspruchswelten, die von Ihnen gesetzten inneren und die von außen an Sie herangetragenen, stehen in einem engen, immer wechselseitigen Verhältnis zueinander. Dabei gibt es sehr schöne Synergien zu erleben, wenn sich Ihre Vorstellungen ganz mit den Wünschen und Anforderungen in Ihrer Familie oder auch im Beruf decken. Da Ihre Wünsche, Ziele und Möglichkeiten aber nicht immer mit denen Ihrer Umwelt übereinstimmen oder mit deren Auffassungen konform gehen, gibt es hier oft Widersprüche und Spannungen, die stets ausgehalten werden müssen. Von einem einigermaßen ausgewogenen Verhältnis dieser beiden Welten ist Ihr Stressempfinden in höchstem Maße abhängig, sodass genaue Reflexionen zur aktuellen Balance dieser beiden Systeme grundlegend für ein erfolgreiches Zeit-, Stress- und Selbstmanagement sind.

Zufriedenheit erlangen Sie also nur über eine für Sie stimmige Balance zwischen Selbst- und Fremdfürsorge. Wir alle brauchen einen geschützten Raum für uns selbst, in dem wir Dinge tun können, die uns aufbauen und weiterentwickeln. Das kann die Zuwendung und Liebe unseres Partners sein, eine harmonische sexuelle Beziehung, einfach Ruhe und Entspannung, aber auch inspirierende Dinge wie Musik, Literatur, Sport, Natur, Reisen und Hobby. Dazu gehören aber auch berufliche Aufgaben, die unser Interesse wecken und die uns persönlich weiterbringen und inspirieren, genauso wie wertvolle Kontakte. Das sind alles Dinge, die wir wollen, brauchen und aus denen wir unsere Kräfte ziehen. Außerhalb des geschützten Raumes dominieren die Aufgaben und Anforderungen, die andere an uns stellen, berufliche Vorgaben, Erfordernisse und Termine des Alltags durch Kinder, Familie, Haushalt, Arztbesuche, Stundenplan, Konferenzen, Elterngespräche, Unterrichtsvorbereitungen, Korrekturen, Medienbeschaffung usw., die wir stets erfüllen sollen.

Beide Bereiche ermöglichen uns in vielfältigen Wechselwirkungen ein ständiges Geben und Nehmen. Aber stimmt das Verhältnis? Gibt es vielleicht zu viele Aufgaben im Außen, die uns zwar oft auch noch Spaß machen, aber die uns doch zu viele Energien nehmen und uns zu wenig Gelegenheit lassen, unsere Ressourcen wieder aufzufüllen?

Mit dem Eindruck, nur noch für die Schule da zu sein, nur noch für andere zu funktionieren, stellen sich Unzufriedenheiten zwangsläufig ein und das bedeutet Stress. Besonders wenn der eigene Garten immer kleiner wird und Sie quasi nur noch für andere da sind, dann kann es zu bedrohlichen Ich-Verlusten kommen. Bildlich gesprochen dörrt ihr Garten durch mangelnde Pflege aus. So wird er – werden Sie – auf Dauer eingehen.

Das Ausfüllen zu vieler verschiedener Rollen mit zu aufwendigen Anforderungen im Außen gefährdet ein ausbalanciertes Lebenskonzept (vgl. Seiwert 2001c, S. 132 ff., Covey 2003, S. 77).

Nehmen Sie sich ein großes Blatt im Querformat und zeichnen Sie in die Mitte ein größeres Rechteck. Schreiben Sie in das innere Rechteck „Ich", in das äußere Rechteck „Andere". Notieren Sie nun im inneren Rechteck, das Sie gern als Ihren Garten gestalten können, für Sie wichtige Wünsche, Ziele und Bedürfnisse auf, die Sie unbedingt leben wollen und brauchen, um zufrieden zu sein (Liebe, Partnerschaft, Hobby, familiärer Zusammenhalt, Reisen, Engagement für die Dritte Welt, Zeit für mich allein usw.). Denken Sie dabei besonders an die Dinge, die zurzeit zu kurz kommen. Schreiben Sie nun in das Außen einige der Bedürfnisse und Wünsche der anderen, der Schule, Ihrer Familie und Ihres Umfeldes, die Sie erfüllen sollen. Denken Sie dabei besonders an die Dinge, die Ihnen zurzeit eigentlich zu viel sind. Wie sieht Ihr Gleichgewicht aus? Reflektieren Sie nun eingehend, ob die Anforderungen von außen Sie zu stark einengen und viele Ihrer Wünsche begrenzen. Fühlen Sie sich in Ihrem Garten (Rechteck) zu sehr eingeengt? Stimmt die Balance zwischen Außen und Innen, oder überfordert Sie das Außen? Ist die Größe Ihres Gartens im Verhältnis zu dem Außen so richtig? Möchten Sie ihn gern vergrößern oder verkleinern? Was kommt zu kurz?

**Erste Warnzeichen der Überforderung registrieren und gegensteuern:** Sie können ein bestehendes oder sich entwickelndes Missverhältnis von Außen und Innen daran erkennen, dass sie das Gefühl haben, nicht mehr alles zu schaffen, einfach unter Zeitdruck zu stehen. Weitere Warnzeichen liegen im alltäglichen Umgang miteinander. So kann sich Ihr Ungleichgewicht in Gereiztheit und Ungeduld zeigen, indem Sie bei Kleinigkeiten aus der Haut fahren. Ebenso ist ein steigender Genussmittelkonsum kennzeichnend – über Zigaretten, Alkohol, Süßigkeiten etwa, weil Sie ja Defizite haben, die Sie auffüllen möchten. Beginnende Überforderung zeigt sich ferner im Vergessen von Terminen oder Unterlagen, aber auch im Nicht-Vergessen, das heißt im Nicht-Mehr-Loslassen-Können von Gedanken, die sich verselbstständigen. Daneben sind auch körperliche Symptome zu bedenken, wie Verspannungen, Schlafstörungen u.Ä.

Mit dem Auftauchen von Stresssymptomen sinkt gleichzeitig die Chance, die Anforderungen adäquat und ohne weitere Energieeinbußen zu beantworten. Da Anforderungssituationen immer bewertet sind, und zwar auf der Grundlage unserer vorhandenen Ressourcen, werden sich bei gleich hohen Anforderungsprofilen zwangsläufig mehr Stressreaktionen, wenn nicht sogar Stresskonsequenzen einstellen.

Diese Abwärtsschraube gilt es unbedingt zu durchbrechen, indem wieder mehr Selbstfürsorge in den Vordergrund tritt, um neue Ressourcen zu entwickeln. Bildlich gesprochen bedeutet das, dass Sie Ihren Garten wieder vergrößern sollten, einen hohen Zaun zum Schutz installieren und Tore einbauen, die Sie nur von innen öffnen können, um nur das in Ihren Garten hineinzulassen, was Sie nicht überfordert.

## 9.4 Umgang mit Ungleichgewichten

Ein eigentlich ausbalanciertes Leben kann durch übermäßig viele zusätzliche Aufgaben im Außen, die einen weiteren Zeit- und Energieverbrauch bedeuten, ins Ungleichgewicht geraten. Oft ist diese Entwicklung schleichend, indem sich weitere Funktionen aufdrängen und einfach miterledigt werden. Da das Leben immer im Fluss ist und sich ständig verändert, ist es notwendig, Korrekturen vorzunehmen, die natürlich immer nur in einem gewissen Rahmen möglich sind.

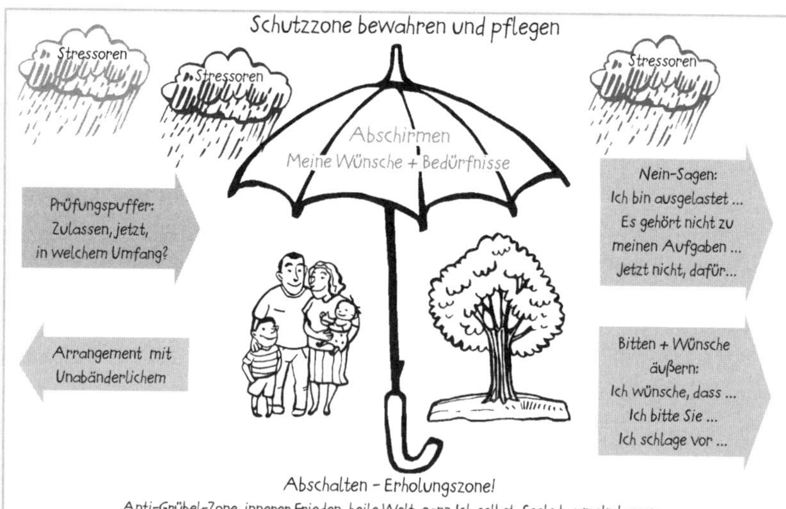


*Abb. 18: Schutzzone bewahren und pflegen*

Arrangieren Sie sich mit dem Notwendigen und Unabänderlichen: Sicher können notwendige und fest verankerte berufliche, aber auch private Aufgaben nicht einfach abgelehnt werden, auch wenn Sie Ihnen grundsätzlich oder im Moment einfach zu viel sind. Sie können notwendige Vergleichsarbeiten, Entwicklungsberichte, Zeugnisvorgaben, zusätzliche Konferenztermine oder Wandertage natürlich nicht einfach ablehnen. Hier hilft nur ein Arrangement mit den Gegebenheiten (Heyse/Vedder 2005, S. 9).

Weniger angenehme und persönlich nicht immer nachvollziehbare Notwendigkeiten beinhaltet sicher jedes Lebens- und Berufsfeld. Bei einer Reihe von Entscheidungen besonders der höheren Verwaltungsebenen, die sich Ihrem Einflussbereich und mitunter vielleicht auch Ihrer Zustimmung entziehen, sollten sie eine distanzierte Gelassenheit anstreben. Je geringer Ihre Chancen sind, wirklich etwas zu verändern, umso weniger nützt es, Energien auf das Unabänderliche zu vergeuden. Sparen Sie diese Energien für Dinge, auf die Sie, realistisch betrachtet, Einfluss haben. Was sich wann und wo lohnt, können nur Sie selbst auf der Grundlage der jeweiligen Gegebenheiten entscheiden (vgl. Kapitel 6.4).

> Betrachten Sie nochmals Ihre Zeichnung mit Ihrem Garten. Was genau ist Ihnen in Ihrem Außenbereich zu viel? Welche Anforderungen sind Ihnen besonders zuwider? Markieren Sie die besonders ungeliebten Tätigkeiten. Was davon könnten Sie streichen, delegieren, reduzieren? Welche Möglichkeiten haben Sie konkret? Wen könnten Sie ansprechen? Schreiben Sie die möglichen Alternativen gleich dazu. Zeichnen Sie Ihr Bild des zukünftig stimmigen Verhältnisses dazu. Was hat sich verändert?

**Falls Aufgabenkomplexe nicht zu streichen oder zu delegieren sind, reduzieren Sie Ihr Engagement.** Meist bleiben immer noch Spielräume bei der Erledigung der Aufgaben hinsichtlich der Intensität der Ausführung, oder es können auch Teilaufgaben delegiert bzw. reduziert werden. Hier sollten alle kreativen Chancen genutzt werden.

*Frau Jannowitz ist eine engagierte Biologielehrerin am Gymnasium, die seit langem gewissenhaft die biologische Sammlung der Schule betreut und hier auch immer mal wieder etwas aus privaten Erkundungen ergänzt (z. B. selbst präparierte Schmetterlinge). Vor drei Jahren nun ist sie Fachbereichsleiterin und im letzten Jahr sogar Seminarleiterin geworden – sie betreut je 15 Referendare über zwei Jahre mit Unterrichtsbesuchen und entsprechenden Seminaren. Frau Jannowitz ist hoch engagiert und liebt jede Ihrer Aufgaben. Deshalb lehnt sie auch das freundliche Angebot Ihres neuen Kollegen, Herrn Sander, ab, die Sammlung an der Schule an ihn abzutreten. Urplötzlich erkrankt ihre Mutter schwer und muss täglich versorgt werden. Überraschend wird ihr Mann für ein halbes Jahr nach Amerika versetzt. Jetzt passiert es Frau Jannowitz immer öfter, dass Sie wichtige Termine oder Unterlagen „verschwitzt“. Sie kommt erst zum Umdenken, als sie sogar den Prüfungstermin einer Referendarin einfach vergisst. Das kann sie sich nun wirklich nicht mehr verzeihen, sie handelt: Herrn Sander wird die Biologiesammlung übertragen und für ihre Mutter eine Haushaltshilfe engagiert.*

**Neue Aufgaben zu übernehmen bedeutet, sich zugleich von alten Aufgaben entsprechend zu entlasten!** Falls Sie eine neue Funktion oder ein neues Projekt übernehmen, machen Sie es sich zur Gewohnheit, bei den alten Anforderungen etwas Gleichwertiges zu streichen. Nur so kann langfristig Ihre Balance erhalten werden, besonders wenn Sie schon bisher an Ihren Grenzen gearbeitet haben, wie es viele Lehrer tun.

**Sagen Sie Nein zu ungerechtfertigten, sie stark einengenden Ansprüchen von außen. Verteidigen Sie Ihren Garten!** Überlegen Sie bei jeder Anforderung von außen, ob diese gerechtfertigt ist, ob Sie diese wirklich noch unterbringen können oder ob sie unabwendbar ist.

Häufig fehlt der Mut, andere durch eine Ablehnung zu enttäuschen. Der Preis ist jedoch dann zu hoch, wenn die Aufgabe nicht mehr ausreichend erfüllt werden kann und man darunter leidet. Schnell häufen sich Ärger und Aggressionen auf, die sich auch gegen den Auslöser richten, der die Verantwortung dafür eigentlich nicht trägt. – Wir selbst sind es, die die Verantwortung für unser Leben übernehmen müssen (Herwig 2005, S. 30).

Überdenken Sie, wozu Sie eigentlich gern Nein sagen möchten und können. Wozu fehlte Ihnen bisher der Mut? Was nicht mehr tun zu müssen, wäre gut für Sie? Entscheiden Sie sich für eine realistische Möglichkeit. Formulieren Sie Ihr Nein-Sagen vor:

1. *Wenn ich diese AG noch übernehmen soll,*
2. *... dann fühle ich mich stark überfordert,*
3. *... weil dieses Gebiet für mich ziemlich fremd ist und ich viel Vorbereitungsaufwand hätte. –*
4. *Und deshalb bitte ich Sie, damit bis zum nächsten Schuljahr zu warten und mir stattdessen andere Stunden zu geben.*

Benennen Sie zuerst den Sachverhalt (1), dann Ihr Gefühl in Ich-Form (2), Ihre Begründung (3) und eventuell noch eine Bitte oder Alternative (4).

Legen Sie einen geeigneten Zeitpunkt fest und üben Sie Ihre Formulierung mental ein.

**Führen Sie einen fairen und regelmäßigen Austausch mit klaren Vereinbarungen.** Nehmen Sie sich viel Zeit, die Wünsche und Ansprüche in Ihrem Umfeld, ob nun im beruflichen oder privaten Sektor, genau wahrzunehmen, zu achten und zu verstehen. Weisen Sie auch auf Ihre wesentlichen Wünsche und Bedürfnisse in angemessenen Ich-Botschaften hin, und sorgen Sie für einen häufigen und eindeutigen Austausch. Nur über gegenseitige Achtung und Klarheit können faire Vereinbarungen und damit ein Ausgleich der Interessen beider Seiten gefunden werden.

Es geht „ ... um die Relation zwischen der tatsächlich aufgewendeten und der von der betreffenden Person (beispielsweise von Ihnen) dafür als angemessen und gerecht erachteten Anstrengung“ (Hillert 2004, S. 91). Sie können aber nur die Ansprüche befriedigend erfüllen, für die sie auch langfristig genügend Ressourcen und Möglichkeiten besitzen.

Insgesamt gibt es keine allgemeine Formel der stimmigen Balance von Außen und Innen. Diese ist sehr individuell, und Sie müssen sie für jede Lebensphase neu etablieren. Dabei sollte das Auspendeln, also der Prozess der Findung Ihres Gleichgewichts, aber nicht auf ein Gegeneinander hinauslaufen, sondern eine sinnvolle Ergänzung und Integration beider Bereiche ermöglichen. Sie sollten dabei erfahren, „dass Gleichgewicht im Leben nicht ein Hinundherrennen zwischen den Abteilungen ist. Es ist eine dynamische Balance, bei der alle Teile synergetisch zusammenwirken“ (Covey 2003, S. 110). Das Verbindende ist dabei Ihre Vision. Suchen Sie aktiv nach diesen Synergien. „Synergien ergeben sich häufig nicht unbedingt spontan – wir müssen sie häufig selbst erzeugen.“ (Hansen 2004, S. 145)

Somit bleibt das Suchen der individuellen Balance zwischen eigenen und fremden Bedürfnissen eine dauernde Lebensaufgabe für jeden. Sie ist sicher auch von vielen Spannungen gekennzeichnet, die manchmal ausgesprochen oder sogar ausgefochten, aber immer gegeneinander abgewogen werden müssen. Diese Auseinandersetzung ist aber durchaus befruchtend, wenn sie fair und ehrlich geführt wird. Dann trägt sie zu einem entspannten Lebenskonzept und zu einer ausgewogenen und reifen Lebensplanung bei. Denn nur in der Auseinandersetzung mit anderen Interessen und Bedürfnissen können wir unsere eigenen erkennen, relativieren und bewerten.

# Literaturverzeichnis

BAIER, T., Lehrer und glücklich, Neuried 2002

BAUER, J., Die Freiburger Schulstudie – Kurzfassung, Stand: Juli 2004, S. 1–13, im Internet unter:www.psysom.ukl.uni-freiburg.de

BAUER, K.-O., Professionelles Handeln in pädagogischen Feldern, Weinheim und München 1997

BOSSONG, C., Selbst- und Zeitmanagement, Regensburg und Düsseldorf 1998

BUHREN, C. G./ROLFF, H.-G., Personalentwicklung in Schulen, Weinheim und Basel 2002

COVEY, S. R./MERRILL, A. R./MERRILL, R. R., Der Weg zum Wesentlichen, Frankfurt/M. 2003

FIDLER, R., Lehrerwahrnehmungen und Stressprävention, Kassel 2004

GEBAUER, K., Stress bei Lehrern, Stuttgart 2000

GAMSJÄGER, E./SAUER, J., Burnout bei Lehrern: Eine empirische Untersuchung bei Hauptschullehrern in Österreich, in: Psychologie in Erziehung und Unterricht 1996, S. 40–56

GUDJONS, H. (Hrsg.), Entlastung im Lehrerberuf, Hamburg 1993

GUDJONS, H., Gesund bleiben, in: Friedrich Jahresheft 1998 Arbeitsplatz Schule, S. 126–131

HAESKE, U., Team- und Konfliktmanagement, Berlin 2002

HANSEN, K., Selbst- und Zeitmanagement, Berlin 2004

HATZELMANN, E./HELD, M., Zeitkompetenz: Die Zeit für sich gewinnen, Weinheim und Basel 2005

HAUG, CH. V., Erfolgreich im Team, München 2003

HERRMANN, U., Lehrergesundheit, in: Lehren und Lernen 2005, Heft 8/9, S. 3–7

HENNIG, C./KELLER, G., Anti-Streß-Programm für Lehrer, Donauwörth 1995

HERWIG, U. E., Zeit Diät, München 2005

HEYSE, H., Lehrergesundheit zwischen Sollen, Wollen und Können, Projekt Lehrergesundheit, Rheinland-Pfalz, Trier, 2003, S. 1–8 (www.add.rlp.de)

HEYSE, H./VEDDER, M., Projekt Lehrergesundheit Rheinland-Pfalz, Anregungen zur individuellen und kollegialen Gesundheitsförderung. Trier 2003

HEYSE, H., Lehrergesundheit – eine gemeinsame Aufgabe von Lehrkräften, Kollegien und Schulleitungen, in: Lehren und Lernen 2005, H. 8/9, S. 39–53

HILLERT, A., Das Anti-Burnout-Buch für Lehrer, München 2004

HILLERT, A./SOSNOWSKY N./LEHR, D., Idealisten kommen in den Himmel, Realisten bleiben AGIL!, in: Lehren und Lernen 2005, H. 8/9, S. 17–27

HÜTTER, H., Zeitmanagement, Berlin 2004

JOHNSON, S., Eine Minute für mich, Reinbek 2003

KELLER, G., Selbstmanagement für Lehrer, Donauwörth 2003

KELLER, W./LAEGER, E./SAUERLAND, A./WETJEN, M., Wohlbefinden von Lehrerinnen und Lehrern an Sek.-I-Zentren, Bremerhaven, Schulpsychologischer Dienst, 1993, S. 19f.

KLIEBISCH, U. W./BASTEN, K. H., Coach yourself, Konflikt- und Zeitmanagement für Lehrerinnen und Lehrer, Hohengehren 1999

KLIPPERT, H., Lehrerentlastung, Weinheim 2006

KNOBLAUCH, J./HÜGER, J./MOCKLER, M., Ein Meer an Zeit, Frankfurt/Main 2005

KRETSCHMANN, R., Das Gefühl, nie fertig zu werden, in: Päd-extra 1994, S. 6–16

KRETSCHMANN, R. (Hrsg.), Stressmanagement für Lehrerinnen und Lehrer, Weinheim und Basel 2000

KÜSTENMACHER, W. T., Simplify your life, Frankfurt/M. 2002

MAYER, J. J., Zeitmanagement für Dummies, Bonn 1998

MEIER, R., 30 Minuten für erfolgreiche Teamarbeit, Offenbach 2005

MEIS, A., Zeit besser einteilen, in: Friedrich Jahresheft 1998 Arbeitsplatz Schule, S. 46–49

MEYER, I./VAN DICK, R., Arbeitszeit und Zeitmanagement im Lehrerberuf, in: Psychologie in Erziehung und Unterricht 2002, S. 263–272

MILLER, R., Sich in der Schule wohlfühlen, Weinheim 1992

NEUENSCHWANDER, M. P., Belastungen und Ressourcen von Lehrkräften der Sekundarstufe I und II, in Psychologie in Erziehung und Unterricht 2003, S, 210–219

NUBER, U., „Das schaffe ich schon!“, in: Psychologie heute, Februar 2002, S. 20–29

POSSEMEYER, I., Stress – Wie meistern wir die schöne neue Arbeitswelt, in: GEO 2002, März 2002, S. 142–169

ROHNSTOCK, D., Belastungsschwerpunkte im Sportlehreralltag und Anregungen für gezielte Entlastungen, in: Sportunterricht 2000, H. 4, S. 108–115

ROHNSTOCK, D., Endlich wieder abschalten können!, in: Pädagogik 2001, H. 1, S. 39–43

ROHNSTOCK, D., Mit Ökonomie und Realismus zu mehr Arbeitszufriedenheit, in: Pädagogik 2003a, H. 11, S. 10–13

ROHNSTOCK, D., Unbelastete Freiräume schaffen, in: Pädagogik 2003b, H. 11, S. 19–22

ROHNSTOCK, D., Keep cool – Dem Stress ein Schnippchen schlagen, in: Bankinformation und Genossenschaftsforum der Volksbanken Raiffeisenbanken 2003, H. 5, S. 22–25

RÜCKERT, H.-W., Entdecke das Glück des Handelns, Frankfurt/Main 2004

RUDOW, B., Die Arbeit des Lehrers, Bern 1994

SCHAARSCHMIDT, U., Älterwerden und berufliche Eignung von Lehrerinnen und Lehrern, in: Pädagogik 1998, H.11, S.11–13

SCHEFER, G., Das Gesellschaftsbild des Gymnasiallehrers, Frankfurt am Main 1969

SCHÖNWÄLDER, H.-G., Arbeitszeit und Arbeitsbelastung im LehrerInnenberuf, 12. April 2005a, Vortrag in Bad Boll, Ev. Akademie, Tagung zum Thema Lehrerarbeitszeit

SCHÖNWÄLDER, H.-G., Belastungen in der Lehrerarbeit, Vortrag vom 13. Mai 2005b in Bad Boll, Ev. Akademie, Tagung zum Thema Lehrergesundheit

SCHÖNWÄLDER, H.-G., Lehrerarbeitszeit, Empirische Untersuchungen – praktische Konsequenzen, 1. Juni 2005c, Vortrag in Bad Boll

SCHÖNWÄLDER, H.-G., Der gestresste Sisyphos, in: Päd-extra 1993, H. 10, S.4–13

SCHÖNWÄLDER, H.-G./BERNDT, J./STRÖVER, F./TIESLER, G.,Belastung und Beanspruchung von Lehrerinnen und Lehrern, Schriftenreihe der Bundesanstalt für Arbeitsschutz und Arbeitsmedizin, Dortmund – Berlin – Dresden 2003

SEIWERT, L., Das 1 x 1 des Zeit-Managements, Landsberg am Lech 1996

SEIWERT, L., Life-Leadership, Frankfurt/Main 2001(a)

SEIWERT, L., Mehr Zeit für das Wesentliche, Landsberg am Lech 2001(b)

SEIWERT, L., Wenn du es eilig hast, gehe langsam, Frankfurt/Main 2001(c)

SEIWERT, L., Das Bumerang-Prinzip – Mehr Zeit fürs Glück, München 2002

SIELAND, B., Abschlussbericht zum Forschungsprojekt „Ansätze zur Förderung der Gesundheit und Leistungsfähigkeit dienstälterer Lehrkräfte in Niedersachsen", Lüneburg, Januar 2000

SKOBRANEK, H., Management für Lehrer, München 2001

STORCH, M./KÜTTEL, Y./STÜSSI, A.-C., Gut geschützt gegen Stress, in: Lehren und Lernen 2005, H. 8/9, S.28–38

STÜCK, M./RIGOTTI, T./MOHR G., Untersuchungen der Wirksamkeit eines Belastungsbewältigungstrainings für den Lehrerberuf 2004, in: Psychologie in Erziehung und Unterricht, S.234–242

ULICH, K., Beruf: Lehrer/in. Arbeitsbelastungen, Beziehungskonflikte, Zufriedenheit, Weinheim 1996

WEBER, A./WELTLE D./LEDERER P., Frühinvalidität im Lehrerberuf: Sozial- und arbeitsmedizinische Aspekte, in: Lehren und Lernen 2005, H. 8/9, S.8–16)

WEHMEYER, G., Langsam leben, Freiburg – Basel – Wien 2000

WEHR, H., Schulalltag zwischen Ausbrennen und Wohlfühlen, in: Pädagogische Rundschau 1993, S.423–437

# Stichwortverzeichnis